城市群物流共生系统研究

曹玉姣　著

中国农业科学技术出版社

图书在版编目（CIP）数据

城市群物流共生系统研究／曹玉姣著．—北京：中国农业科学技术出版社，2017.6

ISBN 978－7－5116－3034－6

Ⅰ.①城…　Ⅱ.①曹…　Ⅲ.①城市群－物流－研究　Ⅳ.①F252

中国版本图书馆 CIP 数据核字（2017）第 077211 号

责任编辑　张志花
责任校对　贾海霞

出 版 者　中国农业科学技术出版社
北京市中关村南大街 12 号　邮编：100081
电　　话　(010)82105169(编辑室)　(010)82109702(发行部)
(010)82109709(读者服务部)
传　　真　(010)82106626
网　　址　http://www.castp.cn
经 销 者　各地新华书店
印 刷 者　北京富泰印刷有限责任公司
开　　本　710mm×1 000mm　1/16
印　　张　13.5
字　　数　240 千字
版　　次　2017 年 6 月第 1 版　2017 年 6 月第 1 次印刷
定　　价　49.80 元

序　言

在信息化和经济全球化的推动下，城市群已经成为世界城市化的主流趋势。城市群物流系统是否能高效运作已成为制约城市群协调发展和经济一体化的重要因素，也成为衡量城市群经济发展程度的重要指标。由于城市群具有集聚扩散效应、规模经济效应以及城市间分工差异效应，因此城市群物流系统更强调各主体之间的共生协同作用。针对以上研究背景，探析城市群物流系统的演化动因、机制、路径及其共生演化效果，对于促进城市群物流产业结构调整，推动城市群物流一体化，实现城市群物流产业和经济的可持续发展具有重大意义。

本著作以共生理论为研究视角，以复杂适应系统理论为基础，构建城市群物流共生系统。结合自组织理论等理论与方法，对城市群物流共生系统的共生演化进行了系统而深入的研究，取得了一些具有创新性的成果和结论。

本著作提出了城市群物流共生系统的概念，并构建了城市群物流共生系统共生结构模型，进而分析了系统的主要构成，回答了城市群物流共生系统是什么的问题。

本著作以共生理论为基础，分析了城市群物流共生系统共生演化的内容及系统共生条件。同时，运用自组织理论，构建了系统共生演化动因概念模型，并深入分析了系统共生演化的自组织动因与他组织动因，以及各自相应的构成，回答了城市群物流共生系统为什么共生演化的问题。

本著作构建了城市群物流共生系统演化影响因素 EIA 概念模型，并具体分析了微观共生单元主体能力因素、中观共生界面因素及宏观共生环境因素。运用自组织理论分析了系统共生演化的竞争协同与正负反馈机制。综合运用耗散结构理论及 Logistic 生长曲线理论等，分析了系统演化路径，将系统演化过程分为耦合、成长、趋稳、突变4个阶段，并结合混沌理论，对系统演化过程进行了Matlab仿真模拟。应用Lotka－Volterra生态模型，构建了城市群物流共生系统演化过程中共生单元的共生模型，主要有偏利共生、互惠共生、竞争共生3种模式。该部分研究回答了城市群物流共生系统怎样共生演化的问题。

本著作界定了城市群物流共生系统共生效率概念及内涵，在明确共生效率评价内容的基础上，选择数据包络分析DEA方法进行系统各子系统内部、子系统之间以及系统整体的共生效率评价，并对DEA方法进行了部分改进。同时界定城市群物流共生系统的共生能量内涵，运用Malmquist全要素生产率指数模型对系统共生能量生成水平进行计算评价，并构建了影响因素Tobit回归分析模型，以明确影响系统共生能量生成水平的关键影响因素，为相关对策建议的提出提供参考依据。该部分研究回答了城市群物流共生系统共生演化效果如何的问题。

基于长江经济带及长江中游城市群等国家战略背景，本著作选择长江中游城市群作为实证研究对象，运用相关评价模型对该城市群物流共生系统演化的共生效率及共生能量生成水平进行了具体计算评价。根据相关评价结果，提出了相应的对策建议，包括增强城市群物流共生系统共生单元主体能力、优化城市群物流共生系统共生界面、优化城市群物流共生系统共生环境及其具体措施。

本著作综合运用复杂适应系统理论、共生理论、自组织理论等，同时应用改进的数据包络分析法、全要素生产率指数法、Tobit空间计量分析法等方法，研究城市群物流共生系统的演化动因、机制、路径及共生效果等问题。希望研究所得到的相关结论将有助于政府相关部门制定和完善城市群物流产业发展的政策措施，促进城市群物流产业供给侧结构改革，推动城市群物流一体化，实现城市群物流产业和经济的可持续发展。作为一种探索性研究，本著作尚存不足之处，敬请各位专家读者批评指正！

本著作系湖北省教育厅人文社会科学研究青年项目“长江中游城市群物流共生系统演化及其共生效果研究”（编号：17Q194）阶段性成果，同时本著作的出版还受到湖北第二师范学院学科建设资助，在此感谢以上项目及单位对本著作的资助支持！

目　录

第1章　绪　论

1.1　研究背景和意义

1.1.1　研究背景

随着城市化进程的不断加速，城市区域化和区域城市化现象变得愈发突出。在这个过程中，出现了一种较为独特的地域空间组织形式，即城市群。在信息化和经济全球化的推动下，城市群已经成为世界城市化的主流趋势。打造经济实力强大的城市群已经成为各个国家获取综合竞争力，参与国际竞争的重要手段。正因为如此，《中共中央关于制定国民经济和社会发展第十三个五年规划的建议》就明确提出，要“发挥城市群辐射带动作用，优化发展京津冀、长三角、珠三角三大城市群，形成东北地区、中原地区、长江中游、成渝地区、关中平原等城市群。”

城市群城市之间地理位置邻近，可以通过现代化的交通工具、通达的运输网络，以及发达的信息网络实现城市间的运输一体化及物流一体化，从而城市群城市之间的经济联系得以加强。因此，城市群具有明显的集聚扩散效应、规模经济效应，以及城市间分工差异效应。城市群各城市在中心城市的集聚扩散作用下，各城市之间能够形成协同共生关系。规模经济效应使城市群社会专业分工深化，市场容量提升，生产要素资源及商品流通的边际成本下降。城市群城市间的分工差异效应使得各城市均拥有自己的优势产业，产业分工的差异性促使城市群各城市能够优势互补，彼此之间更容易形成互利共生的关系，从而实现“双赢”，甚至“多赢”的目标，这将促进城市群的产业布局合理化，进而推动城市群经济发展。

近年来，随着我国经济发展水平的不断提升，社会分工进一步细化，物流呈现出明显的专业化和社会化趋势。国家对物流产业的重视程度也在不断提升，积极发展物流产业已经成为推动区域经济乃至整个国民经济发展的重要手段。城市群的迅猛发展，对城市群物流系统提出了更高要求。因为城市群物流在降低城市空间阻隔、沟通跨区域生产消费、提升经济效率方面发挥着重要作用，所以城市群物流系统是否能高效运作已成为制约城市群协调发展和经济一体化的重要因素，也成为衡量城市群经济发展程度的重要指标。由于城市群的集聚扩散效应、规模经济效应以及城市分工差异效应，城市群物流作为其重要的组成部分，其特征也区别于通常的城市物流特征。对于城市群物流，因为存在不同层级的城市，因此，城市群物流更强调协同性，尤其是跨地域的协同，从而提高城市群资源配置的合理性。同时，由于城市群经济的规模效应，城市群物流业呈现出相应的规模经济效应，物流运作成本实现下降。而且由于城市群城市分工的差异性，城市群物流需求的结构、规模和数量也更优于城市物流体系。

现有关于城市群物流的研究，多数是从城市群物流产业自身的角度去进行，未见将城市群中的物流需求主体、物流支持保障主体联合起来进行研究。而城市群物流产业的发展是离不开城市群物流需求主体对其产生的物流需求，也离不开城市群政府、高校科研机构等支持保障主体的支持作用，例如物流相关政策、物流技术人才的提供等。因此，关于城市群物流的研究，更需要将城市群物流的供给主体、需求主体、支持主体综合起来，作为一个多主体的复杂适应系统进行研究。

共生理论最早是一种生物学理论，20 世纪中期才被运用到社会科学领域。共生理论在本质上强调的是协商与合作，这刚好契合了城市群物流多主体复杂适应系统的发展诉求。以共生理论为研究视角，将城市群中的物流供给主体、需求主体、支持主体构成的多主体复杂系统视作一个共生系统，研究其演化动因、演化机制与路径，评价其共生演化的效果，是城市群物流研究的一个重要创新，这将有助于更好地把握城市群物流发展的规律，促进城市群物流的发展。在此基础上，有助于政府相关部门制定和完善城市群物流产业发展的相关政策措施，促进城市群物流产业结构调整，推动城市群物流一体化，实现城市群物流产业和经济的可持续发展。

1.1.2　研究意义

如前所述，共生理论对于城市群物流系统具有重要的理论指导价值。将共生理论运用到城市群物流系统的研究之中，无论是对于城市群物流理论研究的完善，还是对于城市群物流产业的发展都具有重要意义。

（1）理论意义

①有助于城市群物流基础理论体系的进一步完善。城市群物流是当前理论研究的一大热点，但是将共生理论与城市群物流研究结合起来的研究还不多见。所以，从理论价值上看，将共生理论运用到城市群物流系统的研究之中，有助于构建城市群物流共生系统的结构模型，更好地解释城市群物流系统中各个共生单元主体的特性，也有助于更好地实现各个共生单元主体之间能力互补、资源共享、多主体共生进化的目标。这也必将有助于推动城市群物流基础理论体系的完善。

②有助于指导城市群物流共生单元主体间的共生合作。将共生理论与自组织理论等结合，运用到城市群物流系统的研究之中，能够更好地揭示城市群物流共生系统的演化动因、过程，进而有助于人们更好地探寻城市群物流共生系统优化的路径。这也必将有利于深化人们对城市群物流系统演化规律的理论认识，有助于指导城市群物流产业的发展。

（2）现实意义

①在宏观层面上，有助于推动城市群物流产业和经济的可持续发展。城市群物流共生系统的演化动因及路径的分析有助于政府相关部门制定和完善城市群物流产业发展的政策措施，促进城市群物流产业结构调整，推动城市群物流一体化，实现城市群物流产业和经济的可持续发展。

②在微观层面上，有助于推动城市群物流共生协同效应的形成。将共生理论运用到城市群物流系统的研究之中，能够更好地分析城市群物流共生单元主体之间的共生关系，推进城市群物流共生单元主体之间的深入合作，实现城市群区域内物流资源的优化配置，从而实现城市群物流共生单元主体之间的共生协同效应。

1.2 国内外相关研究现状及评述

1.2.1 城市群研究现状

随着城市群在世界范围内的兴起，城市群也由此成为世界各国学者们所普遍关注的一个热点话题，对此也进行了多学科、多角度的研究。主要代表学者及观点如下。

Guttmann（1957）[1]提出了城市群的概念，他所认为的城市群即大都市带，是指一个范围广大的城市化区域，这一区域是由各个大都市联结而成的。所以，城市群并非一个很大的城市或大都市地区。Friedmann（1964）[2]对城市群的形成发展阶段进行了分类。在他看来，城市群的发展经历了4个不同的阶段，即农业社会阶段、工业化初期阶段、工业化成熟阶段以及工业化后期阶段。

丁洪俊和宁越敏（1983）[3]第一次将国外大都市带的思想引入我国。之后，国内众多学者从各自学科视角对城市群展开了研究，并从不同的角度对城市群进行了界定。姚士谋（1992）[4]对城市群的界定是："在特定的地域范围内具有相当数量的不同性质、类型和等级规模的城市，依托一定的自然环境条件，以一个或两个超大或特大城市作为地区经济的核心，借助于现代化的交通工具和综合运输网的通达性，以及高度发达的信息网络，发生与发展着城市个体之间的内在联系，共同构成一个相对完整的城市集合体。"这一界定得到了国内理论界的广泛认可。顾朝林（1995）[5]认为城市群是一个社会、经济、技术一体化的有机网络，这一网络的形成是由若干个中心城市通过发挥自身经济社会功能所形成的。陈凡和胡娟（1997）[6]认为城市群是一个一体化的城市网络，这一网络主要是各类不同等级的城市依托交通网络形成的。吴传清和李季（2003）[7]认为城市群是一个城市网络群体，其形成是由不同城市依托于区域经济发展和市场纽带联系所形成的。苏雪串（2004）[8]分析城市群形成的原因是城市化过程中要素聚集和产业集聚，进而引起的产业结构调整，最终形成了城市群。林先扬和周春山（2004）[9]认为城市群的形成是由于城市之间的内部经济整合。朱英明（2004）[10]从经济空间联系的视角分析城市群的形成原因主要在于产业集聚所引起的空间经济联系。刘静玉和王发曾（2006）[11]认为城市群一方面是基于物质性网络，即交通、通讯等条件形成的，另一方面是基于非物质性网络，如区域经济、市场要素等条件形成的。城市群包含有成熟的城镇体系和合理的劳动分工。刘天冬（2007）[12]对城市群和都市圈的概念进行了区分，其认为城市群是具有一体化倾向的城市功能区域。由于城市规模扩大和城市经济发展，城市或城镇之间的社会经济联系日益密切，在资源、环境、基础设施之间逐步形成了共享，城市之间的同城效应日渐突出，由此形成了具有一体化倾向的城市功能区域。

1.2.2 城市群物流研究现状

城市群物流是城市群经济的重要组成部分，近些年，城市群物流研究也成为城市群研究中的一大热点。城市群物流从根本上看，也是一种区域物流，所以城市群物流也具有区域物流的一般特征。因此，关于城市群物流的研究应该包括区域物流研究和城市群物流研究两个方面。

（1）区域物流理论研究

Bolton（1993）[13]对区域物流规划进行了分析，认为区域物流规划在理论和方法选择上，可以选择区域经济发展规划的理论和方法。Asher J（1993）[14]在区域网络规划的研究中，引入了区域货运模型。这一研究在一定程度、一定范围内，可以预测区域内的货运量以及在各个区域内的分布。Talley（1996）[15]就区域交通基础设施投资与区域经济之间的关系进行了分析，认为两者是相互推动和相互作用的。在此基础上，建立了区域交通基础设施投资与区域经济的关系模型。该模型对于研究城市群发展过程中交通基础设施投资对促进区域经济发展的影响提供了理论工具。Fujita M（1999）[16]就如何进行物流规划进行了研究，提出了物流规划的具体指标，包括库存周转、物流总成本、运输成本等。Lalita M 等（2001）[17]认为物流市场状况的评价指标应该包括经济发展总量指标和物流基础能力指标两大类。在此基础上，对东欧 18 个国家的物流市场状况进行了评价。Fernanda M 与 Melendez（2001）[18]重点对拉丁美洲区域物流发展进行了研究，指出了拉丁美洲区域物流发展存在的问题，并进一步分析了问题的主要原因，即区域经济制度的不完善。在此基础上，提出了促进拉丁美洲区域物流发展的具体措施，尤其是探讨了区域物流基础设施建设与其区域经济发展的关系。Escobedo (2001)[19]通过对智利首都的例子，分析了其区域经济发展的现状及存在的问题，并提出了促进区域物流发展的具体措施。Fisher O (2002)[20]对区域物流系统规划的分类进行了分析，认为区域物流系统规划可以分为两个部分：一部分是网络规划，网络规划所采用的思想是传统的运输规划思想；另一部分是结点规划，由于结点的功能不一样，所以结点规划也可以进行不同的划分。Shigeru Y (2002)[21]从社会运输系统的角度，从环境和商业效率两方面分析，提出了两个非线性数学规划模型，用于确定公共物流配送中心的最佳数量和位置，并详细描述了其求解算法，其中，总运输费用包括运输费用、配送费用和设备营业成本，模型已应用于东京都市圈。Larsen、Paulsson 和 Wandel (2003)[22]通过对丹麦和瑞典的例子，强调了区域物流基础设施建设在区域物流及区域经济发展中的重要作用。Taniguchi 等 (2003)[23]在其出版的专著《Logistics Systems for Sustainable Cities》中从城市交通基础设施、降低交通污染、环境保护等角度论述城市物流系统的规划问题。Florio M 和 Colautti S (2005)[24]就区域物流发展与国家物流投资进行了研究，并利用美国、英国、德国等数据进行了分析，认为区域物流发展与国家物流投资呈正向相关。Ackermann J 等 (2005)[25]利用非等级区域生产网络 (Non－hierarchical Regional Production Networks) 模型对区域物流进行了研究。非等级区域生产网络模型是由凯姆尼斯科技大学的生产合作研究所提出的。Ackermann J 等在借鉴该模型基础上，就区域物流规划进行了深入研究，认为区域物流规划应该包括 3 个层次，即物料需求流程、运输计划平台以及物流基础设施。按照这个层次构建起来的区域物流规划，则可以有效避免原来物流市场中的物流资源浪费。Gunnar (2006)[26]对区域物流发展过程中的物流第三方服务提供商进行了研究，认为其至少可以分为三类：物流运营商、物流服务提供商、物流服务中间商。在此基础上，提出了这三类服务提供商相互作用和相互关系的具体模型。Ketikidis (2008)[27]在其著作中就物流发展现状和预测方法进行了重要说明，根据其论述，物流供应链管理的信息系统可以作为重要方法和手段。

胡双增（2000）[28]对物流一体化理论进行了深入分析，初步构建了物流一体化理论体系，重点分析了物流流程和信息技术在促进物流一体化方面的作用。安茜（2001）[29]分析了物流对区域经济的影响，其认为，不管是从经济增长方式的改进，还是从城市产业结构的优化，物流对区域经济发展都有着非常重要的正面影响。向俊惠（2001）[30]提出了区域物流中心的概念，分析了区域物流中心对于区域经济发展的重要作用。周启蕾（2002）[31]运用交易费用理论，对现代物流产业尤其是物流联盟的发展进行了深入研究，重点分析了其形成的环境条件和一般原因。马立宏（2002）[32]在分析区域空间结构和产业结构变化的基础上，提出了区域物流的发展规律，同时运用区域经济相关理论，就区域物流系统增长机理进行了深入分析。解日红（2003）[33]运用数理方法，对区域物流与区域物流发展的相关性进行了研究，还建立了专门的回归模型。但在区域物流如何促进区域经济发展的作用机理方面，还缺乏深入研究。赵习频（2003）[34]对区域物流体系进行了深入研究：一是探讨了区域物流体系发展的具体原因；二是分析了区域物流体系的评价指标，这对于区域物流体系的建立具有一定的指导意义。徐青青（2003）[35]对区域协同物流系统理论进行了研究，重点从物流经济空间演化机理方面对其进行了探讨。通过研究，明确了区域协同物流系统从微观到宏观的空间演化机理，即首先是由物流经济进行点状或线性聚集，然后进行带状聚集，之后是网络聚集，最后成为高级的同质化聚集，由此形成区域协同物流系统。在此基础上，作者还建立了协同效用评价方程，对区域协同物流系统的协同效用进行评价。这些都为区域物流系统协同运作提供了有力指导。曾文琦（2004）[36]、罗余才（2004）[37]、华蕊（2004）[38]等运用区域经济激化理论，对区域物流和区域经济发展之间的关系进行了研究，尤其是明确了区域物流推动区域经济发展的作用力。刘承良（2004）[39]对影响区域物流和区域经济关系强度的主要因素进行了研究。其认为，交通运输设施、通讯设备等物流基础设施是主要影响因素。朱强和陈少咏（2004）[40]对区域物流系统合理化建设进行了专门研究，根据系统动力学的理论，提出区域物流系统动力学模型，对于指导区域物流系统合理化建设具有重要意义。蔡小哩和陈畴镛（2004）[41]、王晓原和张敬磊（2004）[42]、孙启鹏和丁海鹰（2004）[43]等就区域物流需求量的影响因素进行了深入分析，有助于对区域物流需求量进行预测，促进了区域物流理论研究的完善。但他们在影响因子的选择上，具有一定的局限性，缺乏对区域经济发展中的突变因素和其他因素的充分考虑。闰秀霞和孙林岩（2005）[44]采取实证研究的方法，利用不同省市的经济数据，对区域物流和区域经济的协同问题进行了研究。谭清美等（2005）[45]在提出区域经济物流弹性的基础上，就经济发展与物流水平的相关性进行了研究。王雨晴和吴远开（2005）[46]对物流基础设施资源进行了专门研究，重点探讨了区域物流发展过程中物流基础设施资源的整合方法，对于城市群物流基础设施资源的整合具有重要的参考价值。崔晓迪（2009）[47]对区域物流供需耦合系统进行了深入研究，基于该系统的概念及构成还提出了各个主体之间的适应性学习模型。同时提出了系统评价的 DEA 方法，探讨对其协同发展如何进行评价。这些对城市群物流系统研究都具有重要的参考价值。杨晗熠（2010）[48]重点探讨了区域物流系统的协同演化、系统的协调性以及系统的竞争力评价等。在此基础上，讨论了轴—辐网络的概念与形成机理，并且介绍了几种轴—辐网络的数学模型，以及相关组合优化问题和几种经典的启发式算法。周凌云（2011）[49]对区域物流多主体系统进行了深入研究，他提出了区域物流多主体系统的构成要素，明确了各主体功能分工、系统组织结构以及运行目标。区域物流多主体系统概念和理论的提出，对于区域物流多主体之间的协同发展具有重要参考价值。李建军（2013）[50]对区域物流成长进行了研究，结合多学科的理论和方法，提出了区域物流成长的内涵，并指出区域物流成长与区域物流协同是密切结合的。通过研究区域物流成长的基本规律，提出了促进区域物流成长，实现区域物流协同的具体路径。

（2）城市群物流理论研究

Crainic 等（2009）[51]在其著作中指出城市物流规划的目的是在城市地区减少相关的货物运输，进而支撑城市经济和社会发展。城市物流的明确目标是优化城市交通系统，协调托运人、运营商、以及客户为一体的综合物流规划系统。Serna 等（2012）[52]等研究构建了城市物流协同自主模型，用以优化城市地区商品交换和配送物流流程，解决复杂城市商品配送问题。Liedtke 等（2015）[53]提出了一种城市商品运输的多智能体模型的方法。该模型研究了运输市场中托运人与承运人之间的关系，模型在运输关税的基础上，使用一个基于活动的成本计算模式进行全成本计算。

黄福华（2002）[54]对长株潭城市群物流进行了专门研究，分析了长株潭城市群形成的过程，指出长株潭城市群发展对于长株潭区域经济的重要价值，同时也深入分析了物流一体化对于长株潭城市群发展的重要作用。章志刚（2005）[55]运用区域经济理论，对城市群物流要素空间聚集进行了研究。通过对城市群物流空间要素聚集的作用原理研究，分析了城市群经济协调发展的具体路径。邵举平和董绍华（2005）[56]对城市群物流核心竞争力进行了研究，提出了城市群物流核心竞争力的含义，进一步分析了城市群物流核心竞争力对于区域经济核心竞争力的意义，同时提出了提升城市群物流核心竞争力的具体思路。葛喜俊（2009）[57]对城市群物流需求空间分布进行了研究，主要集中在 3 个方面：一是不仅界定了城市群物流需求空间分布的概念、特征、形成机理及影响因素，而且还构建了城市群物流需求空间分布的预测模型；二是运用多种理论对城市群物流区位进行了研究，进一步从点、线、环 3 个层面提出了物流区位的具体结构；三是运用多种理论对城市群物流需求空间结构进行了研究，建立了城市群物流需求网络结构的熵模型及计算方法，并以此为依据对长三角城市群进行了实证研究。李可（2010）[58]对城市群物流业发展的影响因素进行了研究。其采用的理论方法主要是灰色理论中的灰色关联分析，通过研究认为，影响城市群物流业发展的因素主要包括城市群经济发展状况、工业发展状况、社会消费品市场等。他还运用协同理论提出了中原城市群物流发展的协同框架，进一步分析了城市群物流企业之间的协同方式和协同效应。根据该模型，提出了中原城市群物流业协同发展的具体策略。对于城市群物流业协同发展具有重要的参考意义。樊敏（2010）[59]首先对城市群物流效率进行了分析，认为城市群物流效率可以从其内部运作效率和外部联动效率两个方面来分析。作者基于 DEA 和 VAR 模型提出了具体的分析模型。然后作者又从耦合的视角对城市群的形成、发展及提升进行了探析。在此基础上，作者分析了城市群物流需求的总体特征以及发展规律，从不同的阶段对城市区物流需求的特征进行了研究。

随着经济活动的深入发展以及城市化进程的稳步推进，现代物流和城市群也得以建立并迅猛发展。国内目前对城市群物流的研究还处于起步阶段，对城市群物流的探究还不够深入，迫切需要进一步深化和完善。

1.2.3 复杂系统研究现状

20 世纪 40 年代以来，自动控制技术和电子计算机技术迅猛发展。在此背景下，控制论和信息论等复杂系统理论逐步形成。这两个理论与之前的一般系统论一起被称之为系统科学的老三论。20 世纪 70—80 年代，系统科学的新三论得以形成，即耗散结构论、协同论和突变论。复杂性科学的核心概念包括了适应性、自组织、正反馈等。

美国约翰·霍兰（John Holland）教授于 1994 年正式提出了复杂适应系统（Complex Adaptive System，CAS）理论。Holland（1992）[60]认为复杂适应系统是一些多元的或多主体的系统，在这一系统内部，存在着多个主体的相互竞争和合作。所以若干个相互关联又相互独立的子系统，通过相互作用和相互影响，最终形成了复杂适应系统。在复杂适应系统中，主体之间通过相互的协商和适应，提升整个系统适应环境变化的能力，进而推动复杂适应系统的形成和演化。Shoham Y（1993）[61]对基于经济学中的 Agent 的复杂适应系统进行了深入研究，认为这种系统就是运用 Agent 进行描述所形成的，通过描述具有独立性的个体，进而描述复杂适应系统。Wilson A（1997）[62]就对复杂系统的特征进行了研究，认为系统元素数目多是复杂系统的重要特征。不仅如此，系统元素之间还存在着非常强烈的耦合作用，因此，复杂系统才具有高度的自组织性。John L（1998）[63]对复杂系统进行了界定，认为复杂系统是一种具有行为智能性、自适应性主体的系统，这种系统的智能性和自适应性是基于系统所捕获的一些局部信息而作出的。丹麦科学家 Perk P

(2001)[64] 笔下的复杂系统是指有巨大变化性的系统。Highsmith (2003)[65]认为复杂系统可以用一个公式来表示，即“复杂行为 = 简单规则 + 丰富关联”。这一公式，既说明了复杂系统的组分，介绍了系统组分之间的相互关系，又明确了复杂系统的整体功能。美国科学家司马贺 Herbert A (2004)[66]认为复杂系统是由诸多相互作用的元件所构成的。Waltuck 与 Bruce (2012)[67]共同研究了复杂系统的相关特征，他们发现了复杂系统的一些共同特点，这些特点包括：一是自组织；二是对初始条件的敏感性；三是分形；四是反馈回路；五是适应性。Ladyman (2013)[68]等人通过研究复杂系统的相关文献，试图归纳出复杂系统的核心特性，从而对复杂系统给出一个严谨的科学定义。Ireland 与 Vernon (2013)[69]研究了一系列复杂系统类型，以总结相关经验应用于其他复杂系统。其研究的复杂系统类型包括国防、供应链、世界联邦政府企业、世界金融系统等传统系统，以及灾害处理、交战邻国的争端解决等复杂系统。

20 世纪 90 年代，我国著名科学家钱学森和于景元 (1990)[70]提出了开放的复杂巨系统的概念，并分析了特点。之后国内学者纷纷开展了对系统科学的研究。黄欣荣 (2005)[71]对复杂性科学的研究方法进行了总结，认为复杂性科学中常用的研究方法主要有 6 种，即隐喻、模型、数值、计算、虚拟和集成等，并分析了每一种方法在复杂性科学研究中的具体运用。李士勇 (2006)[72]从数学、计算机方法的视角，提出了复杂系统的演化方程，对复杂系统的产生、形成和发展进行了详细阐述。

关于复杂系统理论在物流应用方面，楚岩枫 (2010)[73]把物流产业作为一个复杂的系统，从演化的角度，综合运用自组织理论、灰色系统理论、分工理论等多学科知识，采用多主体建模、Logistic 方程等方法对物流产业系统演化发展的微观主体、中观主体、宏观主体 3 个层次进行了研究。董秀月和张梅青 (2011)[74]从复杂系统的角度对区域物流系统的协调发展问题进行了研究，重点探讨了区域物流系统协调发展的评价指标体系。该指标体系的建立，对于区域物流系统分析提供了重要的理论指导。孙鹏 (2012)[75]综合运用复合系统协调模型和协同学原理，就物流服务业与制造业如何协同发展进行了重点研究，并提出了物流服务业与制造业协同发展的评价模型，为两个行业的协同发展提供了重要的评判标准。周业旺（2012）[76]对湖北长江经济带物流系统进行了研究，从宏观、中观和微观3个层面提出了和谐物流系统的构建。

此外，国内学者也就复杂系统中 Agent 的应用进行了深入研究。廖守亿和戴金海（2004）[77]分析基于 Agent 的建模仿真方法在复杂适应系统中的应用情况。叶超群（2006）[78]根据复杂适应系统理论的要求，阐述了多 Agent 复杂系统仿真方法；对多 Agent 复杂系统分布仿真的实现途径进行了形式化描述；提出了多 Agent 复杂系统分布仿真平台的体系结构。刘炯艳（2007）[79]运用协同学理论、多 Agent 系统理论等多种理论，对协同物流系统进行了研究。一方面提出了协同物流和协同物流管理的含义，提出了基于协同学自组织原理的协同物流管理的具体框架；另一方面提出了一种基于多 Agent 的协同物流系统模型，并进一步提出了具体的协同机制及算法。

1.2.4 共生理论应用研究现状

共生理论最早出现在生物学领域，直到20世纪中期才被引入社会科学领域。近年来，共生理论在经济学得到了广泛运用，国内外学者运用共生理论探索和分析经济社会现象，取得了较为丰富的成果。

（1）共生理论在产业生态领域的相关研究

Tibbs（1992）[80]认为，环境问题的解决需要产业生态学作为重要指导，尤其是要采用自然环境模式。Hawken（1993）[81]对产业生态系统进行了界定，认为其是指“一种涉及工业基础设施的大规模、一体化管理工具，是一系列与自然系统相互吻合的人造生态系统”。Cote 等（1995）[82]对产业生态学的研究对象进行了进一步研究，认为其是研究工业发展的科学。产业生态学强调的是材料的循环利用，由此来提高资源的利用率，促进经济的可持续增长。Cote 和 Hall（1995）[83]认为，生态工业园是一个保护自然和经济资源的有机系统。同时还对生态工业园的作用进行了进一步分析，认为生态工业园对于提高产品质量，提升企业运营效率，提高劳动者的健康水平等方面具有重要意义。Sagar 和 Frosch（2004）[84]提出了生态工业园的概念，即“在一个确定的地理区域范围内，有组织地创造的一个园区，主要是便于材料的再循环或再使用”。

张艳（2006）[85]在分析自然生态系统的基础上，提出了 EIPs 工业共生系统的概念和模型。根据其研究，EIPs 工业共生系统是由 3 个部分构成的，即生态产业链系统、基础设施系统和园区公共服务系统。基于 Verhulst-Pearl 逻辑斯蒂增长方程，论证了 EIPs 中竞争模式下企业的生态效益不会达到最优的结论，指出单向依存型企业共生模式是 EIPs 共生体系中理想的生态模式。甘永辉（2007）[86]重点研究的内容有：基于生物学和经济学的工业共生机理研究；基于逆向物流管理的恢复链和供应链的竞争与协调合同模式的工业共生模式研究；基于企业集群导向的生态工业园区发展和工业共生企业集群研究；工业共生效率的研究分析。在此基础上，结合江西省的实际，通过实地调研和分析，着重进行了江西循环经济及生态工业园区发展研究。王国弘（2009）[87]基于生态共生理论，从生态企业间共生关系的角度对生态产业链的稳定性进行了探讨。在介绍共生理论的基础上，对生态产业中企业间的关系进行了分析。通过对竞争关系下共生系统的分析，认为合作共生是目前生态企业之间共生的基本模式。雷明（2010）[88]认为生态工业园区是一个复杂的工业共生系统。对生态工业园区综合评价问题的研究，运用了工业生态学、系统工程学、决策学等理论，系统分析了生态工业园区及其综合评价方法，为我国生态工业园区的规划设计和决策管理提供了新的理论和评价方法，并为循环经济和低碳经济发展提供了分析工具和理论支持。

（2）共生理论在其他经济领域的相关研究

Hannan 和 Freeman（1977）[89]提出了“适应性理论”，“适应性理论”所强调的是组织与环境之间的适应关系，对于推动组织生态理论的形成具有决定性意义。Baskin K（1998）[90]对市场生态进行了研究，“市场生态”的概念强调的是公司与市场生态之间的协同进化。

宋瑞（2003）[91]将共生理论运用到了生态旅游的研究之中，认为生态旅游要实现其多重性目标，就必须获得一个协调的共生系统，所以提出了生态旅游共生系统的概念。并运用共生理论，从共生条件、共生界面、共生模式等方面就生态旅游的发展提出了具体改进措施。张旭（2004）[92]将共生理论运用到了城市可持续发展的研究之中，建立了城市共生系统。在其看来，城市可持续发展的核心机制就是共生机制。作者从3个方面提出了城市共生系统可持续发展评价指标体系的构建思路，即特征面、独立指标集、协调指标集。曹玉贵（2005）[93]将共生理论运用到了企业集群现象的研究之中，认为企业集群从本质上看也是一个共生系统，主要依托于企业主体之间的互利共存以及协同进化。在此基础上，还依托于生物种群共生的Logistic过程，构建了企业集群的共生模型。根据该模型，提出了企业集群发展的具体策略，并就其中中小企业的发展提出了具体建议。陶永宏（2005）[94]将共生理论运用到了船舶产业集群发展的研究之中，提出了船舶产业集群共生系统。从这一视角分析了船舶产业集群形成的原因及目前发展存在的问题与不足。在此基础上，从促进共生系统发展，优化共生结构方面提出了促进船舶产业集群发展的具体思路，并给出了船舶产业集群的共生模式。李晶（2006）[95]将共生理论运用到了供应链商业生态的研究之中，提出了供应链商业生态系统的概念、特征、形成机理及运行模式等。不仅如此，还对供应链商业生态中企业个体及企业之间的协同演化乃至整个生态系统与环境之间的协同演化进行了分析。研究认为，供应链商业生态系统从本质上看也是一个共生系统，一方面系统以其开放性、共生性，与环境不断发生着资源交流，促进着系统与环境之间的协同演化；另一方面供应链商业生态系统内的企业之间也相互作用，并随整个系统协同演化。李梅英（2006）[96]研究了企业生态系统中的共生现象。其主要是根据生物学上的共生原理，对企业生态系统中的共生现象进行了研究。通过研究认为，企业生态系统应该包括3个方面：对象系统、过程系统和环境系统。在此基础上，还进一步指出了企业生态系统共生运行方式，具体包括互惠共生、自组织共生和异质共生等，其运行模式要经历金字塔式的5个梯度发展过程。宋雨萌（2006）[97]对共生网络复杂性及其运用进行了研究。在理论研究方面，介绍了共生网络复杂性的相关概念，并提出了如何进行共生网络复杂性分析。在实践研究方面，提出要建立符合巩义市实际情况的共生网络复杂性分析的数据库。这一数据库主要是基于3个方面的网络所形成的，包括真实物质网络、理想物质网络和企业共生网络。凌丹（2006）[98]将共生理论运用到了供应链联盟的研究之中，提出了供应链联盟共生系统的概念，建立了供应链联盟共生系统模型。在共生理论的指导下，重点探讨了促进供应链联盟共生系统稳定性和共生系统能量分配方面的具体思路和措施。谷鸣（2007）[99]将共生理论运用到了企业生态系统的研究之中，提出了企业生态共生系统概念，并提出了企业生态共生系统的核心构成，主要包括主导企业因子、产业价值链因子和同质竞争者因子。丁永波、周柏翔、凌丹（2007）[100]将共生理论运用到了供应链联盟共生模型及稳定性的研究之中，提出了供应链联盟共生系统。供应链联盟共生关系处于一个动态的相对稳定状态。不仅如此，还提出了供应链联盟共生稳定性模型，分析了供应链联盟共生系统变化的原因。

卜华白、高阳（2008）[101]则将共生理论运用到企业联盟系统的研究之中。认为企业联盟系统与共生理论具有非常密切的关联性。从本质上看，企业联盟系统与耗散结构形成的条件是非常吻合的。所以将共生理论运用到企业联盟系统中，有助于更好地了解其演化及发展。南岚（2009）[102]将共生理论运用于港口物流集群的研究，并给出相关定义。从共生视角对港口物流产业集群的特征进行探讨，为深入分析港口物流产业集群的形成机理、合理构建和规划港口物流共生系统开辟了新思路。唐卫宁（2009）[103]将共生理论运用到物流产业集群发展之中，在阐述物流产业集群共生系统概念与特征的基础上，分析了系统形成原因，提出了系统运作模式。不仅如此，还从共生理论的角度提出了促进物流产业集群发展的具体措施，包括完善共生秩序、强化共生环境建设、加强共生界面建设、培育平等共生单元等。逯承鹏（2009）[104]对区域循环经济共生系统进行了专门研究，具体分析了区域循环经济共生系统的典型案例——“金昌模式”。其研究主要集中在 3 个方面：一是关于金昌产业共生系统中废弃物流动情况；二是关于金昌产业共生系统的具体演化过程；三是运用多种分析方法，对金昌产业共生系统的共生效应进行了评价。黄恒振（2009）[105]提出了组织共生演化理论。该理论主要有 4 个方面：理论预设、内容、过程以及机制。其中，①理论预设主要涵盖了组织共生演化的基本条件、环境要求等。②组织共生演化的内容主要包括两个方面：一是组织与环境之间的共生演化；二是组织内部要素之间的共生演化。③组织共生演化的过程必须满足两个基本条件：存在共生界面及竞争。④组织的共生演化机制可以进行不同的分类，即幼稚选择演化机制、代理选择演化机制、管理层驱动演化机制以及集体驱动演化机制。

庞博慧、郭振（2010）[106]将共生理论运用到了生产性服务业与制造业的关系研究之中，提出了两者之间的共生互动模式。在这一模式下，两种行业的最大环境容量和自然增长率都在不断发生变化。为了更加精确地描述生产性服务业和制造业的共生互动过程，他们还专门设计了分段 Logistic 曲线叠加模型。南岚（2010）[107]将共生理论运用于港口物流的研究，并给出相关定义，从共生系统的视角对港口物流产业的特征进行探讨，确定了共生系统的边界和范围，并对共生三要素的选择做了阐述。在此基础上对共生系统的结构模型与能量模型进行了构建，为深入分析港口物流产业的形成机理和进一步研究港口物流共生系统能量增值奠定了基础。赵锋、邹筱（2010）[108]将企业共生理论运用到了中小物流企业成长的研究之中。基于共生理论，构建了中小物流企业共生系统，并分析了其形成的原因和具体的运作模式。其认为要提高中小物流企业的市场竞争力，就需要建立共生性的物流企业系统。刘浩（2010）[109]对产业间共生网络进行了专门研究，主要集中在如下几个方面：一是运用复杂适应理论，建立了产业间共生网络的“双适应”周期演化模型，从耦合、趋稳、突变 3 个不同的阶段解释了产业间共生网络的演化。在此基础上，还运用演化博弈模型和 Logistic 模型进行了模拟分析。二是运用动态理论，分析了产业间共生网络的演化机制，提出了不同条件下、不同网络形态下产业间共生网络的优化策略。三是对产业间共生网络演化的影响因素进行了研究，认为产业间共生网络演化的影响因素主要包括三类：主体能力、网络制度和环境约束等。在此基础上，提出了一个产业间共生网络三维治理框架，其目的就在于增强共生单元的适应性，促进产业间共生网络的协调和可持续发展。崔喆（2010）[110]引入生物科学领域的共生理论研究供应链联盟的稳定性问题。讨论了 4 种不同共生模式下供应链联盟的不稳定性的理论解释。对供应链联盟的风险从风险概率和风险危害程度两方面建立了风险评估模型。王璠（2010）[111]在共生理论的指导下，分析了中小城市空间结构共生系统的层次、结构以及各个功能分区之间的相互关系。在此基础上，就这一共生系统的动力机制问题、区域共生特征问题进行了深入探讨，并给出了具体对策。刘勇(2010)[112]运用共生理论，对物流生态系统进行了分析。在借鉴自然生态系统和商业生态系统理论的基础上，提出了物流生态系统模型，介绍了这一模型的含义、特征、形成机理等。这一共生系统，有利于更好地揭示物流生态协同化发展的机理，有利于指导物流企业根据共生理论的要求审视自身与其他企业之间的关系以及企业与环境之间的关系，能够促进物流生态系统的协同发展。卞曰瑭、何建敏、庄亚明（2011）[113]借鉴共生理论，从生产性服务业与先进制造业间的内在关系建立 Lotka - Volterra 生态模型，通过求解，讨论了合作竞争模式下均衡解的存在及均衡条件，揭示了生产性服务业发展内在机理。研究结果表明，生产性服务业与先进制造业在竞争合作关系的演变中实现相互间的产业引导、产业延伸和产业孵化演变效应。李玉琼、朱桂龙（2011）[114]运用企业生态系统和生态位理论，建立企业生态系统竞争共生战略模型，分析企业从竞争到合作、到竞争共生的平衡条件，为我国企业获取竞争优势提供了新的可操作性思路。郝玉龙、高丽娜（2011）[115]将共生理论运用到了制造业与物流业互动关系的研究之中，将两者的共生互动模式分为三类，即寄生、偏利共生与互惠共生。通过建立 Logistic 模型，直观描述了各模式下共生系统的整体效用及均衡状态时的共生效益。李良贤(2011)[116]将共生理论运用到了企业与供应商、消费者、同行等的关系研究之中。他认为，市场经济条件下，企业与供应商、消费者、同行之间的关系应该是既竞争又合作，而这种关系从根本上就是一种共生关系。作者运用共生理论，分析了中小企业竞合共生的内在动力，并提出了中小企业竞合共生的最佳模式和促进中小企业竞合共生的具体措施。

张梅青、周叶、周长龙（2012）[117]应用共生理论分析物流产业与区域经济协调发展的共生关系，构建物流产业与区域经济发展不协调的互惠共生模型和发展协调的互惠共生模型，通过对模型均衡条件的稳定点进行解析，得出物流产业与区域经济共生发展的重要结论：一是物流产业与区域经济之间是相互促进，相互影响的；二是物流产业与区域经济发展不同步，是引起两证不协调的重要因素；三是竞争与合作是物流产业发展及区域经济发展中的永恒话题，并能够促进两者的协调发展；四是在发展不协调的互惠共生模型中，合作的作用大于竞争的作用。苗泽华（2012）[118]认为工业企业是社会—经济—自然复合生态系统的重要单元，也可以遵循共生原理与原则，通过对共生机制的设计与构建，实现企业间的共生与循环。工业企业共生机制的构建既要考虑共生单元、共生模式、共生环境之间的内在联系，又要通过政策、法规、制度，促进企业共生机制作用的发挥，从而实现企业生态系统的可持续发展。陈四辉（2012）[119]运用共生理论，分析了“泛珠三角”经济合作的相关问题。在引入共生理论的基础上，提出了“泛珠三角”区域合作的共生系统，并进一步分析了该系统的产生机理和进化规律，并从3个方面提出了优化该系统的具体措施：提高共生单元的主质参量；优化系统的共生环境；拓展系统的共生界面。李勇（2012）[120]对生态产业共生网络进行了专门研究，首先运用复杂网络和共生理论提出了生态产业共生网络的内涵，然后进一步分析了生态产业共生网络形成的原因和影响因素，最后提出了生态产业共生网络成长的治理措施，并结合鲁北生态产业共生网络的案例，对其进行了论证。焦薇、刘凯（2013）[121]通过对影响利润分配的要素进行分析，建立了基于满意度的不对称 Nash 利益分配协商模型，并通过引入合作成功概率的 Shapley 值法，确定该模型中的重要参数，并最终建立物流园区合作共生系统利润分配模型。吴迪（2013）[122]将共生理论运用到了现代物流产业之中，提出了现代物流产业集群共生系统的概念，并分析了其具体特征，还进一步分析了现代物流产业集群共生系统的影响因素。在此基础上，提出了促进现代物流产业集群发展的具体措施。建议利用物流行业协会构建竞争有序的共生机制，政府从产业政策、税收政策、体系建设等方面营造良好的共生环境，构建与物流产业集群发展阶段相匹配的内外共生界面，以及为各类型的物流产业共生单元培育公平竞争的平台和环境。焦薇、刘凯（2013）[123]将共生理论运用到了物流园区合作的研究之中，首先，阐述了物流园区合作共生系统的内涵。然后，对该共生系统的共生特征和物流联盟特征进行分析。接着，从原始驱动力和理论依据两个方面解释物流园区合作产生的原因。最后，建立基于 logistic 模型的物流园区对称互惠共生模型，并分析了模型稳定点的意义。张智光（2014）[124]基于生态与产业共生理论，推导和改进林业生态安全测度的模型、算法和判据，使之成为可操作的实用技术。构建了森林生态—林业产业复合系统的 Lotka - Volterra 共生模型（林业 L - V 共生模型），以实现指标体系与特征指数的耦合。为此，先采用包含林业生态安全的压力—状态—影响—响应结构模型（FES - PSIR 模型）和结构方程模型（SEM）的结构化及定量化方法，建立林业生态安全测度指标体系。根据权重系数和林业 L-V 共生模型，将指标体系进行逐层耦合，构造出综合特征指数：森林生态与林业产业的共生度指数。在此基础上，通过分析林业生态安全在共生空间的动态演化规律，构建包含共生度和生态受力系数两个维度的林业生态安全级别动态判断矩阵。

1.2.5　相关研究述评

（1）关于城市群的研究

国内对城市群理论研究的重点集中在经济因素及市场作用方面，却对城市群发展过程中政府作用缺乏足够的重视。而我国的城市群发展过程中，政府是重要的推动力量。国外城市主要形成于城市郊区化过程之中，即是中心城市由于集聚不经济影响下城市扩散的结果。我国城市群的形成和发展则发生在集聚提升阶段，城市群的形成和发展主要是在党和政府政策指引下，中心城市联合周边城市所形成的，所以传统的城市群理论难以对我国的城市群发展进行有效解释，对于城市群的理论研究还应进一步加强与改进。

（2）关于城市群物流的研究

现有研究中，研究区域物流的文献较多，大多集中在区域物流与区域经济之间关系研究以及区域物流协同研究，城市群物流研究相对较少。伴随对物流与城市群互动发展关系认识的逐步深化，学术界对城市群物流产业发展问题的关注日益提升，但众多研究主要集中于实证分析层面，以定性分析方法，基于资源优化、政策条件、发展机遇等因素，重点关注产业发展战略制定、物流节点布局等问题。尚缺乏从物流主体角度，从多系统层面出发，以共生理论分析为依据，就城市群现代物流产业发展问题进行系统化研究的成果。

(3) 关于复杂系统的研究

对于复杂系统理论的研究，国外学者研究较为深入全面，提出了“一般系统论”“控制论”“信息论”的复杂系统“老三论”，以及之后的“耗散结构论”“协同学”“突变论”的复杂系统“新三论”。后期，在这些理论研究的基础上，还发展出了超循环理论、分形理论及混沌理论。国内学者对于复杂系统的研究，更多的是将复杂系统理论应用于自然生态、社会经济等系统的研究，分析其系统特征、结构及发展规律。国内已有学者将复杂系统理论应用于物流领域研究，但是将复杂系统理论，尤其是复杂适应系统理论与共生理论结合研究城市群物流的文献尚不多见。

(4) 关于共生理论应用的研究

近年来，国内外学者运用共生理论探索和分析经济社会现象，取得了较为丰富的成果。从研究成果来看，共生理论的研究在经济学领域最为普遍。而在经济学领域内部，与共生理论融合最为密切的要数产业生态学。另外，共生理论应用的另外一个重点就是关于企业共生问题、生产性服务业与制造业共生关系问题等。此外，国内学者也将共生理论运用到了其他社会经济领域，如营销、农业、财务等。目前，将共生理论引入到物流方面的研究也较多，但是大部分都集中在供应链联盟、物流园区、港口物流等方面，将共生理论引入到城市群物流系统这样复杂系统的研究基本没有。

1.3 主要研究内容、方法及技术路线

1.3.1 主要研究内容

本书在对国内外相关文献查阅研究的基础上，结合复杂适应系统理论及共生理论，首先提出了城市群物流共生系统的概念，构建了系统共生结构模型，并分析了系统的构成与分工，回答了城市群物流共生系统是什么的问题；其次，运用共生理论及自组织理论，深入分析了城市群物流共生系统的演化动因，回答了城市群物流共生系统为什么共生的问题；再次，应用耗散结构理论、Logistic 生长曲线理论及 L－V 模型理论

研究了城市群物流共生系统的演化机制、演化过程等，并运用 Matlab 仿真方法对城市群物流共生系统的演化过程进行仿真，回答了城市群物流共生系统如何进行共生的问题；最后，运用改进的数据包络分析 DEA 方法、Malmquist 全要素生产率指数法等评价分析了城市群物流共生系统的共生效率及共生能量生成水平，回答了城市群物流共生系统共生演化效果如何的问题。本书最后以长江中游城市群为实证对象，研究分析了长江中游城市群物流共生系统的共生效率和共生能量生成水平情况，并运用 Tobit 回归分析法分析其关键影响因素，根据计算结果提出了相应的对策建议。具体内容如下。

第 1 章为绪论，主要介绍了本书的研究背景、研究意义，以及对国内外相关的研究进行综述和述评，并在此基础上提出本书的研究方法和主要研究内容。

第 2 章首先介绍了本书研究所应用的相关理论基础，为后文的研究做好铺垫；其次分析了城市群物流的内涵及城市群与物流产业的发展关联性；最后在前文分析的基础之上提出了城市群物流共生系统的概念及其共生结构模型。

第 3 章主要研究的是城市群物流共生系统的演化动因。本章首先阐述了系统共生原理，接下来介绍了城市群物流共生系统共生演化的内容，借助共生理论分析了城市群物流共生系统共生的条件，最后利用自组织理论等分析了城市群物流共生系统共生演化的自组织动因与他组织动因。

第 4 章主要研究的是城市群物流共生系统的演化机制与路径。本章首先分析了城市群物流共生系统共生演化的影响因素，并构建了演化影响因素 EIA 概念模型；其次，据上文分析结果，提出了城市群物流共生系统的共生演化机制——竞争协同机制与正负反馈机制，并对这内外两种作用机制的作用机理进行了分析阐述；再次，利用耗散结构理论的熵变模型判断城市群物流共生系统的演化方向，同时运用 Logistic 生长曲线模型分析共生系统的演化路径，并利用长三角城市群、京津冀城市群、武汉城市群 3 个城市群的实际数据对 Logistic 演化轨迹模型中的参数 r 赋值，运用 Matlab 工具对 3 个城市群的演化轨迹进行了仿真验证，验证结果表明利用 Logistic 生长曲线方程解释描述城市群物流共生系统的演化过程是合理可行的；同时本文运用混沌理论及借助 Matlab 工具对城市群物流共生系统的演化过程进行了仿真模拟，仿真结果表明，当系统最高产出容量一定时，系统自身的自然增长率对系统的演化状态有很大影响；最后，利用 L－V 模型构建城市群物流共生系统演化共生模型，并进行模型稳定均衡性分析。

第 5 章主要是对城市群物流共生系统共生演化的共生效率及共生能量生成水平进行评价。关于系统共生效率评价，本章首先阐述了共生效率的概念内涵及评价内容；其次进行共生效率评价的方法选择，最终确定选择 DEA 方法进行共生效率评价；再次，选择共生效率评价的 DEA 模型，包括 C^2R 模型与 C^2GS^2 模型；最后，提出了城市群物流共生系统共生效率的计算方法并进行了相关改进，以及确定 DEA 评价模型的投入产出指标集。关于系统共生能量生成水平的评价，本章首先界定了共生能量的内涵，基于系统共生能量的理解，本文选择 Malmquist 全要素生产率指数进行系统共生能量生成水平的评价分析，并运用 Tobit 回归分析法分析了城市群物流共生系统全要素生产率指数的关键影响因素及其影响方向和程度。

第 6 章主要是将前述章节的理论知识应用于实证——长江中游城市群物流共生系统的共生演化效果研究。本章首先界定了长江中游城市群范围；其次，结合第 5 章的评价模型与计算方法，计算分析了长江中游城市群物流共生系统各个子系统、子系统之间以及共生系统整体的共生效率，并对计算结果进行了相应分析；同时，运用 Malmquist 全要素生产率指数方法计算分析了长江中游城市群物流共生系统的共生能量生成水平及其关键影响因素。最后，根据前文分析的结果，针对长江中游城市群物流共生系统的共生单元、共生界面、共生环境具体提出了长江中游城市群物流共生系统共生演化的对策建议。

第 7 章为本书的最后一章，总结本著作的主要研究结论，明确创新点，针对存在的不足提出进一步研究的方向展望。

1.3.2　研究方法及技术路线

1.3.2.1　研究方法

（1）以多学科的理论和技术为支撑开展研究

运用城市群相关理论、生态学共生理论、复杂系统理论、自组织理论、耗散结构相关理论等多学科理论进行综合性分析，研究城市群物流共生系统的共生结构、演化动因、演化机制与路径等。

（2）定性研究与定量研究相结合

本书在对城市群物流共生系统共生演化动因、机制与路径研究的定性研究基础上，运用 Matlab 方法进行演化仿真；同时结合改进的数据包络分析（DEA）评价方法、Malmquist 全要素生产率指数法及 Tobit 空间计量分析法，对城市群物流主体子系统演化的共生效率、共生能量生成水平及其影响因素进行相应的定量研究。

（3）归纳和演绎相结合

一方面，根据复杂适应系统理论、共生理论、自组织理论、耗散结构理论的研究范式，探索城市群物流共生系统演化的动因与路径；另一方面，从城市群物流共生系统演化的错综复杂的过程中，抓住系统发展的本质，进而概括出其演化的一般规律。

（4）理论研究和实证分析相结合

本书首先从理论上研究城市群物流共生系统的共生结构、演化动因、演化机制与路径、演化的共生效率及共生能量生成水平评价模型等，然后通过查找和调研相关数据，对著作中构建的模型和方法结合实例进行分析和验证。

1.3.2.2　技术路线

结合本书的研究内容及研究方法，著作制订了技术路线如图 1－1所示。

绪论
研究背景、意义及思路方法
共生理论
自组织理论
相关理论研究基础
奠定研究基础
内涵
概念
共生结构模型
构成、分工
城市群物流共生系统分析
城市群物流共生系统概念及共生结构模型（城市群物流共生系统是什么）
共生原理
共生演化内容
共生条件
共生演化动因
城市群物流共生系统演化动因
分析系统共生演化动因(城市群物流共生系统为什么共生)
共生影响因素
共生演化机制
共生演化路径
共生演化模型
城市群物流共生系统演化机制与路径
分析系统共生演化机制与路径(城市群物流共生系统如何进行共生)
改进DEA模型
Malmquist指数模型
Tobit分析模型
城市群物流共生系统共生效率及共生能量生成水平评价
建立系统共生效率及共生能量生成水平评价模型(城市群物流共生系统共生效果如何)
长江中游城市群物流共生系统演化效果实证
评价模型的验证与应用，提出对策建议
结论与展望

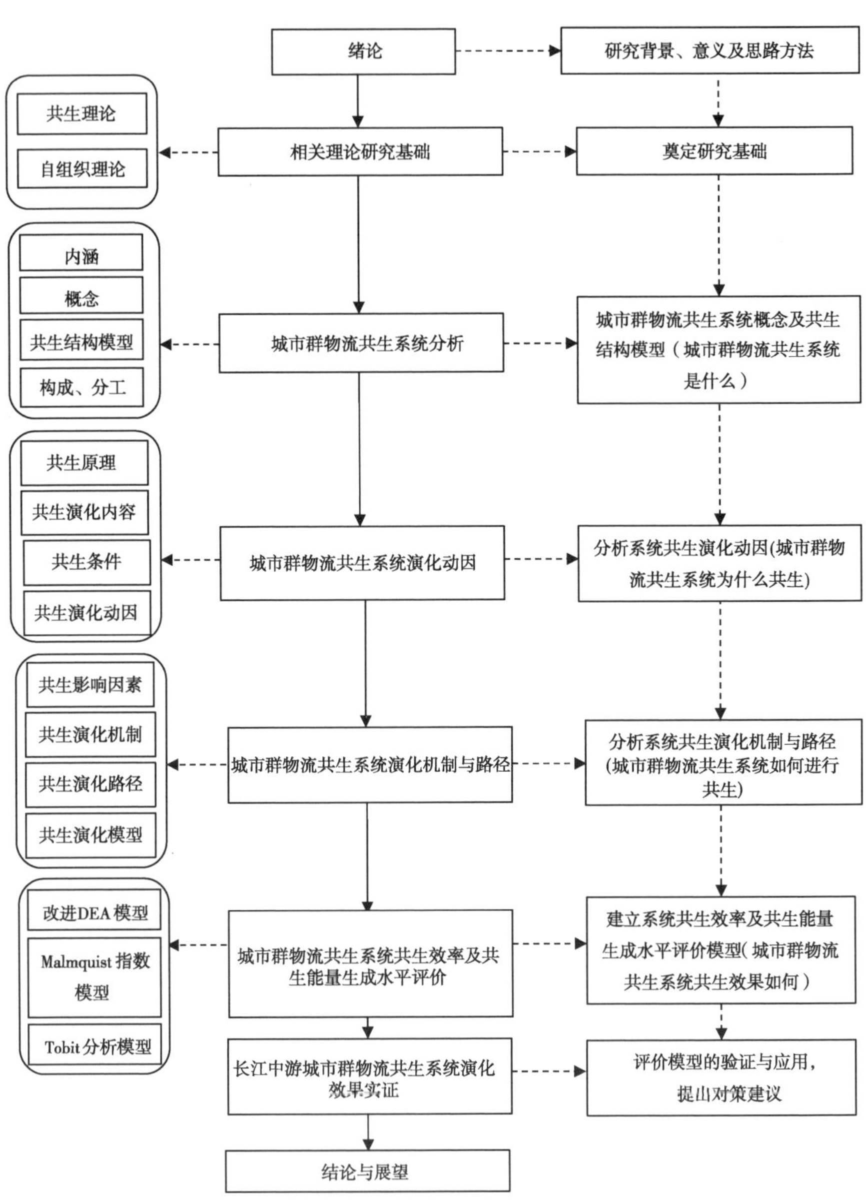

图1-1　技术路线

第2章　城市群物流共生系统分析

对城市群物流共生系统进行研究，首先需要对其理论基础、概念提出进行说明和界定，建立城市群物流共生系统共生结构模型，分析系统构成及分工，为研究城市群物流共生系统的演化动因与机制路径奠定基础。本章在论述自组织理论和共生理论基础上，分析了城市群物流内涵及城市群与物流业发展的关联性，说明了城市群物流系统的复杂适应性后，提出了城市群物流共生系统概念，进而对其构成分工进行分析，从而回答了城市群物流共生系统是什么的问题。

2.1　相关理论研究基础

城市群物流系统是一个复杂适应系统，同时也是多主体构成的共生系统。对于这样的复杂系统，需要同时运用自组织理论以及共生理论进行分析研究。

2.1.1　自组织理论

2.1.1.1　自组织理论的内涵

康德首次从哲学的角度提出了“自组织”这一观点，他运用自组织观点来对事物进行描述：对于任何一个事物而言，其构成成分之间存在着密切的联系，每个部分的存在都是为了作用于其他部分，其他部分同样也是如此。所以，由于这种关联的存在，使得每个部分不断交互，正是因为这种交互作用，事物才能保持其稳定状态。另外，他还明确地指出了自组织事物与被组织事物之间的差异性，如果事物可以自行组织与演化的话，那么它就是自组织事物。自组织理论主要针对开放系统进行研究，所研究的内容是系统的演化问题，在对该理论不断地研究过程中，学者们发现事物的演化规律存在着较大的相似性，正因为如此，学者们才将那些拥有普遍性演化过程的系统界定为自组织系统。这一理论在随后的时间里不断地发展和完善，最终演变成了“自组织理论群”。对于自组织理论而言，它明确地规定了事物演化发展的方式，主要有两种，一种是自组织，另一种是被组织。普利高津是耗散结构的创始人，他认为自组织实际上就是“自发出现或形成有序结构”。哈肯是协同论的创始人，他对前面学者的分析进行了补充和扩展，他详细地界定了自组织的形成条件，即是“没有外界的特定干涉”，这就充分说明了自组织系统是自己所衍生出来的，不是由外部环境影响所形成的，但是外部环境对于系统还是会产生一定程度的影响[125-127]。

总的来说，可以这样界定“自组织”，即系统内部要素从无序性演化为有序性的过程中，这种演化是自发的。被组织的概念及内涵与自组织相反，指的是系统的演化不是自发的，是受到外界因素影响所导致的。学者们在长时间的深入研究自组织理论后发现，自组织演化过程不但会出现在生命系统中，同样也会出现在非生命系统中。随着学者们研究范围与深度不断加大，最终确立了自组织进化研究范式，这样自组织理论也就成为人们研究事物演化发展的重要工具。

2.1.1.2 自组织方法论概要

自组织理论逐渐成为研究事物演化发展规律的重要理论，同时它还逐渐形成了一个完善的研究方法体系，具体包括：耗散结构条件论、协同动力方法、突变方法论、超循环方法、分形方法、混沌学方法等等[128]。本文在对城市群物流共生系统的研究过程中，重点使用了耗散结构论、协同学、突变论，其他的方法作为辅助分析方法，下面将简要地介绍这些方法。

（1）耗散结构条件论

对于耗散结构条件论而言，它主要是用于分析和判断自组织系统发生演化的概率，通过深入分析事物所处的环境，来判断能否生成耗散结构。判定的依据主要有6个方面：第一，是否为开放系统，指的是系统与外部环境是否存在信息与能量的交换；第二，系统开放程度，指的是系统所接收到的外部输入能否累加到一定值；第三，交流的均衡化，指的是系统与外部环境的交流是不是均衡的；第四，系统远离平衡，指的是系统内部要素分布呈不均衡性，各个部分之间存在差异性；第五，非线性，表示的是系统内部各部分所构成的模型比较复杂，并不是简单的线性关系；第六，涨落，表示的是系统偏离平衡时刻的程度，当涨落出现在临界点附近时，涨落作用就会被放大，进而形成巨涨落，这就有利于有序性出现。

（2）协同动力方法

这种方法主要研究的是系统不同成分之间是如何相互作用的，以形成系统整体结构与功能。对于协同动力方法而言，它认为自组织系统内部的子系统不仅存在协同作用，同时还存在竞争作用，通过引入序参量的方式来对这些作用机制进行详细描述。

（3）突变方法

突变方法主要是用于描述系统功能结构的改变过程，具体的描述方法包括：势、奇点和平凡点、吸引子。主要有两种研究途径，一是通过构建一个详细的数学模型来对不连续现象的演变进行模拟分析，另一个则是通过构建解释模型来对各种更迭演变现象进行描述。

（4）超循环方法

在系统的自组织过程中，存在着大量的循环现象，超循环方法将其分为 3 种类型，分别是：反应循环、催化循环和超循环。借助于这三种循环网络，随机事件就会不断被放大和反馈，这样信息就会不断累计，系统功能就会不断完善，因此系统就从宏观上完成了自组织进化。

（5）分形方法

分形方法主要是对系统的普遍自相似嵌套结构进行分析，主要的分析工具有两种，一种是分维数理论，另一种是分形结构理论。这种方法适用对象有两种，一种是具备自相似性的物质实体，另一种是虚拟模型。

（6）混沌学方法

运用混沌学方法可以进行定性分析与定量分析，定性分析确定是否应该建立混沌，定量分析主要是运用各种模型来对研究对象进行分析。

2.1.2　共生理论

共生理论源于生物学，但共生理论和方法已开始应用于社会经济问题的研究。任一共生系统均由共生单元、共生模式和共生环境三要素组成。共生的本质就是共生系统内各共生单元在共生环境中，形成某种共生模式，通过共生界面，在互惠互利合作中得到进化和发展[129]。

2.1.2.1 共生单元

对于任一共生系统，共生单元的内在性质由一组质参量共同决定。通常在某一具体时空条件下对共生单元进化起主导作用的质参量称为主质参量。同样，任何共生系统中的共生单元均存在一组象参量，象参量从多个方面反映共生单元的外在特征。

反映共生单元特征的指标有共生度、共生系数、关联度等。

（1）共生度

共生度表明两个共生单元之间质参量变化的关联程度。假设共生单元1和2，其分别存在质参量 X_i ，X_j ，则共生单元1和2的共生度 δ_{ij} 可以表示为：

$$\delta_{ij} = \frac{dX_i/X_i}{dX_j/X_j} \quad (dX_j \neq 0) \tag{2-1}$$

从式（2-1）可以看出，δ_{ij} 表明在共生单元2质参量 X_j 的变化下，共生单元1质参量 X_i 的变化。假如 X_i 、X_j 分别是各自共生单元的主质参量，则可以得出两个单元的特征共生度 $\delta_{ij} = \delta_{ij}^m$ ，计算公式如下所示：

$$\delta_{ij}^m = \frac{dX_{mi}/X_{mi}}{dX_{mj}/X_{mj}} (dX_{mj} \neq 0) \tag{2-2}$$

（2）共生系数

假设共生单元1和2的主质参量的共生系数分别为 θ_i^m 、θ_j^m ，其表达式分别为：

$$\theta_i^m = \frac{|\delta_{ij}^m|}{|\delta_{ij}^m| + |\delta_{ji}^m|} \tag{2-3}$$

$$\theta_j^m = \frac{|\delta_{ji}^m|}{|\delta_{ij}^m| + |\delta_{ji}^m|} \tag{2-4}$$

$$\theta_i^m + \theta_j^m = 1 \tag{2-5}$$

（3）关联度

对于异类共生单元，用关联度反映共生单元质参量之间的关联关系。假设主质参量关联度为 ξ^m ，其表达式为：

$$\xi^m = \frac{X_1^m}{X_2^m}, X_2^m \neq 0 \tag{2-6}$$

2.1.2.2　共生环境

共生环境，是指共生单元所在的共生系统内各种要素资源的综合，共生环境与共生体之间的作用是相互的。按照共生环境对共生系统施加的影响，其可分为正向环境，中性环境和反向环境。正向环境对共生系统的影响是积极促进；反向环境对共生系统的影响是消极抑制；中性环境对共生系统几乎无影响。

2.1.2.3　共生界面

所谓共生界面，是共生单元之间以及共生单元与共生环境之间作用的媒介，用于在共生单元之间以及共生单元与共生环境之间传递信息、物质、能量等，在共生关系的形成和发展中发挥着基础性的作用[130]。共生界面在共生动力机制和阻尼机制上都发挥着重要作用，产生重大影响。在共生动力机制中，共生界面决定了共生动力机制的形成和发展，共生动力机制的好坏取决于共生界面的性质与功能。当共生界面优良时，可以促进共生单元之间加强协作和制约、互相激励，加深共生单元内在关系的形成。在共生阻尼机制中，共生界面对共生阻尼机制的影响是决定能量经过共生界面时的损耗程度的大小，共生界面越优良，则能量损耗越低，同时可以促进能量流转速度的提高。因此，一个共生界面是否正常优良，需要满足的条件有：一是共生界面能够长期保持稳定；二是共生单元之间进行交流时，共生界面要能减少共生单元的交流阻力；三是在共生单元间分配利益时，共生界面要能保证共生单元利益分配的合理性。

共生界面的功能是决定共生系统效率和稳定性的关键因素。共生界面有两个重要参数，即共生界面特征系数 λ 与共生界面非对称分配因子 α。共生界面特征系数 $\lambda \in [0, +\infty]$ ，λ 反映共生界面的效率特性或阻尼特性。共生界面越多，接触面越大（即共生单元之间的物质、信息、知识、能量等方面存在频繁的交流和流动），接触介质越好，则交流的阻力越小，对应的特征值 λ 就越接近于零，$\lambda = 0$ 表示共生界面任何交流都能畅通无阻；反之，λ 值越大，则共生界面上交流阻力越大，$\lambda = +\infty$表示共生系统中共生界面无法交流。共生界面非对称分配因子 $\alpha \in [-1,0]$，α 反映共生界面的分配特性，$\alpha = 0$ 表示共生系统能量完全对称分配。

2.1.2.4 共生模式

（1）共生组织模式

共生单元的共生组织模式可分为点共生、间歇共生、连续性共生和一体化共生 4 种模式，反映共生单元间联系紧密程度逐步加强，共生进化作用日趋明显。表 2－1 为 4 种共生组织模式的特征分析表。

表 2－1　4 种共生组织模式特征分析

特征 模式	概念	共生界面特征	开放特征	共进化特征
点共生	在某一特定时空，共生单元仅在某一方面，发生一次相互联系；共生关系具有随机性、偶然性和不确定性	共生界面随机生成，介质单一；界面不稳定	对比开放度远大于 1，共生单元主要受共生环境影响；共生关系与共生环境不存在清晰边界	事后分工，单方面交流；共生作用弱
间歇共生	在一定时间间隔内，共生单元在一个或多个方面，发生多次相互联系作用；共生关系具有不确定性和不稳定性	共生界面随机生成或有一定必然性，共生介质少但不单一；界面较不稳定	对比开放度在 1 附近小幅波动，共生单元一定程度上受共生关系影响；共生关系与共生环境存在不稳定边界	事中事后分工，某些方面交流；共生作用较弱
连续性共生	在某一封闭时空范围内，共生单元多方面连续发生相互联系作用；共生关系具有连续性、稳定性及较大程度的必然性	共生界面生成具有较大必然性及选择性，共生介质多元化且互补；界面较稳定，均衡时共生专一性较高	对比开放度介于 0 和 1 之间，共生单元主要受共生关系影响；共生关系与共生环境存在较稳定边界，但边界较不清晰	事中事后分工，多方面交流；具有主导共生界面及支配界面，但较不稳定；共生作用较强
一体化共生	在某一封闭时空范围内，共生单元形成了具有新的特性和功能的共生体，全方位发生相互联系作用；共生关系稳定且具有内在必然性	共生界面生成具有内在必然性及方向性，共生介质多元化且形成特征介质；界面稳定、均衡时共生专一性高	对比开放度大于 0，但远小于 1，共生单元主要受共生关系影响；共生关系与共生环境存在稳定及清晰边界	全程分工，全方面交流；具有稳定的主导共生界面及支配界面；共生作用强

注：依据袁纯清《共生理论——兼论小型经济》整理得出

共生系统形成初期，系统内共生单元之间信息丰度小且不对称，共生单元彼此信任度不够，不能有效预期共生合作结果，通常共生单元会选择点共生组织模式进行偶然合作。随着共生系统从形成期、成长期逐步发展到成熟期，共生单元之间的信息丰度和信任度日益增强，共生组织模式便逐渐向间歇共生和连续性共生演变，直至一体化共生。

（2）共生行为模式

共生行为模式是共生单元之间相互作用的表现形态，反映共生单元之间能量生产及分配特征，揭示了共生单元相互作用的基本规律及共生现象形成与演变的条件和特征。共生行为模式包括寄生模式、偏利共生模式、非对称性互惠共生模式和对称性互惠共生模式 4 种类型。表 2 – 2 为 4 种共生行为模式的特征分析表。

表 2 – 2　4 种共生行为模式分析

特征 模式	共生单元特征	共生能量特征	共生作用特征
寄生	共生单元形态具有差异	无新能量生成，寄主能量传递至寄生者	寄生关系有利于寄生者，对寄主不一定有害；寄主与寄生者存在双向单边交流机制；共生作用有利于寄生者进化
偏利共生	共生单元形态方差较大	有新能量生成，共生单元某一方获取全部新能量	共生关系有利于能量获取方，对其他方无害；共生单元间存在双边双向交流机制；共生作用有利于获利方进化，若无补偿机制，不利于非获利方进化
非对称性互惠共生	共生单元形态方差较小	有新能量生成，共生单元间进行广谱非对称新能量分配	共生关系使所有共生单元广谱进化；存在多边多向交流机制；由于存在广谱非对称新能量分配，共生单元不同步进化
对称性互惠共生	共生单元形态方差接近于 0	产生新能量，共生单元间存在广谱对称新能量分配	共生关系使所有共生单元广谱进化；存在多边多向交流机制；由于存在广谱对称新能量分配，共生单元同步进化

注：依据袁纯清《共生理论——兼论小型经济》整理得出

互惠共生是任一共生系统演化发展的方向，具有持久稳定的特征。互惠共生行为模式下，共生单元之间实现多赢，物质、信息、能量、知识在共生单元之间传递，各共生单元均可取得发展。对称性互惠共生模式下，各共生单元平等合作，利益分配机制具有对称性，共生利益和共生能量在共生单元之间平均分配，从而不同的共生单元可实现趋于相同的能量积累和进化机会，这种模式效率最高、共生能量最大、共生系统最稳定。因此，对称性互惠共生是共生系统进化所追求的最优目标。

2.2 城市群物流相关分析

20 世纪 80 年代，于洪俊、宁越敏率先向国内引入了戈特曼的理论，并将其翻译为“巨大都市带”。之后，很多学者在此基础上展开了进一步的研究，并且很多研究都对长江中下游地区展开了比较详细的分析。姚士谋等学者对大都市带的概念进行了扩充，进一步创造了城市群的理论，指出其具有三大基本特征：一是拥有一定数目的各种类型的都市；二是至少拥有一个特大城市，作为整个地区的核心；三是不同的城市间存在比较密切的关系。这些学者以此为依据对我国城市群的地域特点、开发趋势等内容展开了深入的探索。

“物流”一词最早出现于 1915 年，是著名学者阿克・肖对市场分销问题进行阐述时提出的。20 年后，美国销售协会比较明确地界定了物流的定义：物流是用于销售的产品或服务从产地到达营销地点所需要进行的一系列经济行为。20 世纪 80 年代，全球经济开始走向繁荣，商品流通的重要性不断提高，物流逐渐在经济活动中占据了举足轻重的地位。与此同时，经济领域对于物流一词也拥有了更加详细和深入的认知，并且普遍认为采用 Logistics 对物流进行概括更为妥帖。在实践过程中，不仅有分销物流，还有生产、采购、回购、回收、再生等多种物流形式，共同构成了一个完整的物流系统。20 世纪 80 年代初期，物流理论被应用到国内经济领域，我国的物流术语标准将其定义为：物流是物质从供应地向接受地转移的过程，结合实际需求，综合采用运输、存储、装卸、包装等手段来满足用户的需求。

2.2.1 城市群物流的内涵

城市群是自然、地理和经济区域的综合体，城市群物流是以城市群为基本空间载体，依托物流、商流、信息流、资金流及人流需求所建立，并为其流动过程服务的综合化、系统化产业。借鉴其他学者关于城市群物流的相关研究，本文在此界定城市群物流的内涵为：城市群物流是物流产业与城市群区域性的综合反映，它是指在城市群经济地理环境条件下，基于城市群的经济资源、社会资源、人文资源、自然资源、市场资源等，依托城市群交通基础设施、物流节点建设等所产生的系列物流活动，是众多物流主体在城市群经济地理空间内，实现物流、商流、信息流、资金流、知识流及人流的有效组织与管理的物流活动体系。城市群物流的结构是多层次、多维度的，主体构成主要包括物流供给主体、物流需求主体和物流支持主体，每个主体都表现出各自不同的功能，从而构成城市群物流的整体功能。

2.2.2　城市群与物流产业发展关联分析

2.2.2.1　城市群经济协调发展中的要素集聚和扩散

城市群要实现协调发展，必须要有序组织区域内不同城市间的要素集聚与扩散。其中，一个或一个以上的特大城市作为核心在整个城市群的健康发展中产生了不可替代的影响，是维持要素集聚与扩散高效进行的重要支持。边缘城市必须在集聚与扩散过程中与中心城市保持统一的步伐，才能使二者都获得最佳的效益。本著作从这一角度出发，首先论述了城市群实现集聚和扩散过程的基本规律，并以此为依据对城市群和物流产业之间的关系进行讨论。

（1）中心城市与边缘城市经济层面的特点

中心城市是经济繁荣发展的必然结果，是一个经济区域的集合点。不管是整体规模还是区域架构，中心城市都是城市群经济发展的重要增长点与控制点，是拉动其他城市经济增长的重要因素。边缘城市则大多由前者的郊区发展而成，主要承担商业、就业、居住等职能。下文简单介绍了两类城市的主要经济特点。

①中心城市产业类型比较丰富，外向程度相对较好；边缘城市分担了中心城市的某些职能，是对后者的辅助和配合。一方面中心城市的投资条件更加优越，更容易吸引到雄厚的资金和技术，众多企业集聚在一起组成多个联系密切的产业集群。另一方面，中心城市的支柱行业一般是输出产业，具有很高的外向度。改进产业结构、支持新兴行业的同时，中心城市的部分行业将向周围辐射，进而构成相互合作与产品供应的流通渠道，为其他城市的开发提供动力；此外，中心城市向周边地区

的要素集聚与扩散过程具有覆盖范围广泛、规模庞大、层次丰富等特征，对于这些要素的流入、流出、规模等具有较强的协调作用，对于号召、协调其所在地区投入到全国经济联合、发展海外市场的进程发挥着关键的推动作用。

②中心城市是区域经济活动的集中点以及进行各种经济联系的核心，和其他城市一起共同组成了具有开放性的循环经济系统，对内展开不同类型的“对流”，对外进行丰富的生产要素交换。对于每一类“对流”而言，都对应着一个比较系统的子网络，比如交通运输网络、城镇网络等。在这些网络之间也时刻进行着大量复杂的经济联系，相互影响，进而形成结构立体的完整经济体系。城镇网络在这一体系中发挥着“骨架”的功能。从空间方面来看，城市经济区就是由一系列地域特征有所差异、规模不一、职能各异的城市组成的群体，根据其特有的经济关联而协调在一起的统一的空间系统。中心城市是这个系统中空间流转集中系数最大的城市，是上述各种网络的中心。

（2）城市群要素集聚与扩散的基本规律

①对于城市群而言，其集中和扩散的规模在很大程度上受中心城市的整体实力影响。就好比世间万物都具有引力，在其他特征一样的条件下，质量越高的物体引力越大。在一个城市群中，中心城市显然是“质量最大”的群体，其实力越高，其“引力”——集聚与扩散作用也越明显。一个城市的整体实力越强，其文化、经济的辐射程度越高，对其他城市的推动作用越强。

②城市群的集聚与扩散过程的强弱与传输成本之间呈反比例关系，成本越大，该过程越弱。因此，城市群中不同城市之间所具有的各种经济联系所产生的传输成本，在很大程度上决定了其集聚与扩散过程的规模。传输成本主要由城市的基础设施条件、交通通达程度、配套设施完善性等方面共同决定。

③城市群的集聚与扩散趋向生产力分布相对良好的区位。对于一个城市群来说，中心城市是其中整体实力最佳的区位，因此必然成为生产力运动的目的地，吸引着各种经济要素的汇集，进而吸引更加丰富的经济活动。这种吸引力反过来又进一步增强了中心城市的区位优势，因此

中心城市的发展过程在一定程度上可以看作是生产力布局中优区位指向运动的结果。

中心城市中同时存着集聚与扩散两种重要过程，但是在其特定的发展时期中，必然是一种过程占主要地位，另一种占次要地位。例如，在快速发展时期，集聚过程必然占据主体地位，促使中心城市获得更多的要素并迅速发展；要素集聚达到一定的规模时，集聚效应开始削弱，地价暴涨、生活成本大大提高，则扩散过程将占据主要位置，进而消除生产要素集聚程度过高而产生的经济性下降问题，追求更大的边际收益。

2.2.2.2　城市群与物流产业发展关联

（1）要素集聚和扩散对物流的要求

城市群中的要素集聚与扩散的过程与物流需求之间具有显著的联系，这种联系主要反映在不同城市的经济特征决定了相互之间具有庞大的物流需求。

城市群的物流需求集中体现在以下几方面：第一，种类丰富的产业和大批汇集的企业，为了保证这些行业和企业的正常活动，必然会形成大规模的运输、配送等较低层次物流需求。第二，为了保证产业结构具有较好的外向程度，提高中心城市对外输出的优势，同时拉动其他城市的经济发展，城市群中的各种产业及相关企业都有必要将供应链及企业经营效率维持在较高水平上，因此对应产生较高层次物流需求。第三，中心城市是集聚与扩散的中心，为了确保物质与信息的沟通顺畅，必然需要高度完善的物流网络为基础，从而形成大量的物流服务需求。

综合以上内容，城市群的经济特点与物流需求之间相互需要、相互促进、相互影响，这表明城市群为现代物流的发展提供了广阔的平台。

（2）现代物流对城市群要素集聚和扩散的促进作用

物流在很大程度上扩大了城市群要素集聚与扩散的规模，具体表现在以下几个方面。

①提高城市群综合竞争力。物流是经济发展的关键条件，在经济活动中发挥着举足轻重的作用。现代物流的存在，有利于维持城市群开展经济活动的质量与效率，有助于实现资源的最佳配置，并且可以极大地优化投资环境、推动产业结构升级，从而增强城市群的整体竞争力，加强其集聚与扩散的规模。

②降低传输成本。交通通达程度是决定物流效率的关键因素之一，交通条件是物流发展的决定性前提。如果一个城市群拥有发达的交通网络、多样化的运输形式、优良的协调配套设施等条件，则城市群内部城市交往或是与外界交流所产生的传输成本将大大降低。上文已经提及，集聚与扩散效应的强度与传输成本的高低呈负相关，较小的传输成本可以大大提高城市群集聚与扩散的规模。

③提高对世界性经济资源的集聚能力。随着经济全球化进程的加快，经济资源在全球范围内进行分配已经成为不可逆转的趋势。完善、发达的物流系统是实现供应链全球化的决定性条件。所以，城市群如果要加强对世界性经济资源的汇集能力，首先应该加强对物流的重视，构建完善的物流网络。

④推动信息产业的发展。信息产业是物流系统建设的关键条件之一。现代物流已经进入信息时代，广泛使用条码、数据库等信息技术，并且实现了电子化管理。此外，随着物流的世界化、信息化趋势不断提升，将形成物流产业与信息技术相互依赖、相互促进的现象。现代物流的发展，在很大程度上需要借助电子商务和互联网的支持，同时又反过来为以上产业的发展注入了强大的推动力，促进了这些产业硬件设施的建设和升级，并成为城市信息化的关键应用领域。

⑤促进城市群经济专业化发展。现阶段，很多国家都开始关注物流行业的专业化研究与实践，该趋势必然会在一定程度上推动城市群经济专业化深入发展，进而提升各城市的综合实力，提高其集聚与扩散的规模，有利于城市群的均衡发展。

2.3 城市群物流共生系统

2.3.1 城市群物流系统的复杂适应性分析

复杂适应系统是不断变化的动态系统，由一系列按照特定的规则或方式进行相互影响的“活”主体组成。对于系统中的不同主体而言，其所处的环境不仅包括系统整体环境，而且包括其自身周边的个体环境。所以，不同主体的适应和演化过程同时存在并且又相对独立。若要更好地生存，系统中的主体必须适应环境的动态改变，对自身的活动及活动规则进行调整，更好地与环境融合，进而演化成长。系统中这些“活”的主体，不断地学习、调整、适应，它们各自适应环境的调整活动交汇在一起，又会反过来作用于系统环境，使环境随之发生改变。因此，复杂适应系统中的主体与系统环境相互作用，形成共生进化的过程。借鉴相关研究，本文中的主体是指系统进化过程中可以根据环境变化，自主学习、调整、适应、成长，并创造经济效益的具有主观能动性的经济主体。

城市群物流系统属于复杂适应系统，其复杂适应性主要反映在以下 6 个方面。

（1）层次性

运输、仓储、配送等环节的物流企业个体构成了城市群物流系统的较低层次；物流企业联盟、供应链联盟、商品供应商联盟等群体构成了城市群物流系统的中间层次；物流供给主体子系统、需求主体子系统、支持主体子系统等子系统构成了城市群物流系统的较高层次。

（2）自适应性

为了更好地与系统环境相适应，城市群物流系统中的主体将会按照现实状况主观能动地对自身状态、行为等进行调节；或是为了获取更多的机遇与优势，与其他系统主体展开竞争、协作等活动。系统中的主体对于整体环境的变化所做出的调整行为是自主自发、独立进行并且智能的。例如，物流企业结合市场形势调整经营行为和发展战略、物流需求企业根据市场环境变化调整产品结构、政府管理部门根据区域外部环境调整物流管理政策及制定发展规划等。

（3）并发性

城市群物流系统中的不同主体对整体环境的变化做出各种适应和调整，这些适应调整行为是同时进行的。例如，现阶段电子商务快速发展，物流供给主体针对这一情况，必须调整相关仓储配送方案，以提供优质物流服务；同时物流需求主体由于需求的增加必须调整生产计划，以提供充足的商品供应。城市群物流适应性主体的共同演化为整个适应系统发生突变和自组织提供足够强的力量，使其导向混沌的边缘。

（4）产生涌现现象

城市群物流系统中的不同主体之间存在着各种各样的相互作用，并且这些作用主要体现为非线性作用。非线性作用的存在会导致系统发生涌现现象，低层次的涌现现象可以促进高层次涌现现象的产生。例如，许多生产制造企业的物流外包现象，以及物流企业之间形成的物流企业联盟现象。

（5）自组织性

城市群物流系统包含多个主观能动、适应性强、“活的”的主体，如物流供需相关企业的管理人员等。这种类型的主体具有非常显著的自组织性，可以在与环境相互影响的过程中，对城市群物流系统中的产业构成、职能分配等进行调整，设计并不断调整城市群物流的整体发展战略规划以及物流相关的政策规定，改善主体相互作用关系，不断完善城市群物流系统整体环境，进而推动城市群物流系统的可持续发展。所以，城市群物流系统具有良好的自组织性，可以自行演化而产生新的功能或结构。

（6）共生进化性

城市群物流系统是不同主体互相作用、竞争协作而形成的利益集团，相关主体在系统内部进行大范围、深层次的资源和信息共享。不同主体之间的利益关联可以有效提高城市群物流系统的整体稳定性，并且可以极大地促进主体之间的关系向互补、协作方向演化，推动系统实现共生进化。

2.3.2 城市群物流共生系统概念及共生结构模型

对于城市群物流系统而言，不同主体或经济要素间的相互配合，可以在很大程度上促进物质、信息、资金、能量等资源的高效流通配置，有利于整个物流系统的共生进化发展。城市群物流系统中各类要素资源的合理流通配置必然要依赖于系统中所存在的各类积极、智能、“活”的适应性主体来完成。系统主体之间的协作交流，衍生出各种宏观的复杂性现象，这些复杂性现象加快了城市群物流系统的共生演化进程。在城市群物流系统各个主体之间及主体与环境之间相互作用的过程中，不同主体间的关系不仅仅是简单的竞争或协同，还包括相互适应、共生进化，从而形成复杂的物流生态系统。

本书借鉴生态系统共生理论及复杂适应系统理论，建立城市群物流共生系统概念。城市群物流共生系统是在具有共同经济地理属性的城市群地域空间内，各类物流相关主体以共生发展为目标，通过物质流、能量流、资金流、信息流和知识流等媒介耦合而成的具备自组织和被组织功能、具有一定层级和组织的多主体复杂适应性生态系统。城市群物流共生系统的共生单元有物流供给主体子系统及其相关主体、物流需求主体子系统及其相关主体以及物流支持主体子系统及其相关主体等。物流供给主体子系统具体包括城市群内各种物流基础设施和城市群内部各种类型的物流企业等。物流需求主体子系统包括城市群内第一产业、第二产业和第三产业的物流需求主体。物流支持主体子系统包括政府、咨询中介、金融保险、科研教育机构等支持主体。城市群物流共生系统的共生环境是指共生系统内各种要素资源的综合，具体包括政策环境、市场环境、自然资源环境、科技环境、人文环境等。共生环境与共生单元之间通过共生界面发生相互作用。共生界面在共生单元的共生过程中具有物质、信息、知识、能量等的传导、交流及分配功能，其功能是决定共生系统演化效率和稳定性的关键因素[131]。

依据上文给出的城市群物流共生系统概念及相关解释，现构建城市群物流共生系统共生结构模型，如图 2－1 所示。

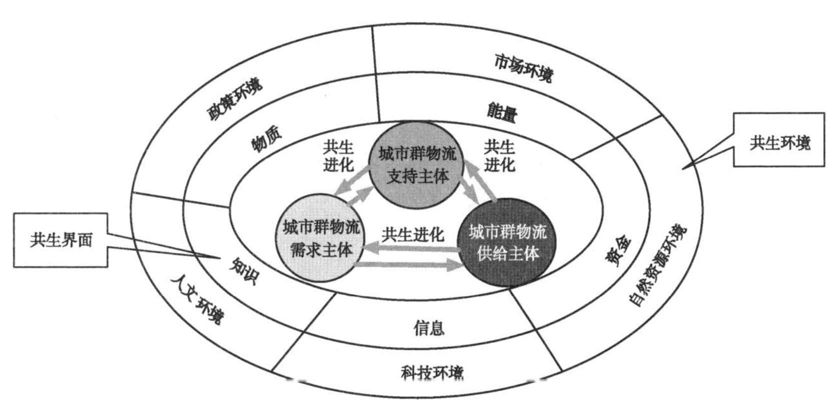

图 2－1　城市群物流共生系统的共生结构模型

城市群城市之间地理位置邻近，城市之间交通网络通达，信息网络互联互通。因此，城市群物流更强调协同，尤其是跨地域的协同，进而提高城市群资源配置的合理性。由于城市群的集聚扩散效应，城市群各城市在若干中心城市的集聚扩散作用下，城市群各物流供给主体之间形成战略联盟等共生协作关系，通过交通网络、信息网络等共生界面的作用，共同实现城市群物流任务。城市群的规模经济效应使城市群社会专业分工深化，市场容量显著提升，而城市群城市间的分工差异效应又使各城市均拥有自己的优势产业。因此，城市群各物流需求主体，即城市群各产业之间通过市场等共生界面的作用，形成互利共生的关系，从而使城市群物流需求规模、结构、数量等实现优化。虽然城市群各城市之间地理位置毗邻，但却分属于不同的行政区域。因此，城市群物流供给主体之间的联合、物流需求主体之间的优化调整，以及供给主体与需求主体之间的合作共生，均离不开城市群物流支持主体，即政府、科研教育机构、咨询中介等的支持保障。政府等支持主体通过政策制度等共生界面保障城市群城市之间，以及物流供给主体、需求主体之间，消除地方保护主义、贸易壁垒等，增强各主体之间共生的动力；科研教育机构、咨询中介等通过技术、知识、人才等共生界面为各主体之间的共生提供技术、知识、人才保障等。

总之，城市群所具有的集聚扩散效应、规模经济效应、产业分工差异效应等特征使得城市群物流共生系统的供给主体、需求主体、支持主体之间通过交通网络、信息网络、市场、政策制度、技术、知识、人才等共生界面形成共生关系的动力大大增强，各物流主体之间更容易形成互利共生关系。

2.3.3 城市群物流共生系统的构成及分工

2.3.3.1 构成

城市群物流共生系统是由物流供给主体、物流需求主体、物流支持主体三大子系统组成的有机整体。物流供给主体子系统包括物流基础设施供给主体群及各种类型的物流企业或服务商群等。其中，物流基础设施供给主体群包括各种类型的公路、铁路、水路、航空等物流通道服务供给主体以及机场、港口、物流园区、物流中心、配送中心、货运场站、仓储设施等物流节点服务主体；物流企业群包括运输、仓储、货代、信息服务、综合性第三方物流等各种类型的企业。从产业结构角度，物流需求主体子系统包括一、第二、第三产业及其细分产业等物流需求主体群。物流支持主体子系统主要包括政府、行业协会、商业银行、咨询机构、教育科研机构等相关主体。城市群物流共生系统具体构成如图 2－2所示。

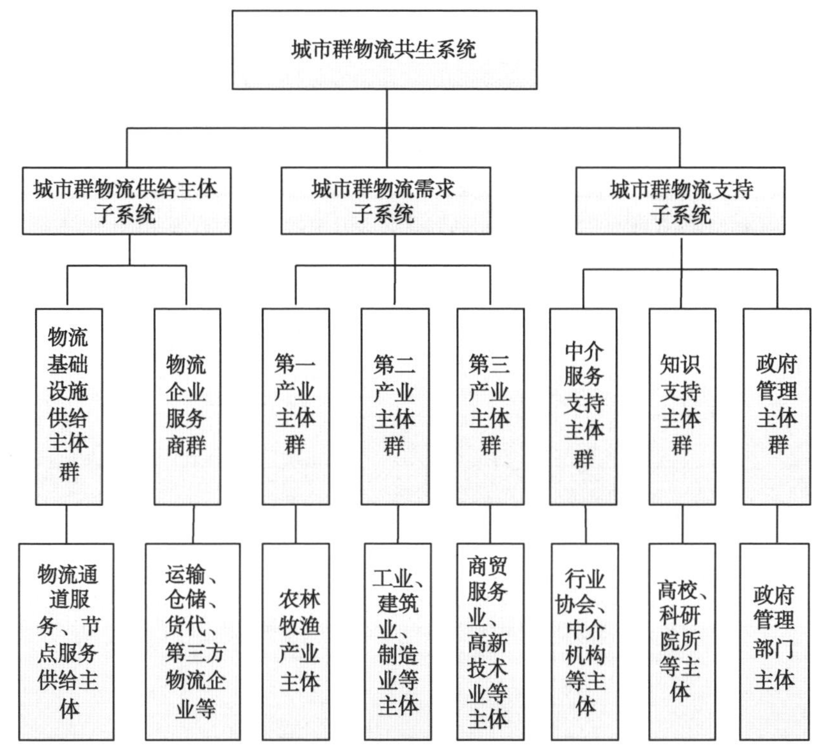

图 2－2　城市群物流共生系统构成

2. 3. 3. 2　分工

（1）物流供给主体在城市群物流共生系统中起支撑作用

城市群物流供给主体是物流服务的实施者，为支撑城市群物流可持续发展提供了基础条件。城市群物流供给主体的组织运作效率、专业化发展程度决定了城市群物流服务质量，同时影响城市群物流需求主体的物流外包决策，进而影响物流专业化和市场化的发展。另外，优质的城市群物流供给服务将推动城市群经济发展，优化城市群经济产业结构，进而提升城市群物流需求规模和服务标准。

（2）物流需求主体在城市群物流共生系统中起主导作用

城市群物流与城市群经济是相互依存的统一体，城市群经济发展水平是城市群物流产生并发展的源动力。城市群经济发展水平由城市群物流需求主体群决定，所以，城市群物流需求主体的规模、结构、分布等因素将会决定城市群物流供给主体的规模、结构、布局、物流总量及服务质量标准等。

（3）物流支持主体在城市群物流共生系统中起支持作用

城市群物流支持主体会对城市群物流供给主体、物流需求主体的经营管理、产业布局、技术支持、知识服务等产生重要影响，同时影响城市群物流供需主体的迁入、聚集或迁出，从而对城市群物流共生系统的组织形态演化等产生重要影响。

第3章　城市群物流共生系统演化动因

城市群物流共生系统作为一个复杂适应性生态系统，其在满足相关的共生条件下，各共生单元主体间为什么可以共生演化呢？本章首先阐述了共生系统共生原理，揭示共生的普遍规律，以此为基础展开后文的分析；接下来分析了城市群物流共生系统共生演化所包含的内容，以明确后文所要研究的对象；然后从共生理论角度出发，以共生原理为基础，分析了城市群物流共生系统的共生条件；最后，结合自组织相关理论，研究了城市群物流共生系统共生演化的动因，回答城市群物流共生系统共生单元为什么共生演化的问题。

3.1　共生系统共生原理

研究城市群物流共生系统共生演化动因之前，应该先了解共生系统相关原理，为后文的进一步分析研究奠定理论基础。共生系统共生原理主要有：质参量兼容原理、共生能量生成原理、共生界面选择原理、共生系统进化原理。

3.1.1　质参量兼容原理

质参量是指对共生单元内在性质及其变化起决定作用的关键参量。共生单元的质参量往往不是固定的，受时空影响，随时空变化而变化。一般来说，在某一特定时空条件下，某一主质参量起到主导作用。共生关系只有某种内在联系在共生单元之间具备时才会产生，从而按照特定的共生行为模式以及共生组织模式形成共生系统。共生单元间可以用质参量进行相互表达的这一原理称之为质参量兼容原理。共生单元间只有其质参量能够相互表达，其共生关系才能够成立。共生单元间质参量的兼容模式有多种类型，从而导致共生单元间的共生组织模式也存在不同类型。通常，质参量兼容的模式有随机性兼容、非连续的因果性兼容、连续的因果性兼容，这三种兼容模式分别对应的共生单元的共生组织模式为点共生、间歇性共生、连续性或一体化共生。质参量兼容的模式与共生单元的共生组织模式之间的对应关系可以用数学模型表达如下：

如果 $Z_i = f(Z_j)$，那么共生单元 i、j 之间可能形成共生关系，其中 $f(Z_j)$ 可为不连续函数、连续函数或随机函数。

如果 $f(Z_j)$ 为连续函数，那么连续或一体化共生组织模式更有可能形成于共生单元 i、j 之间。其中，连续共生模式是有区间限制的，一体化共生模式没有区间限制。

如果 $f(Z_j)$ 为不连续函数，那么间歇共生组织模式更有可能形成于共生单元 i、j 之间。

如果 $f(Z_j)$ 为随机函数，那么点共生组织模式更有可能形成于共生单元 i、j 之间。

3.1.2 共生能量生成原理

共生能量是共生过程中所产生的新能量，其实际的表现可为共生单元因为共生关系的形成而实现的经济社会效益的增加，也可以表现为共生单元因为共生关系的形成而实现的个体适应能力、繁殖能力、生存能力的大幅提高等。总之，共生系统共生能量表现形式多样，共生新能量的生成是共生的一个本质特征。

共生理论中一般用共生能量对共生关系中共生环境、共生单元、共生模式相互作用的效果与水平进行描述，具体关系可表示为共生能量函数。对某个二维共生系统共生单元 A、B 来说，若总能量为 E，共生单元 A 和 B 的自有能量分别为 E_a 和 E_b，共生条件下新增能量为 E_s，则：

$$E = E_a + E_b + E_s \tag{3-1}$$

通常，E_a 和 E_b 是关于主质参量的函数，$E_a = f(Z_{am}, M_a)$；$E_b = f(Z_{bm}, M_b)$，从而 E_s 也是关于共生单元 A、B 主质参量的函数。即有：

$$E_s = f(Z_{am}, Z_{bm}, \theta_{ab}, \lambda_{ab}, \eta_{ab}) \tag{3-2}$$

共生能量 E_s 指共生单元借助于共生界面发生物质、信息、能量、知识等交互作用时，所形成的价值产出，其变化对共生系统进化方向起到直接决定作用，是共生系统生存与增殖能力的具体表征。共生能量的产生中，全要素共生度具有重要作用，共生维度与密度对共生能量也有一定的影响。若要促进共生系统的发展，就需要改进共生单元以及共生界面，以提高共生单元共生能量生成水平。

3.1.3　共生界面选择原理

共生界面对于共生单元的数量、质量以及共生能量的生产与再生产方式起决定作用，对于共生系统来说，共生界面的选择机制非常关键。共生能量使用方式与共生对象选择是任一共生系统界面选择机制的两方面。

关于共生系统共生能量使用方式，r 选择与 k 选择是共生能量的两种使用方式。r 选择是共生单元主体数量增殖的表征（r 是其比重），k 选择是对共生单元功能改进进行衡量的表征（k 是其比重），则 $r + k = 1$ 。如果 $r \to 1$ ，表明共生系统更倾向于共生单元主体数量的增长，此时，即为 r 选择；如果 $k \to 1$ ，表明共生系统更倾向于共生单元功能的改进，此时，即为 k 选择。

关于共生系统共生对象选择方式，存在两种情况：完全信息条件与非完全信息条件。在完全信息条件下，共生单元选择采用非竞争性选择方式。非竞争性选择方式包含按关联度选择与按亲近度选择两种方法。当信息不完全时，采用竞争性选择，通过所有备选共生单元相互竞争择其优者。

3.1.4　共生系统进化原理

共生系统的进化总是从低级向高级发展，偏利共生一般是共生系统建立的开始，人类社会与生物界进化的本质要求与终极目标是对称性互惠共生，其是所有共生系统中最稳定、最有效率的模式，因而其是共生系统最终的进化方向。对称性互惠共生系统在理论上能够将共生单元主体的能力与活力最大程度的激活，从而使共生单元主体自身及共生系统整体产生最大的共生能量。由于对称性互惠共生模式的一个重要特征是利益对称分配机制，因此共生系统新产生的共生能量会在各个不同的共生单元主体间平均分配，从而使每个共生单元获得同等的进化机会。共生系统进化的速度受到能量使用选择系数是否服从密度制约条件的极大影响。

根据共生系统进化原理，对称性互惠共生是最终的进化方向。共生系统通过共生界面将互惠共生与对称性分配机制实现结合，因而共生界面对于共生系统的进化具有重要影响。

3.2 城市群物流共生系统共生演化的内容

城市群物流共生系统的共生演化主要包括供给主体子系统、需求主体子系统，以及3个子系统之间的共生演化。

3.2.1 供给主体子系统内部的共生

前文已有提及，城市群物流共生系统的供给主体子系统可以细分物流基础设施供给主体群以及各种类型的物流企业或服务商群等。供给主体子系统内部的共生主要包括了物流企业主体间共生，以及物流基础设施供给主体与物流企业主体之间共生。

3.2.1.1 物流企业主体间共生

物流企业群包括运输、仓储、货代、信息服务、综合性第三方物流等各种类型的企业。物流运作成本的降低、运作效率的提升是多种物流企业主体间共生的基础目标。物流企业主体间共生可以通过形成物流企业联盟、统一物流服务标准、共同建设使用物流基础设施设备等形式进行多元多层次的交流协作。物流效率化实现的基础是规模效益，追求规模效益的前提是规模化，规模经济效益是物流企业主体共生的目标。物流企业主体间共生优点如下：一是提高物流作业生产率；二是提高物流设施设备利用率以及配送效率；三是提高物流服务水平；四是搭建高效物流信息网络。在实际运作中，受多方面限制，物流企业主体间共生尚未发展到企业间全方位的共同实现物流运作的水平，目前物流企业主体间协同共生的主要方式是共同保管、共同配送、共同库存以及设施共同利用等基础形式的共同物流。物流企业主体间的共生模式大部分属于竞争共生模式。合作企业间的博弈、承诺风险及实际运作的管理水平等均会影响物流企业主体的共生效果。

物流企业战略联盟是指若干个物流企业通过协议、合同或其他某种方式、针对既定的目标，组成共享资源、共担风险、要素双向或多向流动、优势互补的松散型网络组织，是物流企业主体间共生的重要表现形式。对比并购形式，战略联盟强调的是共同运用某种经营资源，而不是共生单元间的全面相容性。对于我国第三方物流企业，其目前阶段发展还不够成熟，竞争优势尚未形成，因此，战略联盟形式在第三方物流企业合作竞争的初期运作阶段非常合适，并且是最容易实施、风险最小、最快速导入的组织方式之一。

3.2.1.2　物流基础设施供给主体与物流企业主体间共生

物流基础设施供给主体群具体包括各种类型的公路、铁路、航道等物流通道服务供给主体以及机场、港口、物流园区、物流中心、配送中心、货运场站、仓储设施等物流节点服务主体。物流基础设施供给主体与物流企业主体共同承担城市群物流服务。物流基础设施供给主体提供了城市群物流高效运行的基础条件，物流企业借助这些基础条件，组织与管理城市群物流活动的顺利进行，两者相互协同，共同完成城市群物流任务。正是依靠物流基础设施供给主体与物流企业主体的共生发展，城市群物流供给子系统的功能才得以实现。物流基础设施供给主体与物流企业主体之间的共生模式属于互惠共生模式。

3.2.2　需求主体子系统内部的共生

城市群物流需求主体子系统内部的共生是指城市群经济系统内第一、第二、第三产业之间及各产业内部相互配合、相互促进所形成的共生现象。城市群物流需求主体子系统共生演化的目标是各产业通过相互协同、促进，和谐共生，创造城市群经济系统的最佳总体效益，是各产业整体的、内在的发展聚合，形成城市群可持续发展格局，从而提高城市群经济系统对城市群物流的需求规模、需求结构及服务质量水平。

城市群物流需求子系统中各产业共生发展的本质是城市群经济结构的发展变化，尤其是产业结构的优化发展。城市群经济产业结构是指城市群区域内各产业的发展水平、组成状态、产业间数量比例与生产联系等。主要包括两方面：一是指涉及产业结构均衡问题的各产业生产规模比例关系；二是指涉及结构效益与高度问题的产业间关联方式。前者是指产业结构量的方面，后者是指产业结构质的方面。

城市群物流需求主体子系统内各产业间的共生包括产业间的比例关系与关联关系两个方面。从另一个角度讲，城市群物流需求主体子系统内部的共生包含各产业内部的共生与产业之间的共生。各产业间共生模式倾向于互惠共生模式，产业内部则倾向于竞争共生模式。

3.2.3 城市群物流共生系统子系统间的共生

3.2.3.1 城市群物流供给主体与需求主体子系统间的共生

城市群物流供给主体与需求主体子系统间的共生体现于两者之间的相互影响。

首先，城市群物流需求对物流供给的影响。其主要体现在随着城市群经济水平的不断提高，会带来物流需求数量的增加、需求规模的扩大，以及需求结构的改变，以上变化均会引起物流供给主体作出相关反应，以匹配城市群经济发展的要求。同时，城市群物流需求水平的提高，会促进物流供给主体提高自身主体能力，从而两者之间实现共生进化。

其次，城市群物流供给对物流需求的影响。城市群具有物流需求的相关产业主体受到物流产业 3 个方面的影响：第一，优化产业结构，形成新的产业形态。物流产业化将提高三次产业构成中第三产业的比重，与产业结构优化方向相同，有利于高一级的新的产业形态的形成。第二，改进第三产业内部结构，带动相关产业同步发展。由于乘数效应，物流产业的形成、发展过程中毫无疑问会促进其他相关产业的发展。第三，创造第三利润源，促使第一、第二产业高效稳定发展，第一、第二产业成本结构受物流产业化影响极大。国民经济产业体系中，物流业产值变化会根据产业关联方式引起其他产业产值的变化，即物流产业的波及效应。物流需求与物流供给间的共生发展在物流产业波及效应中得到很好的体现。

最后，物流需求主体和物流供给主体共生的具体形式体现在城市群内各产业原材料供应商、生产商、分销商等物流需求主体和物流服务供给主体之间形成的供应链结构。供应链中的主导企业利用先进的管理方法、现代的信息技术等，将供应商、制造商、分销商、客户和物流服务商等相关各方组织在一个系统的供应链网结构中，以此供应链网结构为通道媒介，使链网结构中的物质流、信息流、资金流等顺利流通，进而形成竞争力极强的供应链战略联盟。城市群内各种类型供应链协同共生构成了城市群物流供给子系统和需求子系统共生的基础，并不断促进城市群物流供给子系统与需求子系统的共生演化。

城市群物流供给主体与需求主体子系统间的共生模式基本属于互惠共生模式。

3.2.3.2　城市群物流支持主体与供需主体子系统间的共生

城市群物流支持主体子系统是包含政策支持、自然资源支持、人力资源支持与科学技术支持等、对城市群物流供需系统的发展与演化具有重要影响的子系统。

首先，城市群物流支持主体子系统与物流供给主体子系统间的共生。物流在很多年以前即已存在，但只有具备特定的支持条件物流产业才能得以形成并发展。物流产业的发展要求城市群的经济发展达到一定规模与水平，且与之相关的其他产业也应发展到某个较高的层次水平。如政策支持是涉及政府行政效率、物流行业法规、政策等物流行业发展的重要支持；人力资源对物流供给的影响有人口教育程度的提高、人们消费习惯随经济水平的改变、从事物流行业人员的技术水平等；科学技术支持体现在通过信息化、自动化的发展，增加了供应链上下游联系的准确性、时效性，同时降低了人力需求。

其次，城市群物流支持主体子系统与物流需求主体子系统间共生。城市群经济系统的发展与运行与自然资源、人力资源、政策法规、科学技术水平等有极大关联。如自然资源是城市群经济可持续发展的重要前提，经济效益与资源的综合利用率成正比；人力资源是发展新经济的必备条件，对城市群经济系统的影响主要表现在人口结构的改善、人口素质的提高等。

城市群物流支持主体与供需主体子系统间的共生模式可以是偏利共生，也可以是互惠共生。

总之，城市群物流供给主体子系统、需求主体子系统、支持主体子系统 3 个子系统之间，以及 3 个子系统内部的各个共生单元主体之间，通过相互作用、相互影响、相互协调、相互合作，引起城市群物流共生系统在整体层面形成了新的组织结构，并呈现出新的特性功能。这些特性功能不是共生单元主体单个层面进化所能产生的，说明城市群物流共生系统各子系统之间以及子系统内部的共生单元之间的共生会使得共生系统所形成的整体价值大于各独立子系统形成价值的简单加和，这也体现了城市群物流共生系统作为一个复杂适应性系统的涌现特征。各子系统及各共生单元主体之间相互适应、竞争、协作，共同实现城市群物流共生系统的共生演化。

3.3 城市群物流共生系统的共生条件

以前文所述的共生原理为基础，结合城市群物流共生系统共生演化的内容，本文在此分析城市群物流共生系统的共生条件。城市群物流共生系统的共生条件具体包括共生均衡条件和保持共生结构稳定的能量分配条件。

3.3.1 共生均衡条件

从共生的必要条件和充分条件两方面分析共生均衡条件。

3.3.1.1 共生必要条件

对于城市群物流共生系统中的一个二维共生体系而言，例如，物流企业主体 A 与物流基础设施主体 B，两者共生关系成立时，需满足如下的必要条件。

①共生单元 A 与共生单元 B 之间存在一组以上的兼容质参量，例如，物流企业的货运量可以利用物流运输线路来表达。Z_{ai} 代表共生单元 A 的质参量，Z_{bj} 和代表共生单元 B 的质参量，两者可以相互表达：

$$Z_{ai} = \Phi(Z_{bj}) \text{ 或 } Z_{bj} = \Phi(Z_{ai}) \qquad (3-3)$$

②共生单元 A 与 B 生成至少一个共生界面，且两者可自主活动于共生界面。例如，物流供给企业主体与物流需求企业主体通过市场进行交易等。

③共生单元的同质度（同类同代）、亲近度（同类异代）、关联度（异类）均应大于等于某一临界值。例如，城市群物流供给主体必须具备一定的数量和能力与物流需求主体的需求规模和结构保持市场平衡。

城市群物流共生系统共生的必要条件是共生产生的基础，但这仅是必要条件，当这些条件成立时，共生不一定实现，其真正实现还要满足一定的充分条件。

3.3.1.2　共生充分条件

对于二维共生体系而言，共生关系成立需满足的充分条件如下。

①共生单元 A 与共生单元 B 之间能够通过共生界面进行物质、信息或能量交流。即共生单元 A 与共生单元 B 在一定的共生界面上进行物质、信息或能量交流的阻力小于动力。例如，物流服务由供给主体物流企业通过市场提供给物流需求企业主体。

②通过共生界面的相互作用，共生单元 A 与共生单元 B 形成具有能量函数 E_s 的共生体系，在既定时空条件下，能量函数 $E_s > 0$。$E_s = f(Z_{am}, Z_{bm}, \theta_{ab}, \lambda_{ab}, \eta_{ab})$，其中 E_s 是共生条件下新增的能量，Z_{am}、Z_{bm} 是共生单元 A、B 的质参量，θ_{ab} 是共生单元 A、B 的共生系数，λ 表示界面特征，ρ_{ab} 为共生密度，η_{ab} 为共生维度。存在共生能量函数 E_s，则反映 A、B 之间作用的本质，该作用促使共生系统产生一种来源于以共生界面为基础的分工与互补作用。在城市群物流共生系统中，能量函数 E_s 的本质即为供给、需求、支持子系统之间相互作用后，系统的价值创造能力得到了提升。例如，物流企业、物流需求企业通过市场交易所获取的利润，政府相关管理部门管理水平的提高等。界面特征λ取值区间为 $0 \leqslant \lambda \leqslant \infty$，表征共生单元之间交流的阻力。共生界面多少、接触介质好坏、接触面大小与阻力大小成反比。

③在封闭条件下、既定时空结构中，如果 $D_{ab} \geqslant D_{oab}$，$D_{ba} \geqslant D_{oba}$（其中 D_{ab} 和 D_{ba} 为信息丰度，即共生单位占据对方全部信息的程度；D_{oab}、D_{oba} 分别为临界信息丰度），那么共生成立。

在共生过程中，共生单元之间存在的信息关系起到重要作用。其表现为：信息丰度增大时，共生识别过程发生，当信息丰度达到临界值时，共生识别过程结束。当共生单元 A、B 的共生识别速度不一致时，达到信息丰度临界值的时间点不一致，率先达到临界值的共生单元将作为推动和组织共生过程的主体。例如，城市群物流企业在形成物流企业战略联盟之前，各结盟的物流企业必须通过相关渠道了解彼此之间有关信息，从而决定是否加入战略联盟。再如，物流需求主体产业供应链形成之前，主导产业主体必须对上下游的供应企业、销售企业及物流企业进行相关考察，选择最合适的企业组建成产业供应链。

3.3.2 共生能量分配条件

共生结构是否稳定还与共生内部结构密切相关。共生界面的存在，使得共生过程中产生共生能量 E_s ，但也会发生能量损耗 E_C 。共生能量 E_s 、共生能量损耗 E_c 如何在共生单元之间的进行分配，决定了共生结构的变化。例如，对于城市群物流共生系统，物流企业战略联盟中利润在各物流企业之间的分配应均衡合理，否则联盟会由于利益分配不均导致解体。同样，对于产业供应链中的相关各方如果没有因为合作获得预期收益，同样也会退出该供应链，寻求其他合作方。

共生系统中的共生关系要实现稳定发展，则各共生单元之间的能量分配需满足如下条件：

$$E_{sa}/E_{ca} = E_{sb}/E_{cb} = K_{sm} \tag{3-4}$$

其中，$E_{sa} + E_{sb} = E_s, E_{ca} + E_{cb} = E_c$ 。

K_{sm} 表示稳定的分配系数。此时共生系统稳定状态最佳，共生能量分配具有对称性，这种状态为理想共生状态。但在实际情况下 $E_{si}/E_{ci} = K_{si}$ ，其中 i 表示任一共生单元，K_{si} 与 K_{sm} 并不相等，实际共生状态往往与理想共生状态发生偏离。假设 $K_{si} = (1+a)K_{sm}$ ，a 为理想共生状态偏离系数（或称非对称分配因子）。当 $a \leqslant a_0$ 时（a_0 为保证共生系统不解体时的临界非对称分配因子），共生系统仍存在。当 $a = a_0$ 时，共生系统解体。因此，共生稳定的能量分配条件为：

$$K_{si} = (1+a)K_{sm}(a \leqslant a_0) \tag{3-5}$$

3.4 城市群物流共生系统演化动因概念模型及动因构成

城市群物流共生系统是一个复杂适应系统，其还具有自组织系统特性。自组织过程可以这样描述：通过与外界进行物质、能量和信息的交换，系统降低自身熵含量，同时在内在机制的驱动下，系统自行由简单变得复杂、由粗糙变为精细，系统自身结构的有序度以及自适应、自发展功能得到不断提升。作为一个多主体的动态自组织复杂适应系统，城市群物流共生系统呈现以下几点耗散结构特征。

（1）开放性

作为一个典型开放系统，城市群物流共生系统的开放性主要表现为：系统与周边区域存在物质、能量、资本、信息、知识等要素的交换，并将自身的能量和信息向周边地区辐射。

（2）远离平衡性

城市群物流共生系统内具有各类节点，用于汇集和疏散信息流、物资流、资金流等。从物理学的视角看，当节点之间存在势差时，两者之间可形成作用流。城市群物流共生系统各主体子系统内部及子系统之间的差异性构成节点势差，即表征共生系统的非平衡性。

（3）非线性

城市群物流共生系统是由具有复杂适应系统特征的子系统所组成的生命有机体。这些子系统首先是自成体系的，同时也是和谐共生的。它们之间存在相互影响继而形成相互作用的网络，所有的子系统都存在于相互作用的互动关系之中。单一要素发生变化将会引发连锁反应，进而产生所谓的“蝴蝶效应”。因此，城市群物流共生系统演化的内在根本是系统的非线性。

（4）涨落

作为具有典型耗散结构的系统，城市群物流共生系统的发展过程存在涨落。这里的“涨落”表示实际存在的对系统稳定状态的偏离。涨落的大小不同使城市群物流共生系统中各子系统功能与结构发生不断调适，进而推动系统进行共生演化。发生小涨落时，系统将自行调整，系统的稳定性不受影响。涨落超出系统承载能力时，系统要么偏离稳定状态，要么形成新的更高层级系统结构，要么系统解体。通过涨落，系统会自行增强，形成新结构，涌现出新的空间组织形式。为此，涨落的普遍存在性是城市群物流共生系统共生演化的基础条件。

3.4.1　关于系统的自组织与他组织

哈肯（H. Haken）对“自组织”给出过如下经典定义：在获得空间、时间或功能结构过程中，如果系统没有受到外界的特定干扰，则系统为自组织系统。“他组织”则一般被认为是在系统运行、演化过程中，外在主体有目的性地主导、组织和控制该系统，进而形成系统的某种运行秩序，如政府行为及政策效应的影响。在自组织与他组织的共同作用下，可能有多种动力机制模式、系统效应存在于系统之中。

自组织现象强调：组成一个系统的各元素在特定条件下无需外界特定干预，即可自发组织、相互协同，使系统最终宏观表现为一种有序状态。自组织的另一面即为他组织。他组织理论由我国苗东升教授最早提出，该理论强调：系统的设计、批评、制裁、组建、教育、操作、管理、控制等活动均为系统外部力量尝试变革系统结构、状态、行为的结果，即为他组织。

假设组织过程的一般形式为

$$\begin{cases} \dot{X} = A(t)X + B(t)F \\ \dot{F} = C(t)F + D(t)X \end{cases} \tag{3-6}$$

其中，X 表示组织的状态向量，F 表示他组织作用力，$A(t)$ 、$B(t)$ 、$C(t)$ 、$D(t)$ 分别为系数矩阵，并用 $det|A(t)|$ 表示系统自组织对组织目标的贡献度，用 $det|B(t)|$ 表示他组织对组织目标的贡献度，用 $det|C(t)|$ 表示他组织力受前期施力的影响程度，用 $det|D(t)|$ 表示他组织力受自组织力的影响程度。

①令 $|det|B(t)|| + |det|A(t)|| = 1$ ，表示自组织与他组织对组织目标的总贡献值是一定的。

②当 $|det|B(t)|| > |det|A(t)||$ 时，表示对于组织目标的贡献，他组织（序参量）大于自组织（伺服量）。

③当 $|det|B(t)|| < |det|A(t)||$ 时，表示对于组织目标的贡献，自组织（序参量）大于他组织（伺服量）。

④将 $\frac{|det|B(t)||}{|det|A(t)||}$ 称为他组织对自组织的役使度。当 $\frac{|det|B(t)||}{|det|A(t)||} > 1$ 时，表示他组织役使自组织；当 $\frac{|det|B(t)||}{|det|A(t)||} = 1$ 时，表示他组织与自组织相互之间不存在役使关系；当 $\frac{|det|B(t)||}{|det|A(t)||} < 1$ 时，表示自组织役使他组织。

式（3－6）表示系统状态与他组织力以及主体自组织状态有关；他组织力与前期施力状态、自组织力相关。

自组织是城市群物流共生系统在演化发展时的内在规律性机制，起隐性、长效作用；而作为阶段性规划、控制的他组织，起显性、短期作用。城市群物流共生系统同时具有自组织、他组织的复合发展特性。

3.4.2　城市群物流共生系统共生演化动因概念模型

据前文分析，城市群物流共生系统的共生演化既有自组织动因的隐性长效作用，也有他组织动因的显性短期作用。城市群物流共生系统共生演化的自组织动因主要构成有经济效益拉动、技术进步支持、资源环境压力、市场需求拉动等；系统共生演化的他组织动因主要构成有政策法规推动、体制制度创新等。据此，可建立城市群物流共生系统共生演化动因概念模型，如图 3－1 所示。

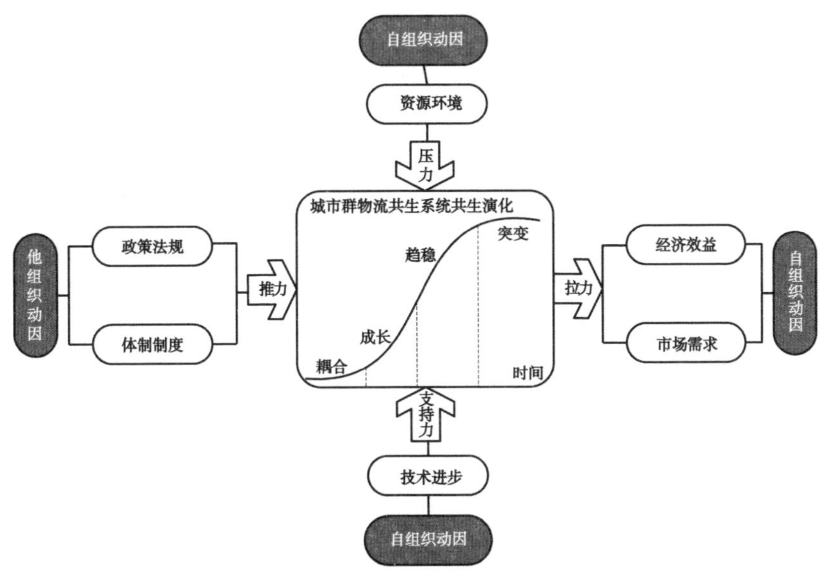

图 3－1　城市群物流共生系统共生演化动因概念模型

图 3－1 中自组织动因技术进步给城市群物流共生系统的共生演化提供了技术支持力，促进系统不断创新；自组织动因经济效益、市场需

求通过自身的快速发展拉动城市群物流共生系统相应发展，对系统提供强大的拉动力；自组织动因资源环境由于资源的有限性，环境的可持续性，其对城市群物流共生系统产生一定的压力，促使城市群物流共生系统朝着绿色可持续性方向发展；他组织动因政策法规及体制制度为城市群物流共生系统提供了政策优惠及制度保障，推动了共生系统的形成及发展。

3.4.3 城市群物流共生系统共生演化的自组织动因

供给主体、需求主体、支持主体子系统组成城市群物流共生系统，具有自组织复杂适应系统特性，通过物质、能量或信息交换等方式各子系统发生相互作用，形成具有整体效应或新型结构的复杂系统。

系统的自我适应是适应外界环境的能力，自我发展是不断否定自身的结果，自我进化是系统结构的飞跃。系统在与外界环境进行物质、能量和信息交换时，临界点处的随机涨落可被放大为巨涨落，促使系统选择优化的结构或行为模式，见图3－2。产生涨落的原因是系统与外界环境之间的相互作用、相互选择。

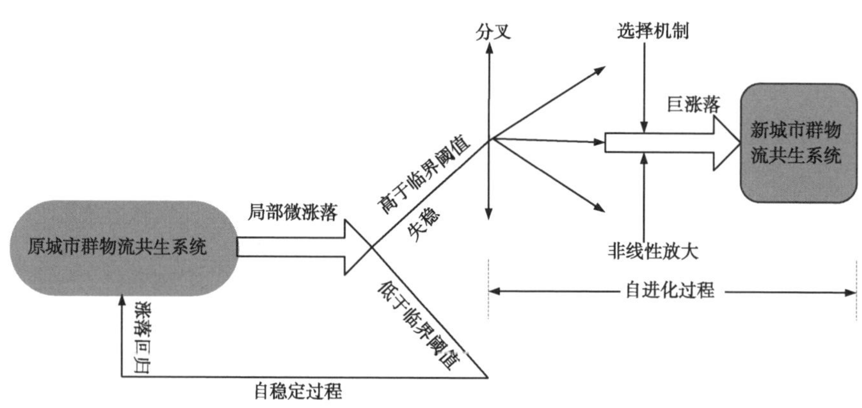

图3－2 城市群物流共生系统自组织过程

3.4.3.1 城市群物流共生系统的自组织“四面体”模型

对于城市群物流共生系统，子系统之间存在着相互影响的非线性的交互作用，这种交互作用也存在于子系统与共生环境之间。这些子系统之间以及子系统与环境之间非线性的自组织作用可以用一个“四面体”模型进行直观描述，见图 3－3。

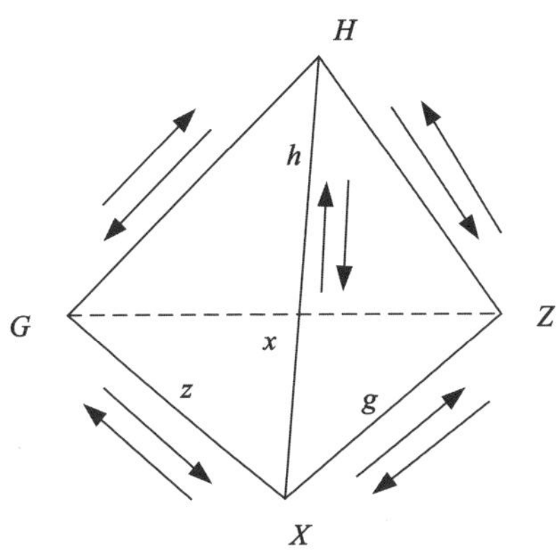

图 3－3　城市群物流共生系统自组织“四面体”模型

图 3－3 中 G、X、Z 分别代表物流供给主体、需求主体、支持主体子系统，H 代表了共生环境，子系统之间、子系统与共生环境之间的双向箭头代表了彼此之间非线性的交互作用，城市群物流共生系统可以抽象成这样一个动态自组织的“四面体”。

根据自组织理论观点，系统是在超循环作用下有序演化的，超循环是这些非线性交互作用的形式，超循环包括了子系统自身的自催化循环和子系统之间、子系统与环境之间的交催化循环两种形式。G 作用于 X，即 $G \rightarrow X$，则物质、信息、能量、资金等要素从 G 流向 X；反之，X 作用于 G，即 $X \rightarrow G$，则物质、信息、能量、资金等要素从 X 流向 G。这种双向作用链就构成了循环 $G \leftrightarrows X$，即物质、信息、能量、资金等要素在 G、X 之间双向流动。同理，G 与 Z、X 与 Z，以及 G、X、Z 与环境 H 之间都存在这样的交催化作用。子系统自身的自催化作用与子系统之间、子系统与环境之间的交催化作用形成的非线性合力是城市群物流共生系统演化发展的发展力。如图 3－3 所示，四面体底部三角形的三边分别用 g、x、z 表示，g 表示物流供给主体子系统形成的发展力，x 表示物流需求主体子系统形成的发展力，z 表示物流支持主体子系统形成的发展力，以四面体侧棱线 h 代表环境对共生系统形成的发展力。当 g、x、z、h 大小接近时，城市群物流共生系统处于相对静止的“正四面体”状态，意味着供给主体子系统、需求主体子系统、支持主体子系统及共生环境的演化发展处于类似水平。但是，城市群物流共生系统是动态发展的，这种“正四面体”状态是暂时的。在自组织的超循环作用下，某子系统经过自催化过程，可能出现突破性发展，其形成的发展力将超越其他子系统及环境，g、x、z、h 不再相近。此时，原来的“正四面体”状态将被打破，系统演化为“非正四面体”状态。随后，在各子系统之间及子系统与环境之间的交催化作用下，突破性发展的子系统将会带动其他子系统的发展，子系统之间实现协同共生，重回“正四面体”状态，此时的“正四面体”中的 g、x、z、h 已发生改变，取得同步增长，城市群物流共生系统跃迁到更高层级。如此循环往复，城市群物流共生系统就在自催化与交催化的超循环作用下向组织性更高的层次共生演化。

3.4.3.2 城市群物流共生系统自组织动因主要构成

（1）经济效益拉动

城市群物流共生源于人类经济行为最基本的利润需求和竞争性，其最主要的动因是经济利益。各共生单元能否参与共生系统取决于在资源环境约束下能否取得个体经济利益最大化。城市群物流共生系统的共生单元可以降低生产成本以及交易费用，获得集聚效应和规模经济效益。同时，共生系统也能通过资源共享互补，保证城市群物流共生系统的可持续发展。

①降低交易成本。物流业资产的专用程度较高、交易的频率较大、交易的不确定性较明显，故交易的成本较大。城市群物流共生系统各共生单元之间的共生，可产生资源共享、互惠合作、利益共获、风险共担的效应。系统各共生单元进行交易，有利于促进相互学习、提高信息丰度、增强对不确定性的认知、减少因主体的有限理性而导致的高交易费用。

②资源优势互补。物流业资源包括有形资源（运输、仓储、装卸、包装、流通加工、配送和信息平台等）以及无形资源（企业知识、文化、品牌等）。由于企业资源和能力有限，企业通过高成本取得大量物流资源的可能性不大。因此，根据需求建立共生系统进而实现资源快速集成、物流服务网络化是明智的。共生单元主体间的合作伙伴关系，能极大地培育、发挥核心能力进而资源优势互补，获得竞争优势。

③集聚效应和规模经济效益。城市群物流共生系统的集聚效应和规模经济效益主要体现在以下几个方面：第一，共享资源要素。共生系统中的资源要素共享包括：道路交通、能源（水、电、气）、信息、环境和人力资源等，降低了生产成本和交易费用，外部经济内在化效果显著；第二，获得巨大的市场机会。许多具有关联关系的产业集聚在物流共生系统内，通过物流供应链建立紧密或半紧密的产业共生关系，各共生单元在共生系统内的协作无处不在，相应地，各共生单元也获得了更多更大的市场机会；第三，产生知识与技术溢出效果。在城市群物流共生系统内由于各产业集聚和共生单元间共生关系的发生，信息、知识、技术的溢出是常态。同时共生单元之间通过共生界面的交流，会促进先进技术、信息、知识在物流共生系统内的传播与流动。共生单元间的信息、知识、技术的溢出可以使共生单元快速便捷地获得相关技术发展趋势及目前所达到的技术水平，推动物流共生系统的技术创新。

（2）技术进步支持

作为推动经济发展的决定性因素，科学技术在促进结构合理、提高结构效益、加强资源综合利用、提高设备技术水平、改进生产工艺等方面存在重要影响。科技进步推进运输、仓储等作业环节、管理方式转型，改变共生单元的内部组成及相互关系，促进系统结构、功能、运行机制向复杂化发展。这些变化引发系统涨落，积极推动系统演化。

（3）资源环境压力

对于城市群这样的地理空间来说，其自然资源均是有限的，通过物质、能源的集成建立主体共生关系是缓解资源约束的根本途径。城市群物流共生系统的建立可帮助各共生单元通过各种形式共生界面的作用，大幅提高对于各类资源的利用效率。同时，由于各共生单元间信息丰度的日益提高，资源共享程度显著提升，资源的浪费现象得到改善，城市群物流与经济的可持续发展得到保证。

城市群物流共生系统的发展对于城市群生态环境会产生不利影响，主要表现有：一氧化碳、硫化氢等空气污染以及污水造成的水质恶化；土地退化、森林面积减少；废气、尾气排放以及噪音等。这些影响对城市群物流可持续发展、供需主体的活动空间、运行效率等产生影响，破坏共生系统生态秩序以及共生系统稳定性。

（4）市场需求拉动

伴随着物流市场竞争的日益加剧、市场的日渐混沌，物流需求在流量、流向、库存量、发货时间等方面均发生即时变化，这些要求物流共生系统具备快速反应以及柔性的特征。

3.4.4 城市群物流共生系统共生演化的他组织动因

城市群物流共生系统是有人类参与的系统。例如，物流需求子系统中各产业、行业、各类企业工作人员，物流供给子系统中基础设施、企业的拥有、经营者，物流支持子系统中政策的制定者、规划管理人员等对系统的共生演化有直接作用，他们的主观能动性说明系统的发展演化必然受到他组织力的控制。共生系统内部同时存在自组织和“他组织”作用，系统的发展演化是自组织、他组织分向复合发展的结果，见图3－4。

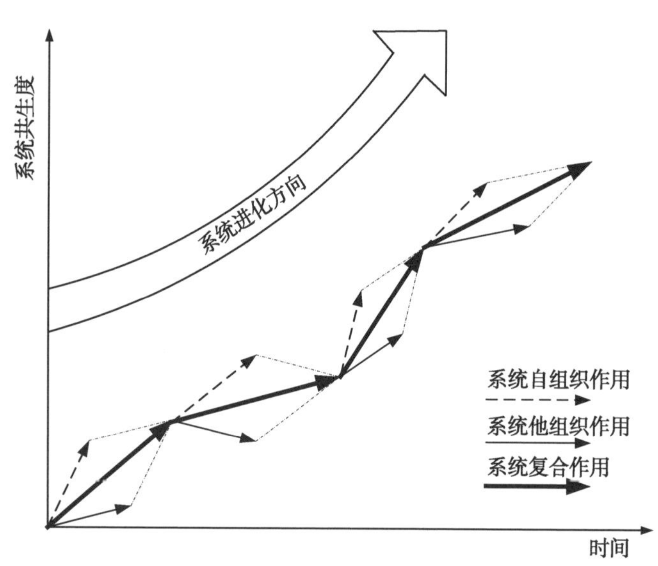

图3－4　城市群物流共生系统自组织与他组织的复合作用

此外，城市群物流共生系统本身处于外界共生环境内，两者存在物质、能量、信息交换等相互作用。例如，城市群的经济发展规划、物流系统规划均与国家相关规划有关；制定城市群物流相关政策要参照国家层面的相关政策等。虽然外界环境对系统自组织特性不会有破坏作用，但却影响系统的演化和发展，是系统发生涨落的重要影响因素之一。通过认识自组织规律并有效遵循，并结合他组织方式进行动态调节，有利于城市群物流共生系统的有序、优化发展。

城市群物流共生系统他组织动因主要构成

（1）城市群区域政府导向

中央、地方政府对城市群物流业发展起引导、扶持、监管等作用。政府对于城市群物流发展的引导作用极为突出，可采用规划、资金、建设、管理、政策等有效的宏观调控手段。例如，调整产业结构；制定基础设施规划以及行业准入制度；落实市场管理、用地、投资、税收、区域合作、技术、人才、资源整合、标准化等政策措施，以此对城市群物流共生系统的演化方向及演化状态产生影响。例如，2015 年 4 月，《长江中游城市群发展规划》出台，依据规划，长江中游城市群将依托长江黄金水道，建设综合立体交通走廊，创新驱动产业转型升级，建设绿色生态廊道，创新区域协调发展体制机制。该规划将促进长江中游城市群物流基础设施水平的提高以及产业结构的改善等，利于城市群物流共生系统共生能力的提高。

（2）体制创新

我国物流产业领域的体制创新力度逐年加大，企业的物流业务外包对于促进专业化分工以及物流主体多元化具有重要作用。然而，实际中依然存在体制不顺的问题，主要表现为在“大而全”“小而全”的思维定势下，工业及流通企业自营物流的比重过大、效率低下。此外，我国物流产业由商务、交通、海关、质检等多个部门实施管理，管理上的条块分割导致部门及地区职权重叠、管理部门繁多、协调性差、物流基础设施重复建设、物流相关资源严重浪费。因此，遵循市场经济规律、适当开展体制创新有利于城市群物流共生系统演化。

3.5　本章小结

本章阐述了共生系统共生原理，揭示了共生系统共生的普遍规律，以此为基础，本章分析城市群物流共生系统共生演化的内容，包括供给主体子系统内部的共生、需求主体子系统内部以及各子系统之间的共生。以共生原理为基础，本章分析了城市群物流共生系统的共生条件，包括共生均衡条件和共生能量分配条件。最后，结合自组织理论，本章从自组织和他组织两个维度研究了城市群物流共生系统共生演化的动因及其构成，解释了城市群物流共生系统为什么共生。

第4章　城市群物流共生系统演化机制与路径

城市群物流共生系统满足了共生条件形成共生以后，系统将会如何进行共生演化呢？本章首先分析了城市群物流共生系统共生演化的影响因素，构建演化影响因素 EIA 概念模型；其次，运用自组织理论及共生理论，分析了城市群物流共生系统的演化机制；再次，运用耗散结构理论中的熵变模型对系统的演化方向进行初步判别，利用 Logistic 生长曲线方程分析了城市群物流共生系统的演化过程，并结合混沌理论对系统演化过程进行 Matlab 仿真，以期验证理论模型分析的结果；最后，运用共生理论中 Lotka-Volterra 模型分析了城市群物流共生系统共生单元的共生模式，构建了系统共生单元间的演化共生模型，回答了城市群物流共生系统如何共生演化的问题。

4.1　城市群物流共生系统共生演化影响因素

4.1.1　演化影响因素 EIA 概念模型

城市群物流共生系统演化的影响因素主要包括宏观、中观和微观 3 个层面的因素，分别代表共生环境约束因素、共生界面媒介因素和共生单元主体能力因素，如图 4－1 所示。在城市群物流共生系统演化的不同阶段，各因素所起作用也各不相同。它们共同决定了城市群物流共生系统演化的方向和路径。

4.1.2　共生单元主体能力因素

城市群物流共生系统共生单元主体能力因素主要包括以下几个方面。

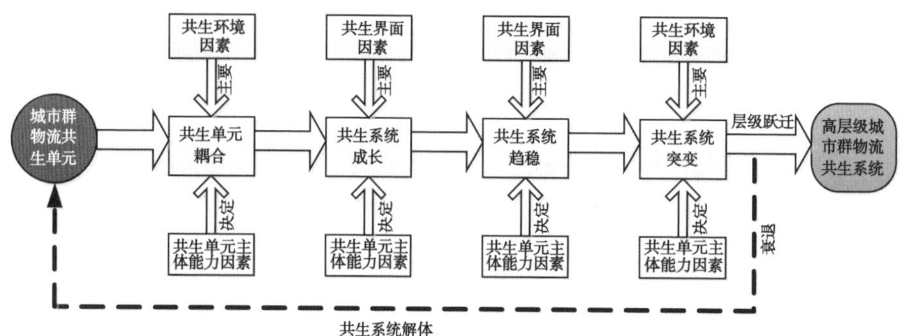

图 4－1　城市群物流共生系统演化影响因素 EIA 概念模型

（1）物流供给主体要素投入

物流供给主体包括物流基础设施供给主体群及不同的物流企业或服务商群等。物流供给主体的要素投入根据物流产业的性质主要包括资本投入和人力资本投入。物流产业链条涵盖包装、运输、仓储等诸多环节，涉及物流信息系统、运输车辆、装卸搬运机械、库存管理系统等各种专业设备，公路、铁路、水路、航空等物流运输通道，还有货运场站、机场、港口、配送中心、物流中心、物流园区等物流节点，因此，物流供给主体系统具有较高的设备专用性，资本投入量更大。充裕的资本投入对物流各环节设备设施数量及质量和城市群物流共生系统运作效率均具有重要影响。

人力资本是影响主体能力的重要因素，其是知识的载体，知识的价值体现在其具体应用。人力资本解决问题的能力、发现和吸收外部环境中有价值知识的能力主要依赖知识的丰富度。物流供给主体在人力资本需求上呈现两极趋势，在物流各大环节中需要很多基础性的劳动力，在物流自动化、物流管理、物流信息系统等环节则需要很多技术性专业人才，城市群物流共生系统运作效率受到人力资本投入的数量、结构和质量的显著影响。

（2）物流供需主体互动水平

物流供给主体与需求主体在城市群物流共生系统中的互动发展需要物流需求主体注重整合物流功能，实施物流外包业务，以便节省各类交易成本，需求主体可以将有限资源应用到产业核心环节发展，提升其产业专业化程度、产业技术水平和产业竞争力。物流供需主体互动水平的提高能显著扩大城市群物流需求总量，进而支持物流供给主体的发展，为物流设备设施使用效率的提高提供支撑，以便提高城市群物流共生系统的运作效率水平。

4.1.3　共生界面因素

城市群物流共生系统共生界面影响因素主要体现在知识信息和市场等媒介方面，其中，市场媒介主要通过产业结构来反映，因此，下文共生界面影响因素主要包括知识信息共享平台和产业结构两方面。

（1）知识信息共享平台

知识信息共享平台是城市群物流共生系统知识信息共享和传递的媒介，健全的机制、完好的平台将直接决定共生系统内共生单元间知识信息共享的水平。城市群物流共生系统的信任机制是系统共生单元间实现知识共享和信息交流的保障，也是其演化发展的基础。系统共生单元间的信任关系可以促进知识和信息的共享及传递，降低搜寻和交易成本，更好地促进共生单元参与知识信息共享和传递，从而增加在面对不可预知的环境变化时获取某些关键信息和知识的机会及适应能力。

（2）产业结构

城市群物流需求主体子系统结构特点由城市群产业结构的差异和不平衡性决定，其也对物流需求主体的功能、层次及需求量等有较大影响。在产业结构中第一产业占主导地位时，主要表现为低附加值产品的物流需求，物流活动以运输和仓储为主，对物流服务水平要求低，较大的实物物流需求量，较小的平均物流需求价值量；当第二产业占主导地位时，高附加值产品的物流需求不断增加，物流需求呈现出专业化和综合化，除对传统服务保持较强的需求外，对包装、流通加工、配送等增值服务需求也将增加；当第三产业占主导地位时，以技术和系统集成为特征的高层次物流服务需求占据重要地位。

4.1.4　共生环境因素

共生环境是城市群物流共生系统的重要组成部分，在城市群物流共生系统的发展演化过程中发挥着重要作用。现主要从以下三方面进行分析。

（1）政策制度

在城市群物流共生系统演化过程中政府扮演的角色是政策制度供给者。政府政策实施、制度安排的透明、公正、开放，将消除城市群物流共生系统演化过程中的障碍，因此，城市群物流共生系统的形成和维系需要得到政府的政策支持和制度保障。

政府政策根据调节目标，可分为导向政策、扶持政策和监管政策。导向政策主要用来增加城市群物流共生系统发展的理性预期。政府扶持政策主要是各种优惠政策，例如，倾斜性的财政政策和优惠的税收政策等。扶持政策可大大降低共生单元的外在交易成本，提高共生单元的收益及共生系统竞争力。监管政策是政府出台用以保障市场运行公平有序的政策安排，其可以营造市场环境和产业环境的安全、法制、公平和守信。城市群物流共生系统运行机制的规范需要监管政策，用以限制市场的无序竞争，为城市群物流共生系统创造良好的竞争和创新环境。

（2）市场需求

城市群物流共生系统演化的方向和路径会受到市场需求规模、结构和稳定性的影响。第一，城市群物流共生系统的形成得益于市场需求的变化。在市场经济条件下，市场需求呈现多样化和顾客定制化的发展趋势，这种需求的变化对原有的生产方式提出挑战，要求各共生单元之间相互协作，促进物流生产的高效率和专业化，从而促进了城市群物流共生系统的形成。第二，市场需求是城市群物流共生系统演化的依据。城市群物流共生系统的演化是以市场需求的变化为导向的，满足市场需求是城市群物流共生系统演化的约束边界。

（3）技术进步

技术进步与城市群物流共生系统的演化之间的影响是相互的。第一，城市群物流共生系统共生单元会随着技术的进步而成长，技术进步也会改变物流业的规模经济水平或成本结构。第二，技术进步还将导致生产要素的需求结构和收益格局变化，从而改变城市群物流需求子系统。第三，技术进步也会影响城市群物流共生系统的演化速度。消费需求和消费结构的变动可通过技术进步加以引导，进而改变城市群物流共生系统共生单元间的联结关系，促进城市群物流共生系统的组织跃迁。

4.2　城市群物流共生系统共生演化机制

4.2.1　共生单元之间——竞争协同机制

城市群物流共生系统内物流供给主体、需求主体、支持主体子系统等共生单元之间的共生过程是一种协同与竞争的发展过程，协同与竞争共同推动城市群物流共生系统的演化发展。

竞争是指为了自身的生存和发展，城市群物流共生系统共生单元主体占有系统资源、赢得系统控制的过程。在城市群经济地理区域内资源是有限的，因此，共生单元主体之间为了保证自身发展开展争夺资源的竞争。竞争可以使系统内物流供给主体、需求主体、支持主体活力增强，环境承载力提高，促进城市群物流共生系统内部分工精细化及专业化[132]。

协同是指城市群物流共生系统物流供给主体、需求主体、支持主体之间相互合作交流。当共生环境发生变化时，城市群物流共生系统共生单元主体之间为了寻求各自最大利益和系统整体效率最优，演变成一种稳定的、共生进化的耦合关系，即协同关系。系统共生单元借助协同机制可以整合系统资源，实现资源最优配置，同时实现资源在城市群物流共生系统更大范围内的交流与共享。

城市群物流共生系统内各共生单元在竞争作用下通过技术创新、市场变革、制度革新等产生系统局部范围的小涨落；同时，系统共生单元又通过在市场、服务、技术等方面的协同，及物流供给主体、需求主体、支持主体之间的非线性作用，促使系统局部涨落放大，产生系统整体范围内的巨涨落，从而推动系统向一个更高层次结构演化，如图 4 – 2 所示。

在城市群物流共生系统演化过程中，竞争与协同是相互交叉作用的，竞争伴随协同，协同伴随竞争。共生单元间协同使竞争具有目标性，而共生单元间的竞争使协同具有高效性，竞争与协同促进了共生单元主体间的共生演化。

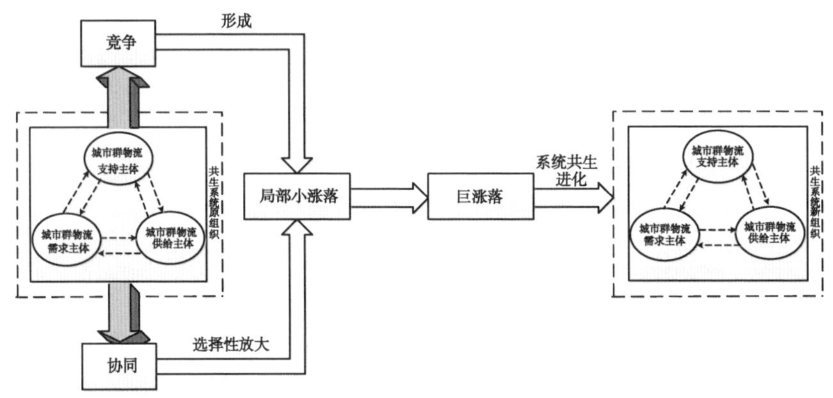

图 4－2 城市群物流共生系统竞争协同机制作用

4.2.2 共生单元与共生环境之间——正负反馈机制

在城市群物流共生系统的演化过程中，共生环境的作用是共生系统演化的外在推动力量，共生单元与共生环境之间在信息反馈机制的作用下完成演化过程。

信息反馈作用是共生单元及系统整体与共生环境之间的演化适应行为。共生环境对共生单元的作用体现在对共生单元主体之间关系从无序到有序、以不稳定到稳定的演化影响。共生环境的改变将影响系统稳定的临界点，共生单元之间的结构将由于系统稳定临界点的突破而重组成新的组合关系；新的组合关系也会反作用于共生环境，并依据共生环境的反馈调整系统行为[132]。共生单元与共生环境间信息反馈机制可分为正反馈增长机制和负反馈平衡机制，其作用机制如图 4－3 所示。

正负反馈机制共同推动物流共生系统的演化发展。负反馈平衡机制维持物流共生系统组织的稳定性，使共生系统状态、结构及秩序得以保持。正反馈增长机制利用共生系统的“巨涨落”，使共生系统共生单元的状态、结构和秩序出现突变，产生新的系统组织结构，进而推动系统共生进化。基于稳定平衡机制负反馈将会抑制正反馈作用力，防止共生系统突变瓦解；但正反馈作用力在共生系统进化发展的影响下将最终大于负反馈作用力，使共生系统实现更高层级组织结构演变的不可逆变化。

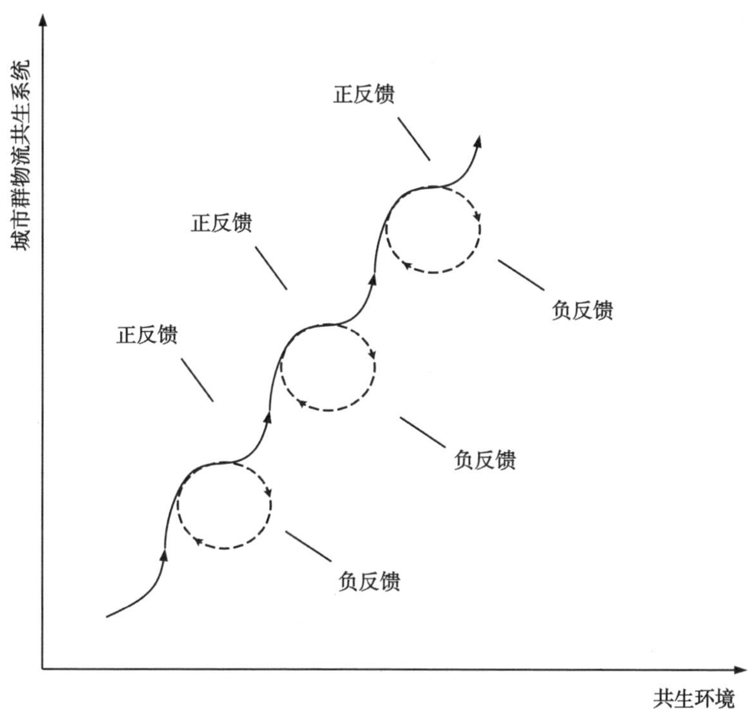

图 4－3　城市群物流共生系统正负反馈机制作用

4.3　城市群物流共生系统共生演化路径

城市群物流共生系统的演化路径分析首先包括利用熵变模型判别系统演化方向，其次运用 Logistic 生长曲线方程分析系统演化过程，并结合混沌理论进行演化过程的 Matlab 仿真。

4.3.1　基于熵变模型的城市群物流共生系统演化方向辨别

本书第 3 章已有论述，城市群物流共生系统是具有耗散结构特征的自组织系统。原线性近平衡态的有序系统受到一个或多个参数的影响，逐步成长演化、突破临界点进入到一种不稳定的无序定态，随后通过系统“涨落”发生突变，进而形成一种更高层级的稳定有序结构。

4.3.1.1 共生熵

从微观层次，熵是度量系统混乱程度的一种方法。根据熵的定义可知，熵值越小系统有序程度越高，反之有序程度越低。

普利高津提出总熵变公式 $dS = d_eS + d_iS$。其中，dS 为总熵变，d_eS 为系统与环境的熵交换，d_iS 为系统内部的熵产生。在此定义城市群物流共生系统总熵变为共生熵。由总熵变公式可知：

①若 $d_eS > 0$，则 $dS > 0$，反映系统的共生熵持续增大，系统的无序化进程不断加快；

②若 $d_eS < 0$ 且 $|d_eS| < |d_iS|$，则 $dS > 0$，反映系统的共生熵增加速度将下降，系统持续走向无序，但进程减缓；

③若 $d_eS < 0$ 且 $|d_eS| > |d_iS|$，则 $dS < 0$，反映系统与环境之间的熵交换产生的负熵流大于系统的熵产生，系统共生熵降低，系统向有序方向演化。

4.3.1.2 城市群物流共生系统演化熵变模型

城市群物流共生系统的演化方向是退化还是进化，取决于城市群物流共生系统共生熵的正负变化。依据上文分析，若城市群物流共生系统的负熵不能够抵消正熵时，系统熵值将不断增加，系统将退化，直到产生足够大的负熵，城市群物流共生系统才能成长到更高层级。由此可见，为了保证城市群物流共生系统的持续成长，应不断引入外界负熵流 d_eS。因此，本文根据耗散结构理论，提出如下描述城市群物流共生系统演化方向的熵变模型：

$$dS = dS_+ + dS_-$$

$$dS_+ = dS_{i+} + dS_{e+}$$

$$dS_- = dS_{i-} + dS_{e-}$$

$$dS_{i+} \geqslant |dS_{i-}|$$

式中，

dS_{i+} ——系统内部产生的正熵；

dS_{i-} ——系统内部产生的负熵；

dS_{e+} ——系统外部输入的正熵；

dS_{e-} ——系统外部输入的负熵；

dS_+ ——系统内外部正熵之和，即总正熵；

dS_- ——系统内外部负熵之和，即总负熵；

dS ——系统总熵变，即共生熵。

dS_{i+} 产生的主要原因是城市群物流基础设施不完善、物流技术标准低、物流企业发展水平低、物流市场管理混乱等；dS_{e+} 产生的主要原因是经济发展水平低、政策支持力度不足、体制和制度不健全等。以上各因素的完善提高会使城市群物流共生系统 dS_{i-} 和 dS_{e-} 增加，系统 dS_- 相应增加，进而强化城市群的物流功能、优化物流网络结构、增加城市群物流需求，最终促进城市群物流共生系统的演化成长。

通过前文分析可知，当城市群物流基础设施的建成完善、物流技术的推广应用、发展政策的实际落实时，城市群物流共生系统向有序方向发展，即逐步进化。随着城市群物流共生系统的不断发展，系统无序度增加，运行效率下降，此时，城市群物流共生系统应与环境进行大量物质、能量、信息等交换，促使负熵流的输入，使系统形成新的耗散结构，实现高层级结构的突变，进入下一轮演化周期。城市群物流共生系统演化熵变规律如图 4－4 所示。

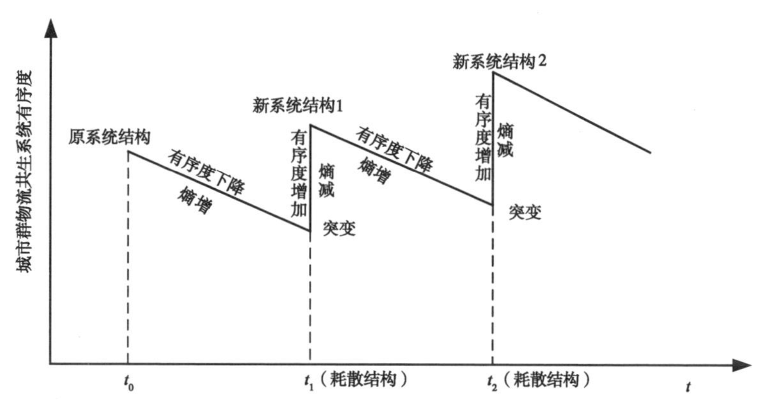

图 4－4　城市群物流共生系统演化熵变规律

4.3.2　基于 Logistic 生长曲线方程的共生系统演化过程分析

城市群物流共生系统的演化过程中，系统会受到自身生长能力以及系统资源环境的制约作用，遵循 Logistic 生长曲线机制。因此，本书以

Logistic 曲线方程为基础，构建其演化轨迹数学模型：

$$\begin{cases} \frac{dX(t)}{dt} = rX(t)\left[1 - \frac{X(t)}{K}\right] \\ X(0) = X_0 \end{cases} \tag{4-1}$$

式（4-1）中，$X(t)$ 是在 t 时刻城市群物流共生系统的物流产出；$\frac{dX(t)}{dt}$ 代表城市群物流共生系统物流产出在任一时间点上的成长速率；r 代表不受外界环境制约的城市群物流共生系统物流产出的自然增长率，其主要取决于物流共生系统各共生单元主体能力，以及各共生单元之间的竞争协同程度，r 值越大，表明系统发展速度越快，反之越慢；K 表示在环境容量限制下的城市群物流共生系统的最高物流产出，是系统产出最高水平。其中，$X(t)$ 随时间变化而变化，反映了共生系统演化的正反馈机制；$\left[1 - \frac{X(t)}{K}\right]$ 随时间推移而减少，反映了共生系统演化的负反馈机制。由模型中每个参数指标具有的经济含义可知，模型中 $r > 0$，$K > 0$。因为，如果 $r \leq 0$，或 $K \leq 0$，意味着城市群物流共生系统物流产出为负，则系统将不存在。因此，$r > 0$，$K > 0$，且当 $r > 0$ 时，$\frac{dX(t)}{dt} > 0$，即系统成长速度为正。

解方程（4-1），可得城市群物流共生系统物流产出状态演化方程：

$$X(t) = \frac{K}{1 + \left[\frac{K}{X_0} - 1\right]e^{-rt}} = \frac{K}{1 + ce^{-rt}} \tag{4-2}$$

式（4-2）中，$c = \frac{K}{X_0} - 1$，为常数，由城市群物流共生系统的初始状态决定。

方程（4-1）表示在某一时刻城市群物流共生系统物流产出的增长速度，对方程（4-1）求导，可以得到：

$$\frac{d^2X(t)}{dt^2} = r^2X(t)\left[1 - \frac{X(t)}{K}\right]\left[1 - \frac{2X(t)}{K}\right] \tag{4-3}$$

方程（4-3）表示在某一时刻示城市群物流共生系统物流产出的加速度。令 $\frac{d^2X(t)}{dt^2} = 0$，可以得到：$X_1 = 0$，$X_2 = \frac{K}{2}$，$X_3 = K$。由于

$0 < X < K$，故有拐点 S_2，将 S_2 点物流产出 $X_2 = \frac{K}{2}$ 代入方程（4－2），得到 $t_2 = \frac{\ln c}{r}$。当 $t = t_2$ 时，城市群物流共生系统的物流产出增长速度 $\left.\frac{dX}{dt}\right|_{t=t_2} = \frac{rK}{4}$。

对方程（4－3）继续求导，得到：

$$\frac{d^3X(t)}{dt^3} = r^3X(t)\left[1 - \frac{X(t)}{K}\right]\left[1 - \frac{6X(t)}{K} + \frac{6X^2(t)}{K^2}\right] \quad (4-4)$$

令 $\frac{d^3X(t)}{dt^3} = 0$，可以得到城市群物流共生系统演化状态曲线另两个节点 S_1 和 S_3，S_1 点物流产出 $X_1 = \frac{3-\sqrt{3}}{6}K$，$S_3$ 点物流产出 $X_3 = \frac{3+\sqrt{3}}{6}K$。将这两个点对应的物流产出代入城市群物流共生系统演化轨迹方程（4－1），可以得到：

$$t_1 = \frac{\ln c - \ln(2+\sqrt{3})}{r}$$

$$t_3 = \frac{\ln c + \ln(2+\sqrt{3})}{r}$$

此时，城市群物流共生系统物流产出增长速度为：

$$\left.\frac{dX}{dt}\right|_{t=t_1} = \left.\frac{dX}{dt}\right|_{t=t_3} = \frac{rK}{6}。$$

所以，在一个演化周期内，城市群物流共生系统演化发展存在 3 个重要节点，即 S_1、S_2 和 S_3，且当 $t \to \infty$ 时，有 $X \to K$，$\frac{dX}{dt} \to 0$。系统演化轨迹曲线如图 4－5 所示。

根据前文分析，可将城市群物流共生系统的演化过程分为 4 个阶段。

①耦合。当 $0 < t < t_1$ 时，少量小规模的城市群物流供给、需求、支持主体进行耦合形成物流共生系统。该阶段，环境资源被开发利用程度较低，故对共生单元约束小，共生系统加速发展。当共生系统发展速度

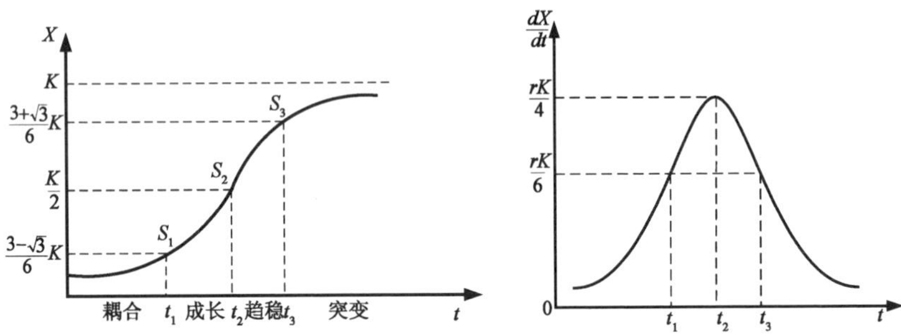

图4-5 城市群物流共生系统 Logistic 演化轨迹曲线

达到 $\frac{rK}{6}$ 时，发展加速度最大，城市群物流产出为 $\frac{3-\sqrt{3}}{6}K$，是最高产出 K 的 21.1%，对应点 S_1 代表城市群物流共生系统演化的“起飞点”。

②成长。当 $t_1 < t < t_2$ 时，城市群物流共生系统的共生单元主体进一步聚集，系统集聚效应加强，更多的物流主体迁入共生系统，系统共生密度、共生维度快速增容，发展速度持续增加，但加速度处于降低趋势，系统发展速度达到最大 $\frac{rK}{4}$ 时，出现拐点 S_2，物流产出为 $\frac{K}{2}$，为最高产出 K 的 50%。

③趋稳。当 $t_2 < t < t_3$ 时，城市群物流共生系统发展速度开始减缓，共生系统发展速度与加速度均下降，系统增长动力降低。系统发展速度下降到 $\frac{rK}{6}$ 时，其发展加速度递减为最小值，系统物流产出为 $S_3 = \frac{3+\sqrt{3}}{6}K$，是最高产出 K 的 78.9%。此时，城市群物流共生系统由规模化扩张向集约化方向发展，城市群物流共生系统趋于稳定状态。

④突变。当 $t_3 < t < \infty$ 时，城市群物流共生系统发展速度下降，但加速度递增，系统物流产出增长缓慢，趋近于共生系统物流产出的极限值 K。此时，共生系统将会在系统巨涨落作用下发生突变。这一时期，城市群共生系统内物流供给主体与物流需求主体供需失调，系统趋于不稳定，面临衰退风险。此时，共生系统物流支持主体可以通过加大政府政策扶持、产业投入，优化系统共生环境，促使利于系统进化的局部小

涨落通过系统内部的非线性作用放大为巨涨落，从而使系统从当前层级跃迁到更高层级结构，进入新一轮演化周期。

因为城市群物流共生系统演化轨迹数学模型（4－1）中，参数 r 代表不受外界环境制约的城市群物流共生系统物流产出的自然增长率，故本文在此利用南开大学学者樊敏在其博士论文中计算得到的 2005—2007 年我国长三角城市群、京津冀城市群、武汉城市群的城市群物流业内部运作效率中的综合技术效率作为参数 r 的实际数据值，其值分别为 1.000、0.702、0.066。同时，因为城市群物流共生系统产出的初始值 X_0，以及在环境容量限制下的城市群物流共生系统的最高物流产出 K，两者实际数值难以确定，因此，本文在此假定城市群物流共生系统产出初始值 X_0 与最高物流产出 K 的比值为 $Y_0 = \frac{X_0}{K} = 0.01$。运用 Matlab 程序对以上 3 个城市群物流共生系统的演化轨迹进行仿真验证，可得到下列仿真图 4－6、图 4－7、图 4－8。

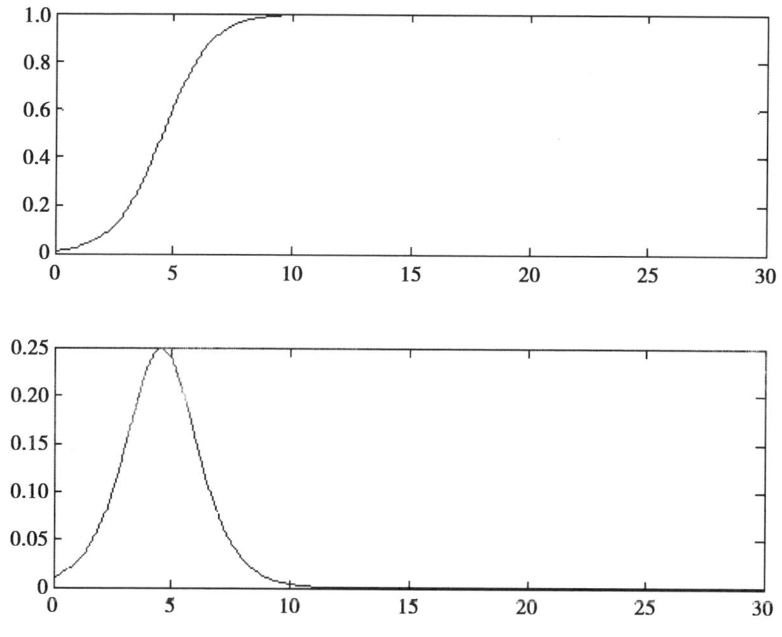

图 4－6　长三角城市群物流共生系统演化轨迹仿真图

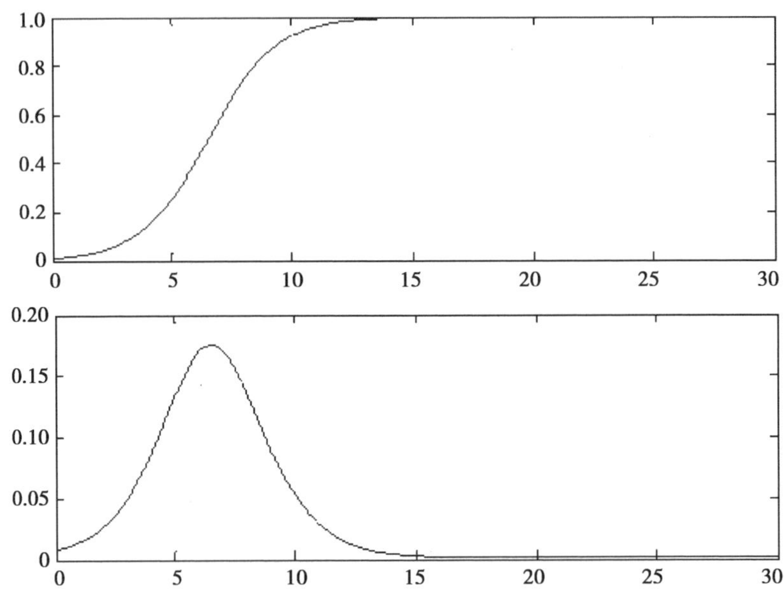

图4－7　京津冀城市群物流共生系统演化轨迹仿真图

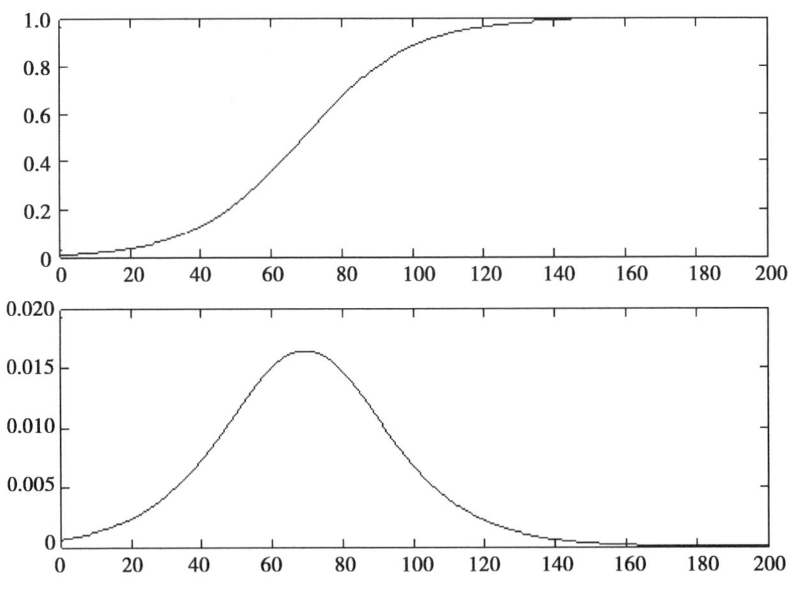

图4－8　武汉城市群物流共生系统演化轨迹仿真图

从图 4－6、图 4－7、图 4－8 中各城市群物流共生系统的演化轨迹可以看出来，由于自然增长率参数 r 的取值不一样，各城市群演化的速度及加速度均不一样。其中，长三角城市群物流共生系统自然增长率 $r=1.000$，其增长速度最快，产出最先接近系统最高水平 K（迭代 10 次左右）；京津冀城市群物流共生系统自然增长率 $r=0.702$，其增长速度较快，迭代 15 次左右产出接近系统最高水平 K；武汉城市群物流共生系统自然增长率 $r=0.066$，其增长速度较慢，迭代 140 次左右产出才接近系统最高水平 K。虽然 3 个城市群演化的速度存在差异，但是从图 4－6、图 4－7、图 4－8 可以看出来，3 个城市群的演化轨迹均呈现出 S 形轨迹。由此证明城市群物流共生系统的演化过程用 Logistic 生长曲线方程进行描述解释是合理可行的。

通过上文分析及仿真结果可知，城市群物流共生系统在演化周期内演化轨迹为 S 形轨迹，因参数 K 和 r 的取值不同，轨迹形状也会不同。参数 K 决定了城市群物流共生系统物流产出的发展极限。r 值一定时，K 越大，系统发展容量空间越大；K 值一定时，r 值越大，系统产出自然增长速度越快。参数 K 和 r 会因演化周期内系统成长能力和资源环境约束的不同而呈现动态变化。故城市群物流共生系统的演化更为复杂，但轨迹呈现螺旋上升的演化趋势。城市群物流共生系统的复合 logistic 发展机制方程为：

$$\frac{dX_i(t_i)}{dt_i}=r_i(t_i)\,X_i(t_i)\left[1-\frac{X_i(t_i)}{K_i(t_i)}\right](i=1,2,\cdots,n) \qquad (4-5)$$

式（4－5）中，

$X_i(t_i)$ ——第 i 个演化周期综合参数为 t_i 时城市群物流共生系统的物流产出；

$r_i(t_i)$ ——第 i 个演化周期综合参数为 t_i 时城市群物流共生系统物流产值自然增长率；

$K_i(t_i)$ ——第 i 个演化周期综合参数为 t_i 时城市群物流共生系统物流产出增长极限值。对微分方程（4－5）求解，可得：

$$X_i(t_i)=\frac{K_i(t_i)}{1+c\,e^{-r_i(t_i)t_i}}\quad\left[\text{其中 } c=\frac{K_i(t_i)}{X_0(t_i)}-1\right] \qquad (4-6)$$

依据方程（4－6），城市群物流共生系统复合 logistic 发展机制曲线如图4－9所示。

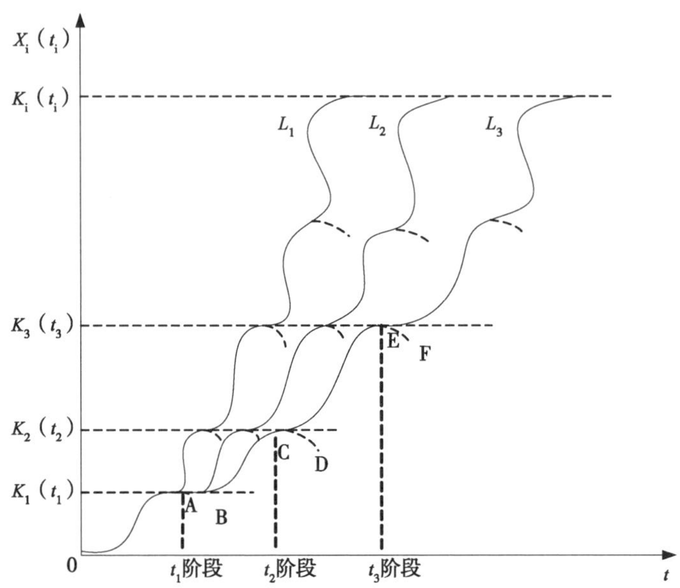

图4－9　城市群物流共生系统复合 Logistic 发展机制

4.3.3　基于混沌理论的共生系统演化过程仿真

通过前文分析可知，不同演化周期内，城市群物流共生系统生长演化的 Logistic 模型的参数 K 和 r 的取值会因时间变化而改变，进而影响共生系统演化轨迹，产生混沌现象。根据混沌理论，对于无限小的初值变动和微扰动，混沌系统的敏感性会使系统在一定时间后完全偏离既有的演化方向[133－134]。混沌理论的经典模型之一是标准的 Logistic 方程。

在此，对式（4－1）作如下变换：令 $Y(t) = \dfrac{X(t)}{K}$，则

$$\frac{dY(t)}{dt} = \frac{1}{K}\frac{dX(t)}{dt} = \frac{1}{K}rKY(t)[1 - Y(t)] = rY(t)[1 - Y(t)]$$

$$0 < Y(t) < 1 \qquad (4-7)$$

将上式离散化，可得标准的 Logistic 迭代方程为：

$$Y(t+1) = rY(t)[1 - Y(t)] \quad 0< Y(t) < 1, 0< r < 4 \qquad (4-8)$$

式中 $Y(t+1)$ 是 $Y(t)$ 的一次迭代；因 $Y(t)=\dfrac{X(t)}{K}$，$0<X(t)<K$，故 $0<Y(t)<1$；因 $Y(t)=0.5$ 时，若 $r>4$，则 $Y(t+1)>1$，这与前文分析不符，因此，$0<r<4$。

城市群物流共生系统物流产出阈值 K 既定时，系统演化最终状态都依赖于系统物流产值自然增长率 r 值。利用 Matlab 软件，通过迭代仿真模拟不同 r 值下的系统演化状态。

①当 $0<r<1$ 时，取中间值 $r=0.5$，演化过程仿真结果见图 4-10a，$t\to\infty$时，$Y\to 0$。这表明城市群物流共生系统处在增长动力较小的耦合或突变阶段。耦合阶段，城市群物流共生系统基础设施建设薄弱、政策支持不够，共生单元信息丰度较小，共生演化存在较大阻力。在突变期，共生系统无序度增大，共生单元之间竞争加剧，共生演化同样存在巨大阻力，此时共生系统将在系统巨涨落的作用下，发生突变。

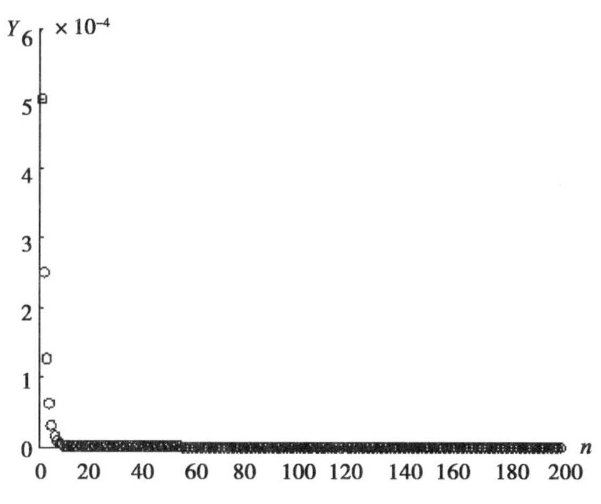

图 4-10a　$r=0.5$，$y_0=0.001$，$n=200$

②当 $1<r<2$ 时，取中间值 $r=1.5$，仿真结果见图 4-10b，稳定点唯一，即 $t\to\infty$时，Y 逐渐趋于某一固定值。

③当 $2<r<3$ 时，取中间值 $r-2.5$，仿真结果见图 4-10c，稳定点唯一，即 $t\to\infty$时，Y 逐渐趋于某一固定值。

综合以上分析，当 $1<r<3$ 时，在 $t\to\infty$的情况下，Y 不断趋向某

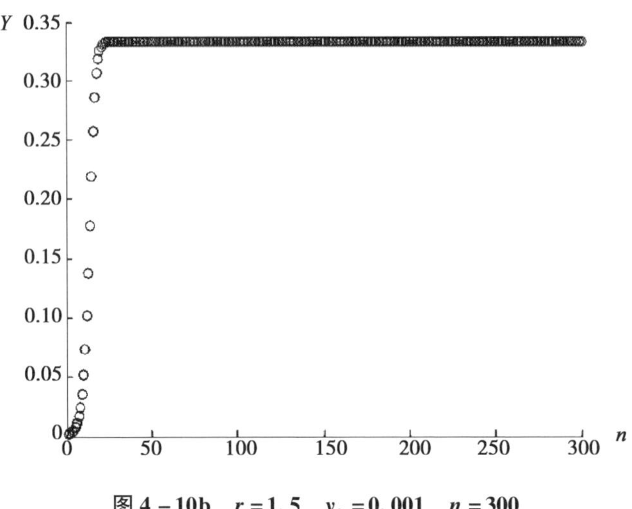

图 4－10b　$r = 1.5$，$y_0 = 0.001$，$n = 300$

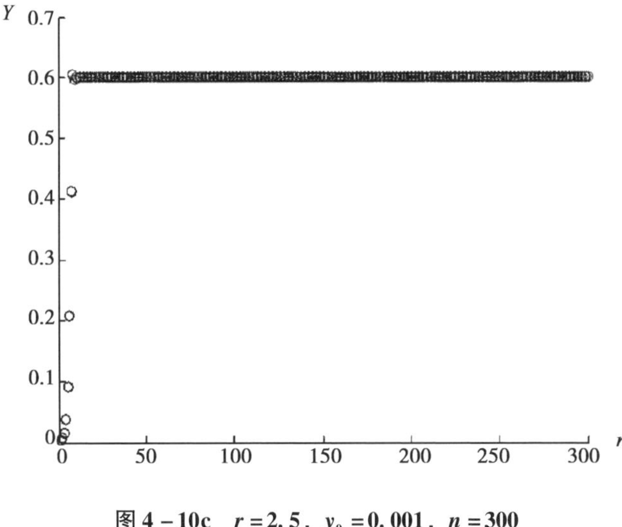

图 4－10c　$r = 2.5$，$y_0 = 0.001$，$n = 300$

一特定值，表明城市群物流共生系统处在增长动力较大的趋稳阶段。该阶段，共生系统及内部各共生单元相互作用已日趋稳定，系统发展速度下降，系统趋于稳定。

④当 $3 < r < 4$ 时，城市群物流共生系统演化过程将产生分叉和混沌现象。

当$3 < r < 3.83$，演化轨迹出现不稳定现象。取$r = 3.3$，仿真结果见图4－10d，2 周期出现。取$r = 3.5$，仿真结果见图4－10e，4 周期出现。此时$t \to \infty$时，Y在 2 个值或 4 个值之间跳动，这表明此阶段城市群物流共生系统演化动力强，主要表现在演化的成长期。在成长期，城市群物流共生系统基础设施加强、城市群经济发展、政策支持增加，系统成长动力快速增强，但系统在该阶段可能出现分叉，系统走向成熟或者衰退；

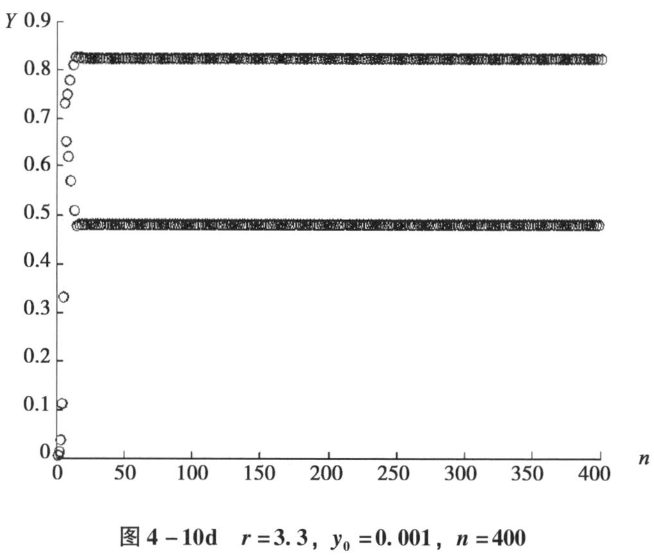

图 4－10d　$r = 3.3$，$y_0 = 0.001$，$n = 400$

当$3.83 \leqslant r < 3.87$时，取$r = 3.83$，仿真结果见图4－10f。此时，3 周期出现，系统演化轨迹将在 3 个点上做循环运动，随着r值增大，每个点开始不断分岔，直到产生混沌现象；

当$3.87 < r < 4$时，混沌出现。令$r = 3.95$，仿真结果见图4－10g，系统产生混沌现象。此时，若$t \to \infty$，Y将不再趋于一个或几个固定值，而是趋向于混沌吸引子，这主要表现在演化成长阶段或突变阶段。

根据前文分析，城市群物流共生系统在成长阶段演化动力较强，迅速增长。在突变阶段，城市群物流共生系统一种突变可能性是衰退消亡，另一种突变状态是跃迁到一个更高层级状态。后一种突变的发生需要共生系统产生新动力，例如，产业结构的调整刺激需求的增加、更加

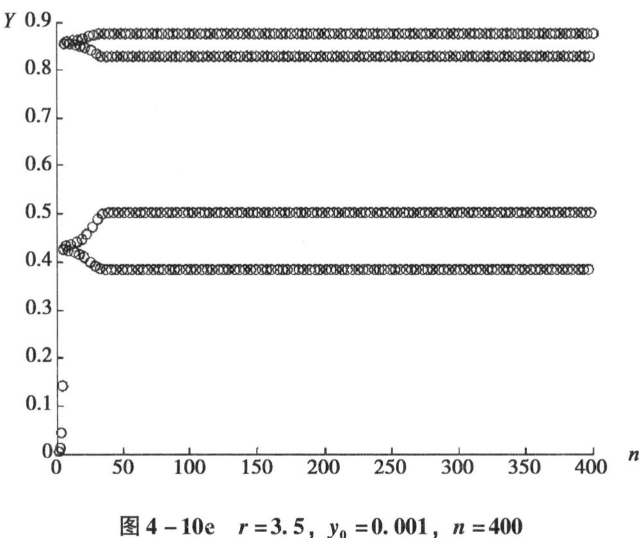

图 4－10e　$r=3.5$，$y_0=0.001$，$n=400$

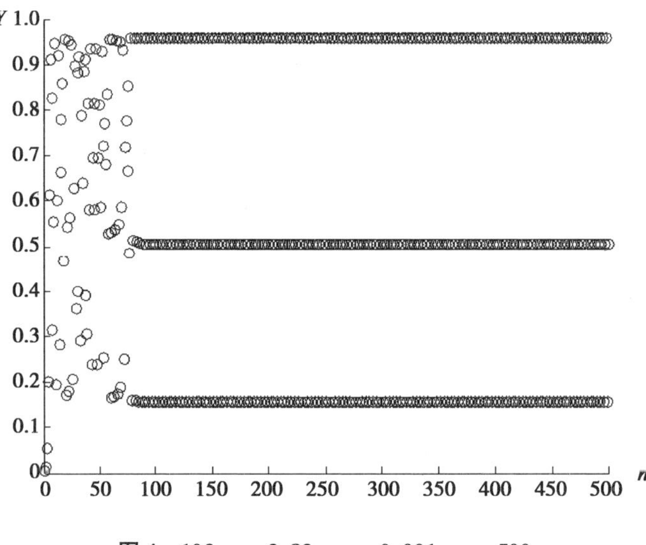

图 4－10f　$r=3.83$，$y_0=0.001$，$n=500$

有力的政策支持、物流技术的创新进步等，这些都会使城市群物流共生系统获得更强的演化动力，跃迁到更高层级状态，并在新的起点上持续成长。

⑤以 Logistic 方程的分岔图来反映 $Y(t)$ 与 r 的关系。以 r 为横坐标，

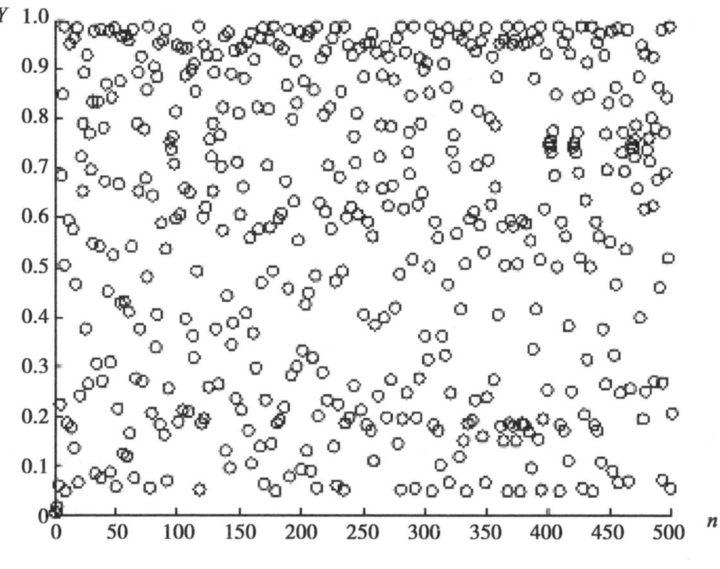

图 4－10g　$r=3.95$，$y_0=0.001$，$n=500$

$Y(t)$ 为纵坐标，城市群物流演化分岔仿真图如图 4－11 所示，系统持续分岔直至混沌出现。

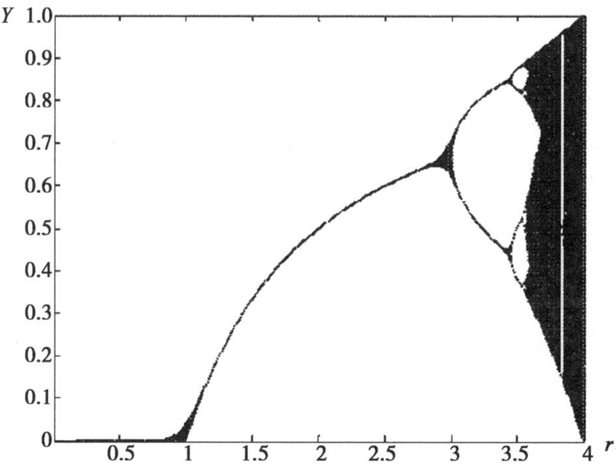

图 4－11　城市群物流共生系统演化分岔图

4.4 城市群物流共生系统演化共生模型

4.4.1 城市群物流共生系统演化共生模式

（1）共生组织模式

城市群物流共生系统共生单元的共生组织模式可分为点共生、间歇共生、连续性共生和一体化共生 4 种模式，反映共生单元间联系紧密程度逐步加强，共生进化作用日趋明显。

点共生、间歇共生、连续性共生和一体化共生 4 种组织模式大致对应城市群物流共生系统演化过程的 4 个阶段。在城市群物流共生系统耦合，系统内共生单元之间信息丰度小且不对称，共生单元彼此信任度不够，不能有效预期共生合作结果，通常共生单元会选择点共生组织模式进行偶然合作。随着城市群物流共生系统从耦合期、成长期逐步演化到趋稳期，共生单元之间的信息丰度和信任度日益增强，共生组织模式便逐渐向间歇共生和连续性共生演变，直至一体化共生。

（2）共生行为模式

共生行为模式是共生单元之间相互作用的表现形态，反映共生单元之间能量生产及分配特征，揭示了共生单元相互作用的基本规律及共生现象形成与演变的条件和特征。城市群物流共生系统共生单元的共生行为模式主要有偏利共生模式、互惠共生模式和竞争共生模式 3 种类型，其中互惠共生模式包括非对称性互惠共生模式与对称性互惠共生模式。

城市群物流共生系统耦合初期，共生单元自身发展存在一定局限，同时共生单元之间信息丰度小且不对称，共生单元主体之间趋向于偏利共生状态。随着城市群物流共生系统的进化演变，系统开放程度增加，信息的对称性加强，城市群物流共生系统共生单元主体之间的共生关系向着互惠共生状态发展。但是，在同一阶段，在城市群物流共生系统不同共生单元主体之间可能同时存在这几种共生行为模式。

4.4.2 城市群物流共生系统演化共生模型及其稳定性分析

根据前文分析，城市群物流共生系统共生单元主体之间的演化共生行为模式主要有偏利共生、互惠共生、竞争共生三大类型。

美国生态学家Lotka和意大利数学家Volterra于20世纪20年代构建了用来描述两种群之间共生关系的微分方程动态系统模型（称为Lotka-Volterra模型，以下简称L－V模型）[135]，本文借用L－V生态模型来描述城市群物流共生系统演化过程中共生单元主体间的共生关系。

4.4.2.1　偏利共生模型

在城市群物流共生系统中，大型物流供给主体（如大型物流园区、物流中心等）与依靠于大型物流供给主体的小型物流企业（如小型货运代理、仓储、运输、装卸搬运、信息中介等物流企业）存在于物流供给主体内部。大型物流供给主体的发展带动小型物流企业的发展，但这些依附的小型物流企业对大型物流供给主体的产出影响极小，可不考虑。对于物流需求主体内部，同样存在类似情况。本书把这样一种关系定义为偏利共生关系。现以一个大型物流中心与依附于它的小型物流企业为例，定义城市群物流共生单元之间基于时间和环境产出变化的偏利共生演化模型为：

$$\begin{cases} \dfrac{dX(t)}{dt} = r_1(t)X(t)\left[1 - \dfrac{X(t)}{H_1} + \alpha\dfrac{Y(t)}{H_2}\right] \\ \dfrac{dY(t)}{dt} = r_2(t)Y(t)\left[1 - \dfrac{Y(t)}{H_2}\right] \end{cases} \tag{4-9}$$

式（4－9）中，$X(t)$、$Y(t)$ 分别表示小型依附物流企业、大型物流中心的产出水平，即物流产值。此处 t 是一个广义的表达，既表示时间，又包含技术、信息、市场、要素、交易成本等影响产出的因素变化。X（t）和Y（t）均为连续可微函数，$X(t) > 0, Y(t) > 0, Y(t) > X(t)$。$r_1(t)$、$r_2(t)$ 分别为小型依附物流企业、大型物流中心产出自然增长率，代表小型依附物流企业和大型物流中心各自产出的平均增长率，其与小型物流企业和大型物流中心各自的固有特性有关。当发展到一定水平后，自然增长率会随着产出水平的继续增加而逐渐减小。H_1、H_2 分别为小型物流企业和大型物流中心在独立状态下由资本、技术、市场环境资源所决定的最大产出水平，$H_1 > 0$，$H_2 > 0$，$H_2 > H_1$。H_1 和 H_2 在某一时间阶段内可看作常数，但在不同时间阶段会发生变化。$\dfrac{X(t)}{H_1}$ 表示小型物流企业的自然增长饱和度，反映在一定资源约束条件下对小型物流企业自身产出的抑制作用，$1-\frac{X(t)}{H_1}$ 反映小型物流企业产出的增长空间。$\frac{Y(t)}{H_2}$ 表示大型物流中心的自然增长饱和度，反映一定资源约束条件下对大型物流中心自身产出的抑制作用，$1-\frac{Y(t)}{H_2}$ 反映大型物流中心产出的增长空间。α 为大型物流中心对小型物流企业的偏利作用系数，$\alpha>0$ 。

当小型物流企业与大型物流中心的偏利共生关系达到稳定的均衡状态时，应满足：

$$\begin{cases}\frac{dX(t)}{dt}=r_1(t)X(t)\left[1-\frac{X(t)}{H_1}+\alpha\frac{Y(t)}{H_2}\right]=0\\\frac{dY(t)}{dt}=r_2(t)Y(t)\left[1-\frac{Y(t)}{H_2}\right]=0\end{cases}\tag{4-10}$$

求解微分方程组（4-10），可以得到小型物流企业与大型物流中心偏利共生的平衡点，其分别为：$S_1(0,0)$ ，$S_2(0,H_2)$ ，$S_3(-H_1,0)$ ，$S_4(H_1(\alpha+1),H_2)$ 。

由前文可知，$X(t)>0$ ，$Y(t)>0$ ，所以平衡点 S_1 、S_2 、S_3 都不稳定，没有实际研究讨论的意义。现重点讨论平衡点 S_4 的稳定条件。因为 $X(t)>0$ ，$Y(t)>0$ ，$H_1>0$ ，$H_2>0$ ，所以平衡点 S_4 的稳定条件应满足：$\alpha+1>0$ ，即 $\alpha>-1$ 。由于 $\alpha>0$ ，故 S_4 为方程组均衡稳定解。

当 $\alpha>0$ 时，大型物流中心与小型物流企业之间存在偏利共生均衡关系，此时小型物流企业的产出水平为 $H_1(\alpha+1)$ ，大型物流中心的产出水平为 H_2 。此种情况下模型轨迹线如图 4-12 所示。

图 4-12 中，直线 l_x ：$1-\frac{X}{H_1}+\alpha\frac{Y}{H_2}=0$ 与直线 l_y ：$1-\frac{Y}{H_2}=0$ 将平面（$X,Y\geqslant 0$）划分为 4 个区域 P_1 、P_2 、P_3 、P_4 。$P_1\rightarrow\frac{dX}{dt}>0$ ，$\frac{dY}{dt}>0$；$P_2\rightarrow\frac{dX}{dt}>0$ ，$\frac{dY}{dt}<0$ ；$P_3\rightarrow\frac{dX}{dt}<0$ ，$\frac{dY}{dt}<0$ ；$P_4\rightarrow\frac{dX}{dt}<0$ ，$\frac{dY}{dt}>0$ 。模型的偏利共生均衡稳定点最终均趋向于点 $S_4[H_1(\alpha+1),H_2]$ 。

4.4.2.2 互惠共生模型

城市群物流共生系统共生单元的互惠共生主要表现在物流供需子系统单元的合作交流，如物流企业与制造企业之间的物流外包业务，共生

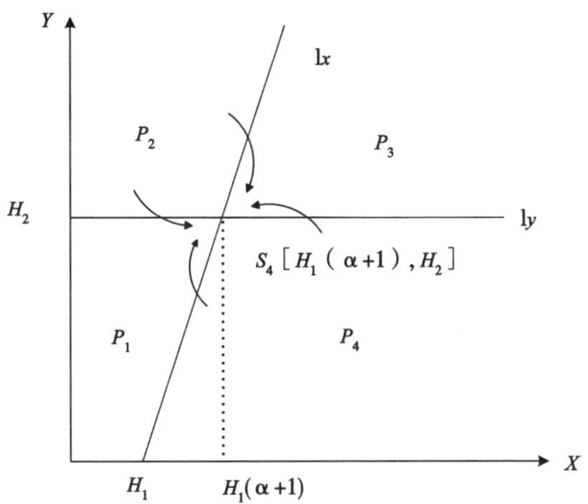

图 4－12　大型物流中心与小型物流企业偏利共生模型轨迹

单元之间将趋向于稳定的互惠共生状态。

在此，城市群物流共生系统共生单元间的互惠共生演化模型用某一物流企业群和某一制造企业群来展开研究。假定物流企业群与制造企业群之间的物流供需服务恰好互相满足，不考虑两群内部竞争情况，基于时间和环境产出变化的物流供给共生单元与物流需求共生单元间的互惠共生演化模型如下：

$$\begin{cases} \dfrac{dX(t)}{dt} = r_1(t)X(t)\left[1 - \dfrac{X(t)}{H_1} + \beta_2 \dfrac{Y(t)}{H_2}\right] \\ \dfrac{dY(t)}{dt} = r_2(t)Y(t)\left[1 - \dfrac{Y(t)}{H_2} + \beta_1 \dfrac{X(t)}{H_1}\right] \end{cases} \tag{4-11}$$

式（4－11）中，$X(t)$、$Y(t)$ 分别表示物流供给单元物流企业群与物流需求单元制造企业群产出水平，$X(t)$ 和 $Y(t)$ 均为连续可微函数，$X(t)>0$，$Y(t)>0$。$r_1(t)$、$r_2(t)$ 分别为物流企业群与制造企业群产出自然增长率，其含义和特征与前文同。H_1、H_2 分别为物流企业群与制造企业群在独立状态下由资本、技术、市场环境资源所决定的最大产出水平，$H_1>0$，$H_2>0$，H_1 和 H_2 在某一时间阶段内可看作常数，但在不同时间阶段会发生变化。β_1 为物流企业群对制造企业群的惠及系数，反映物流企业群产出的自然增长饱和度对制造企业群产出的促进作用大小，$\beta_1 > 0$；β_2 为制造企业群对物流企业群的惠及系数，反映制造企业群产出的自然增长饱和度对物流企业群产出的促进作用大小，$\beta_2 > 0$。

当物流企业群与制造企业群的互惠共生关系达到稳定的均衡状态时，应满足：

$$\begin{cases} \dfrac{dX(t)}{dt} = r_1(t)X(t)\left[1 - \dfrac{X(t)}{H_1} + \beta_2 \dfrac{Y(t)}{H_2}\right] = 0 \\ \dfrac{dY(t)}{dt} = r_2(t)Y(t)\left[1 - \dfrac{Y(t)}{H_2} + \beta_1 \dfrac{X(t)}{H_1}\right] = 0 \end{cases} \tag{4-12}$$

求解微分方程组（4-12），可以得到物流企业群与制造企业群互惠共生的平衡点，其分别为：T_1（0，0）、$T_2(0, H_2)$、$T_3(H_1, 0)$、$T_4\left[\dfrac{H_1(1+\beta_2)}{1-\beta_1\beta_2}, \dfrac{H_2(1+\beta_1)}{1-\beta_1\beta_2}\right]$。

由前文可知，$X(t) > 0$，$Y(t) > 0$，所以平衡点 T_1、T_2、T_3 都不稳定，不具有现实意义。现重点讨论平衡点 T_4 的稳定条件。因为 $X(t) > 0$，$Y(t) > 0$，$H_1 > 0$，$H_2 > 0$，$\beta_1 > 0$，$\beta_2 > 0$ 所以平衡点 T_4 的稳定条件应满足：

$$\begin{cases} \dfrac{1+\beta_2}{1-\beta_1\beta_2} > 0 \\ \dfrac{1+\beta_1}{1-\beta_1\beta_2} > 0 \end{cases} \tag{4-13}$$

求解方程组（4-13）可得到平衡点 T_4 的稳定条件为：

$$\begin{cases} 0 < \beta_1 < 1 \\ 0 < \beta_2 < 1 \\ 0 < \beta_1\beta_2 < 1 \end{cases} \tag{4-14}$$

当式（4-14）满足时，物流企业群与制造企业群之间存在互惠共生关系，物流企业群的产出水平为 $\dfrac{H_1(1+\beta_2)}{1-\beta_1\beta_2}$，高于物流企业群独立状态下的最高产出水平 H_1；制造企业群的产出水平为 $\dfrac{H_2(1+\beta_1)}{1-\beta_1\beta_2}$，高于制造企业群独立状态下最高产出水平 H_2。此种情况下模型轨迹线如图4-13所示。

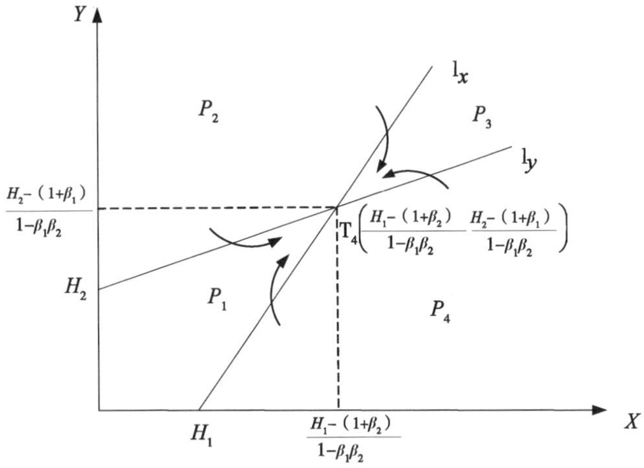

图 4－13　物流企业群与制造企业群互惠共生模型轨迹

图4－13 中，直线 $l_x：1-\dfrac{X}{H_1}+\beta_2\dfrac{Y}{H_2}=0$ 与直线 $l_y：1-\dfrac{Y}{H_2}+\beta_1\dfrac{X}{H_1}=0$ 将平面 $(X,Y\geqslant 0)$ 划分为 4 个区域 P_1、P_2、P_3、P_4。$P_1\rightarrow\dfrac{dX}{dt}>0,\dfrac{dY}{dt}>0$；$P_2\rightarrow\dfrac{dX}{dt}>0,\dfrac{dY}{dt}<0$；$P_3\rightarrow\dfrac{dX}{dt}<0,\dfrac{dY}{dt}<0$；$P_4\rightarrow\dfrac{dX}{dt}<0,\dfrac{dY}{dt}>0$。模型的互惠共生均衡稳定点最终均趋向于点 $T_4\left[\dfrac{H_1(1+\beta_2)}{1-\beta_1\beta_2},\dfrac{H_2(1+\beta_1)}{1-\beta_1\beta_2}\right]$。

物流企业群与制造企业群的互惠共生关系表明：共生单元物流企业群因为消耗资源要素，自身产出增加的同时会制约自身的增长速度，而因为共生单元制造企业群对其增加了市场需求，促使物流企业群增长速度上升，即每个共生单元的发展会受到自身发展的制约及互惠共生单元的促进作用。对于共生单元制造企业群，同样受自身及互惠共生单元的双重影响。所以，互惠共生模式下物流企业群和制造企业群的产出水平均大于共生前独立状态下的最高产出水平。基于前文模型稳定均衡性分析，城市群物流共生系统共生单元在互惠共生作用下，应各自专注于自己的核心业务，建立一种相互信赖、双方受益的共生稳定关系，实现整体帕累托最优。

4.4.2.3 竞争共生模型

对于城市群物流共生系统，共生单元间还存在竞争共生模式，主要体现在物流供给子系统内部及物流需求子系统内部。本文在此选取两个物流供给主体作为该模型的研究对象，两个物流供给主体为获得更多资源或市场占有率，在环境容量限制下，为了扩大自身的产出水平，两主体相互竞争的同时还存在协同合作。因此，竞争共生演化模型中，既要考虑两个主体竞争所带来的负面效应，也要考虑两主体协同合作所带来的正面效应。以两个物流企业 X 和 Y 为例，两者相互竞争，且利用相同资源在城市群范围内提供类似的物流服务功能，则两个物流企业间的竞争共生演化模型为：

$$\begin{cases} \dfrac{dX(t)}{dt} = r_1(t) \times X(t)\left[1 - \dfrac{X(t)}{H_1} - \omega_2 \dfrac{Y(t)}{H_1} + \beta_2 \dfrac{Y(t)}{H_2}\right] \\ \dfrac{dY(t)}{dt} = r_2(t) \times Y(t)\left[1 - \dfrac{Y(t)}{H_2} - \omega_1 \dfrac{X(t)}{H_2} + \beta_1 \dfrac{X(t)}{H_1}\right] \end{cases} \tag{4-15}$$

式（4－15）中，$X(t)$ 和 $Y(t)$ 分别表示物流企业 X 和物流企业 Y 的产出水平，它们是关于时间 t 的函数。$r_1(t)$ 、$r_2(t)$ 分别表示物流企业 X 和物流企业 Y 的产出自然增长率。H_1 、H_2 分别表示物流企业 X 和物流企业 Y 在独立状态下由资本、技术、市场环境资源等所决定的最大产出水平，$H_1 > 0, H_2 > 0$ ，H_1 和 H_2 在某一阶段内可看作常数，但不同时间阶段 H_1 和 H_2 会发生改变。ω_1 和 ω_2 为竞争作用系数，$\omega_1 > 0$ ，$\omega_2 > 0$ ，ω_1 表示在同一物流资源限定下，物流企业 X 的产出对物流企业 Y 产出增长所起的竞争抑制作用的大小，ω_2 反之。β_1 为物流企业 X 对物流企业 Y 的惠及系数，反映物流企业 X 产出的自然增长饱和度对物流企业 Y 产出的促进作用大小，$\beta_1 > 0$ ；β_2 为物流企业 Y 对物流企业 X 的惠及系数，反映物流企业 Y 产出的自然增长饱和度对物流企业 X 产出的促进作用大小，$\beta_2 > 0$ 。

两个物流企业竞争共生达到平衡状态时，应满足：

$$\begin{cases}\dfrac{dX(t)}{dt}=r_1(t)\times X(t)\left[1-\dfrac{X(t)}{H_1}-\omega_2\dfrac{Y(t)}{H_1}+\beta_2\dfrac{Y(t)}{H_2}\right]=0\\\dfrac{dY(t)}{dt}=r_2(t)\times Y(t)\left[1-\dfrac{Y(t)}{H_2}-\omega_1\dfrac{X(t)}{H_2}+\beta_1\dfrac{X(t)}{H_1}\right]=0\end{cases}\tag{4-16}$$

求解此微分方程组（4-16），得到物流企业 X 与物流企业 Y 竞争共生平衡点，其分别为 $M_1(0,0)$、$M_2(0,H_2)$、$M_3(H_1,0)$、$M_4\left[\dfrac{H_1(1+\beta_2-\omega_2H_2)}{1-(\beta_2-\omega_2H_2)(\beta_1-\omega_1H_1)},\dfrac{H_2(1+\beta_1-\omega_1H_1)}{1-(\beta_2-\omega_2H_2)(\beta_1-\omega_1H_1)}\right]$。

两个物流企业主体之间的竞争共生模型包括竞争与协同两种效应的作用。由前文分析可知，点 $M_1(0,0)$ 为不稳定点，不予讨论。当 $1+\beta_2-\omega_2H_2<0$ 时，$M_2(0,H_2)$ 为系统稳定解，表明物流企业 Y 对物流企业 X 的竞争促进作用小于其对物流企业 X 的抑制作用，此时，物流企业 X 的产出为0，物流企业 X 会退出市场，或选择与物流企业 Y 合并。当 $1+\beta_1-\omega_1H_1<0$ 时，$M_3(H_1,0)$ 为系统稳定解，此时，物流企业 X 对物流企业 Y 的竞争促进作用小于其对物流企业 Y 的抑制作用，此时，物流企业 Y 的产出为0，物流企业 Y 会退出市场，或选择与物流企业 X 合并。当 $1+\beta_2-\omega_2H_2>0$ 且 $1+\beta_1-\omega_1H_1>0$ 时，两个物流企业间虽然存在着一定的竞争，但两者之间的协同合作造成其优势互补的局面，互相促进作用大于互相抑制作用，因而两个物流企业均得到可持续发展。因此，两个物流企业竞争共生的平衡互惠状态 M_4 稳定应满足：

$$\begin{cases}\dfrac{1+\beta_2-\omega_2H_2}{1-(\beta_2-\omega_2H_2)(\beta_1-\omega_1H_1)}>0\\\dfrac{(1+\beta_1-\omega_1H_1)}{1-(\beta_2-\omega_2H_2)(\beta_1-\omega_1H_1)}>0\end{cases}\tag{4-17}$$

求解式（4-17），得到平衡点 M_4 稳定的条件为：

$$\begin{cases}-1<\beta_1-\omega_1H_1<1\\-1<\beta_2-\omega_2H_2<1\\-1<(\beta_2-\omega_2H_2)(\beta_1-\omega_1H_1)<1\end{cases}\tag{4-18}$$

式（4-18）满足时，物流企业 X 的产出为 $\dfrac{H_1(1+\beta_2-\omega_2H_2)}{1-(\beta_2-\omega_2H_2)(\beta_1-\omega_1H_1)}$，

物流企业 Y 的产出为 $\frac{H_2(1+\beta_1-\omega_1 H_1)}{1-(\beta_2-\omega_2 H_2)(\beta_1-\omega_1 H_1)}$，此种情况下的模型轨迹线如图 4－14 所示。

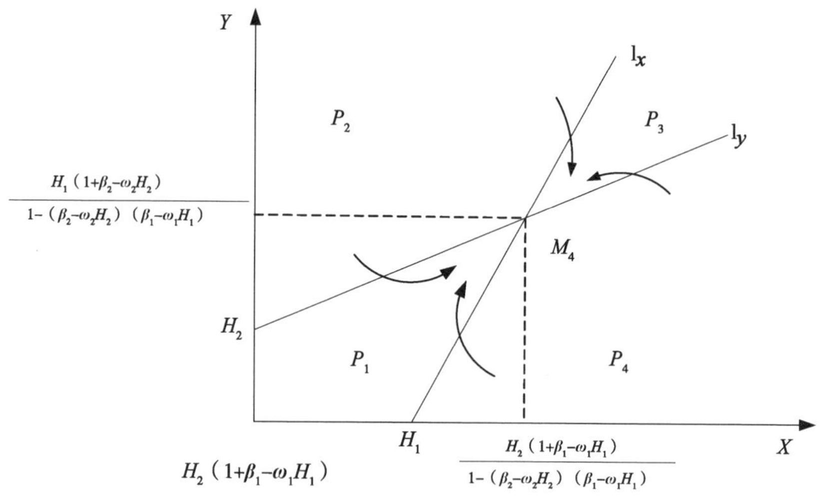

图 4－14　两物流企业间竞争共生演化模型轨迹图

图 4－14 中，直线 $l_x: 1-\frac{X}{H_1}-\omega_2\frac{Y}{H_1}+\beta_2\frac{Y}{H_2}=0$ 与直线 $l_y: 1-\frac{Y}{H_2}-\omega_1\frac{X}{H_2}+\beta_1\frac{X}{H_1}=0$ 将平面 $(X,Y\geqslant 0)$ 划分为 4 个区域 P_1、P_2、P_3、P_4。$P_1\rightarrow\frac{dX}{dt}>0$，$\frac{dY}{dt}>0$；$P_2\rightarrow\frac{dX}{dt}>0$，$\frac{dY}{dt}<0$；$P_3\rightarrow\frac{dX}{dt}<0$，$\frac{dY}{dt}<0$；$P_4\rightarrow\frac{dX}{dt}<0,\frac{dY}{dt}>0$。模型的竞争共生均衡稳定点最终均趋向于点 $M_4\left[\frac{H_1(1+\beta_2-\omega_2 H_2)}{1-(\beta_2-\omega_2 H_2)(\beta_1-\omega_1 H_1)},\frac{H_2(1+\beta_1-\omega_1 H_1)}{1-(\beta_2-\omega_2 H_2)(\beta_1-\omega_1 H_1)}\right]$。

4.5　本章小结

本章以共生理论为基础，从共生单元主体能力、共生界面、共生环境 3 个方面分析了城市群物流共生系统的演化影响因素，并构建了演化影响因素 EIA 概念模型。基于影响因素的分析，本章以自组织理论为依据，分析了城市群物流共生系统演化的竞争协同机制与正负反馈机制。竞争协同机制反映了共生单元之间如何相互作用，正负反馈机制反映了共生单元与共生环境之间如何作用。接下来，运用耗散结构理论、Logistic 生长曲线方程等理论分析了城市群物流共生系统的演化方向及演化过程。通过具体分析，本文将城市群物流共生系统的演化过程划分为耦合、成长、趋稳、突变 4 个阶段，并利用长三角城市群、京津冀城市群、武汉城市群 3 个城市群的实际数据对 Logistic 演化轨迹模型中的参数 r 赋值，运用 Matlab 工具对 3 个城市群的演化轨迹进行了仿真验证，验证结果表明利用 Logistic 生长曲线方程解释描述城市群物流共生系统的演化过程是合理可行的。同时本文运用混沌理论及借助 Matlab 工具对城市群物流共生系统的演化过程进行了仿真模拟，仿真结果表明，当系统最高产出容量一定时，系统自身的自然增长率对系统的演化状态有很大影响。最后，本章借鉴 Lotka-Volterra 生态模型构建了城市群物流共生系统演化过程中共生单元主体间的共生模型，共生单元演化的共生模型主要有偏利共生、互惠共生、竞争共生 3 种类型，其中对称性互惠共生是系统共生演化的目标所在。

第5章　城市群物流共生系统共生效率与共生能量生成水平评价

对于城市群物流共生系统来说，如何精确全面地评价其共生演化效果，是城市群物流共生系统共生演化相关对策建议提出的先决条件和基础。它不仅可以诊断过去一段时间内系统运行的状态，也可以为系统未来的良好运行打下坚实的基础。关于城市群物流共生系统演化的共生效果主要体现在系统演化的共生效率和共生能量生成水平两方面。其中，共生效率反映了各子系统之间及系统整体的共生协同效果，共生能量生成水平反映了系统整体物流产出水平的大小变化。本章首先提出城市群物流共生系统演化的共生效率概念，进而分析共生效率评价所包含的内容。基于此，通过不同评价方法的比较，选择数据包络分析DEA法进行系统演化共生效率的评价，并构建共生效率评价的DEA模型，阐述共生效率计算原理并进行方法改进，建立了DEA模型计算所需的投入产出指标集。另外，本章进行了城市群物流共生系统共生能量生成水平的评价，在界定了城市群物流共生系统共生能量内涵的基础上，建立Malmquist全要素生产率指数评价模型，确定了影响全要素生产率指数的变量指标。最后构建了影响因素的Tobit空间计量分析模型，以期找出影响全要素生产率的关键因素，为城市群物流共生系统的共生演化提供合理的对策建议。

5.1　共生效率概念内涵及其评价内容

5.1.1　共生效率的概念及其内涵界定

城市群物流共生系统在发展的过程中，会不断地与其他对象产生相互作用，这些对象分为两类，一是外部环境，二是其内部的共生单元主体。在这一过程中，必然会存在较多的不协调现象，甚至会产生内耗，例如，系统内部共生单元之间数量比例不平衡、发展速度差距大、规模不适合，以及争夺市场、产生利益冲突等。所以，要想使共生单元主体之间实现利益均分、风险共担，获得共同发展和优势互补，就必须对系统持续地进行诊断、调整和评价，使得系统在发展中不断趋向对称性互惠共生。

在新帕尔格雷夫经济学大词典中，对于效率的定义是资源配置效率，“所谓资源配置效率，就是在资源和技术条件都有限的情况下，最大限度地满足人类需求的运行状况”。萨缪尔森认为效率是当想要增加某种物品的生产时，就不得不缩减另一种物品的生产的状态。Farell 作为第一个系统化研究效率问题的学者，将效率分解为技术效率和配置效率，前者反映企业或部门在既定投入水平下的最大产出，后者反映在既定技术和价格水平下企业或部门使用最佳投入比例的能力。借鉴其他学者相关研究，在此本文提出城市群物流共生系统演化共生效率的概念，见如下等式：

$$\text{城市群物流共生系统共生效率} = \frac{\text{城市群物流共生系统的价值产出}}{\text{城市群物流共生系统的环境资源消耗}}$$

城市群物流共生系统演化共生效率概念中的价值产出的高低、环境资源消耗的大小均与系统各共生单元主体的自身发展及主体之间的协同密切相关，进而影响共生系统演化的方向。因此，城市群物流共生系统演化的共生效率内涵应是共生单元协同、共生单元成长以及共生单元协同成长综合的多维体现，系统演化共生效率应包括系统共生单元的协同效率、共生单元的成长效率以及共生单元协同成长综合效率 3 个方面。

5.1.2　共生效率评价内容

从城市群物流共生系统的结构上来看，要想建立一套合理的系统演化共生效率评价体系，应包含以下三方面的内容：一是城市群物流供给、需求、支持子系统内部共生效率评价；二是城市群物流供给、需求、支持子系统之间共生效率评价；三是城市群物流共生系统整体共生效率评价。图 5－1 给出了城市群物流共生系统共生效率评价内容的具体构成。

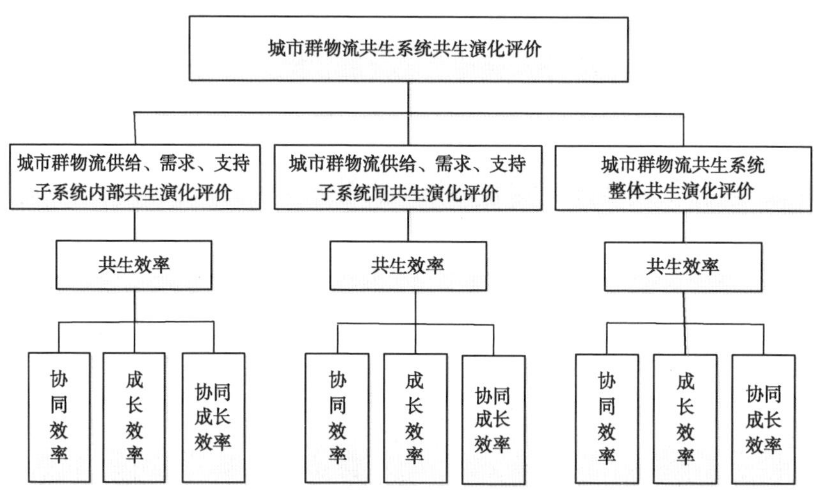

图 5－1　城市群物流共生系统演化共生效率评价内容体系

（1）城市群物流共生系统各共生单元子系统内部共生效率评价

城市群物流共生系统存在的根本在于各共生单元子系统及子系统内部的构成主体。在一个完整的物流任务流程中，各物流共生单元承担着不同的职能，它们需要相互配合与适应，进行分工协作，以快速有效地完成相应的物流职能。例如，对于物流供给子系统，为了使城市群的物流需求得到满足，运输、仓储、配送、基础设施等各相关共生单元主体只有共同协作才能实现物流服务的高效性和多样性。子系统内部各共生单元主体的数量、结构、特性、资源、发展等情况的匹配程度，可以体现它们的内部协同与成长状况，因此，对城市群物流共生系统子系统内部共生效率进行评价，可以使共生单元主体的协同方式得以优化，提高共生效率，使子系统的整体功能得以加强。

（2）城市群物流共生系统各共生单元子系统间共生效率评价

城市群物流共生系统是一个有机的整体，它内部的各个组成子系统，如物流供给、需求、支持等子系统在演化过程中都在互相耦合、协调、共生。在城市群物流共生系统中，每个子系统都会有各自独立的演化路径，但是它们之间同时存在非线性作用的影响。在共生系统不断演化的过程中，研究各子系统之间的联系，评价其共生效率，可以不断地改善城市群物流共生系统各子系统之间的构成比例，增强它们之间的协同程度。要想使物流运作实现高效化，缩减物流成本，就必须在城市群物流运作与管理的过程中妥善分配物流任务，使各子系统的构成实现最恰当的比例关系。所以，准确全面地评价各子系统之间共生效率，可以为城市群物流共生系统的共生演化提供依据，并进一步促进其共生演化。

(3) 城市群物流共生系统整体共生效率评价

城市群物流共生系统演化发展的目标在于建立一个物流体系，该体系应能够与城市群的外部环境相适应，为城市群实现完善的物流功能，使城市群的社会、经济、文化、生活等需求都得到满足。同时，体系自身空间结构趋于合理化，服务规模与城市群需求相匹配，组织和管理的有效性大大提高。只有不断地评价城市群物流共生系统演化整体共生效率，才可以使系统共生单元主体之间的共生状态得以提升，增强系统整体的协调性，促进系统的和谐共生，使得城市群物流共生系统实现可持续发展。

5.2　共生效率评价方法选择

5.2.1　评价方法比较

现阶段学术界中关于系统评价的理论和应用都取得了很多成果，可是在定量评价系统共生演化效果这一方面依然没有深入的研究。常用的评价方法按类型可以分为以下几类：一是专家评价法，如优序法、评分法等；二是经济分析法，如可能满意度法、指标评价法、一般费效分析法等；三是运筹学和其他数学方法，如灰色系统评价方法、多目标决策方法，还有模糊综合评价法以及系统动力学方法等。在上述的方法中，选取评价指标时，部分采用量纲，它的优点是体现出了系统的发展状态，缺点是无法表现出系统协同发展的水平；另一部分则采用的是相对指标，不使用绝对指标，它的优点是可以体现出系统协同发展的状况，但无法体现系统发展状态如何。除此之外，在应用评价方法时，通常都需要对指标的权重进行给定，评价结果是否能够做到准确客观，与指标权重有很大的关系。赋权方法可以根据权数产生方法的区别进行分类，一是主观赋权，二是客观赋权。主观赋权评价法在给指标权重进行赋值时，使用的是定性法，根据专家的经验，从主观上进行分析，并结合综合咨询评分，得出适当的权数，之后对指标开展综合评价，如模糊评价法、环比分析法、层次分析法等。客观赋权评价法在给指标权重进行赋值时，得出指标权重的方法是由决策矩阵所决定的，如熵值法、灰色关联法以及因子分析法、神经网络分析法等。

对于这些评价方法而言，它们主要倾向于对系统进行静态评价，另外，基于这些评价方法所得到的结果，不能够对评价对象的调整提供指导和依据。魏权龄指出，借助于常规的统计分析方法所构建的生产函数，并不能将实际生产中较为前沿的部分展现出来。另外，应用这些方法还有一个前提条件，那就是单一输出。与上述这些方法相比，数据包分析方法（Data Envelopment Analysis，简称 DEA）显示出了其优良的特性，不仅能够适应多输入多输出情境，而且还能够做出时序性评价，具有较大的快捷性，同时还支持根据评价结果对评价单元进行相应调整[136,137]。对于城市群物流共生系统而言，它属于一种复杂适应系统，不仅具备多个投入指标，而且还具备多个产出指标。所以评价该系统的共生效率问题，实际上就是一个多系统、多目标问题，同时还具备较强的时序性。数据包络分析是评价此类多投入、多产出复杂系统效率的有效工具和理想方法。

5.2.2 数据包络分析（DEA）方法的选择

20 世纪 70 年代末，美国学者 Chames 与 Cooper 对“相对效率评价”这一概念进行了深入分析，之后他们以此概念为基础构建出了一个全新的系统分析方法，即 DEA。它的基本原理是：对于任何一个被评价单元（Decision Making Units，简称 DMU）而言，都将作为一个决策单元，多个决策单元就组成了一个被评价群体，能够支持多输入和多输出环境，最终就可以计算出各个决策单元的相对效率[138]。在 DEA 实际应用过程中，无需对输入参数值进行预估，这样就在很大程度上减少了主观因素的影响，误差水平也将大幅下降，从这一点看，DEA 具有较大的优越性。

DEA 模型进行评价的优点主要归纳如下。

①对于各项指标数据而言，无需对其作无量纲化处理，只需将其直接输入即可，任何单位制均可，对计算结果不会产生任何影响。

②运用 DEA 来评价多个类型的决策单元时，不用考虑系统内部关系与结构。

③在分析和处理多输入、多输出问题时，不用去分析各决策单元投入与产出所构成的函数形式，同时也不需要预先设定参数值与权重。DEA 依靠对大量观测数据进行分析计算来得到位于前沿面的决策单元，这样所计算出的结果就更具客观性。

④当决策单元属于同一类型时，DEA 可以用来进行决策单元的横向比较。同时，对于一个特定的评价系统而言，DEA 可以用来对系统做纵向时序性评价。

⑤在判断决策单元是否处于前沿面时，DEA 所采用的方法是线性规划法，这与传统的生产函数方法相比，风险系数降低了很多。

在运用 DEA 评价城市群物流群共生系统共生效率的过程中，将城市群物流共生系统的供给、需求、支持子系统都看作是不同类型的决策单元，每个决策单元都具有相应的输入和输出。DEA 模型的形式较多，本文的应用研究主要选择了 C^2R 模型和 C^2GS^2 模型。C^2GS^2 模型仅对系统纯技术有效性进行判断，反映的是系统协同效率；C^2R 模型能同时进行系统规模有效性和纯技术有效性判断，其中规模效率反映的是系统成长效率，C^2R 模型计算结果反映的是系统协同成长综合效率，以下简称协同成长效率。本文在充分考虑研究目的以及各个模型基本特征的基础上，构建出了一个集成评价模型，它包含了 C^2R 模型和 C^2GS^2 模型，对城市群物流共生系统各评价单元协同效率、成长效率及协同成长综合效率进行评价分析。城市群物流共生系统演化共生效率 DEA 评价思路如图 5－2所示，DEA 方法用于城市群物流共生系统共生效率评价的步骤如图 5－3 所示。

5.3　共生效率评价的 DEA 模型

对于城市群物流共生系统共生效率的 DEA 评价，选取 n 个城市群物

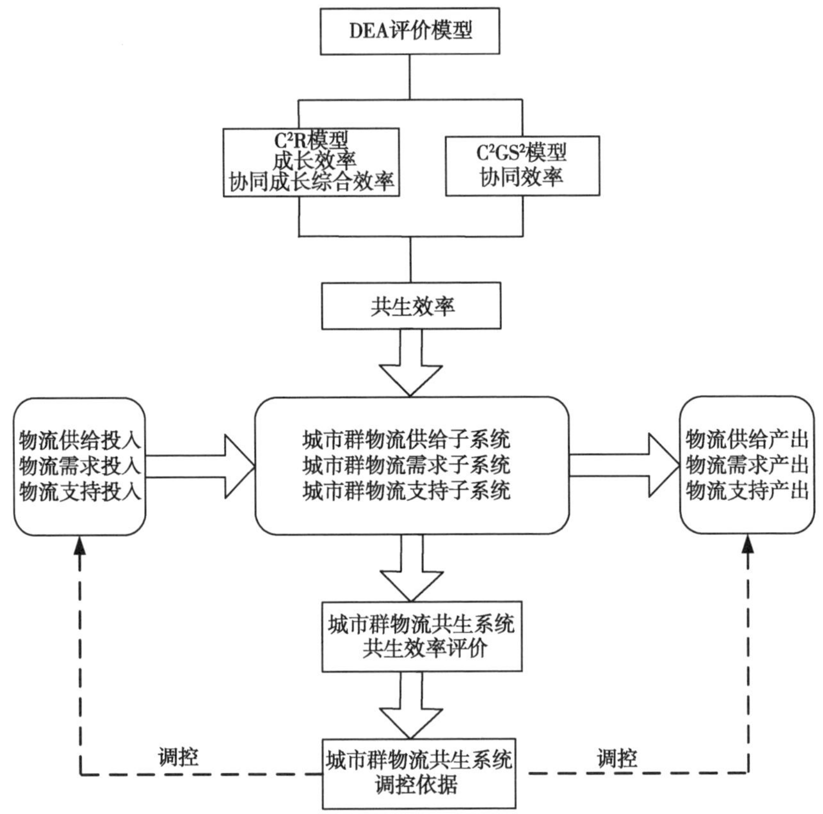

图 5－2　DEA 方法用于城市群物流共生系统演化共生效率评价的思路

流共生系统的共生单元主体作为研究对象，将每个共生单元主体看作是一个决策单元，每个决策单元表示为 DMU_j（$j=1, 2, \cdots, n$）。对于每个共生单元主体而言，它所包含的"投入"类型为 m 个，"产出"类型为 S 个，于是就可构建出各决策单元投入产出向量矩阵，具体如图 5－4。

图中：

x_{ij} 是DMU_j第 i 种类型投入量，为已知数据，且 $x_{ij}>0$，其中 $i=1, 2, \cdots, m$，$j=1, 2, \cdots, n$；

y_{rj} 是DMU_j第 r 种类型产出量，为已知数据，且 $y_{rj}>0$，其中 $r=1, 2, \cdots, s$；

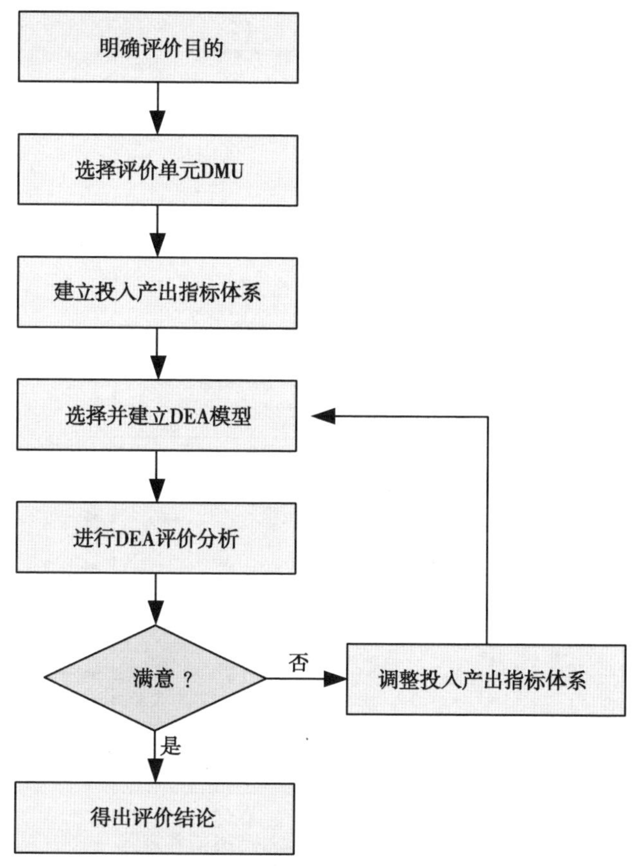

图 5－3　DEA 方法评价步骤示意图

v_i 是第 i 种类型投入指标的权重，为模型变量，$i=1$，2，…，m；

u_r 是第 r 种类型产出指标的权重，为模型变量，$r=1$，2，…，s。

5.3.1　C²R 模型

C^2R 模型能同时进行系统规模有效性和纯技术有效性判断。假定存在 n 个DMU_j（$l \leqslant j \leqslant n$），其投入向量与产出向量可表示为：

$$x_j = (x_{1j}, x_{2j}, \cdots, x_{mj})^T > 0, \quad j = 1,2,\cdots,n \tag{5-1}$$

$$y_j = (y_{1j}, y_{2j}, \cdots, y_{sj})^T > 0, \quad j = 1,2,\cdots,n \tag{5-2}$$

对于投入产出向量的数据，可通过查阅统计资料获取。在系统演化发展不同阶段，不仅各个投入量与产出量的地位不同，而且它们的作用

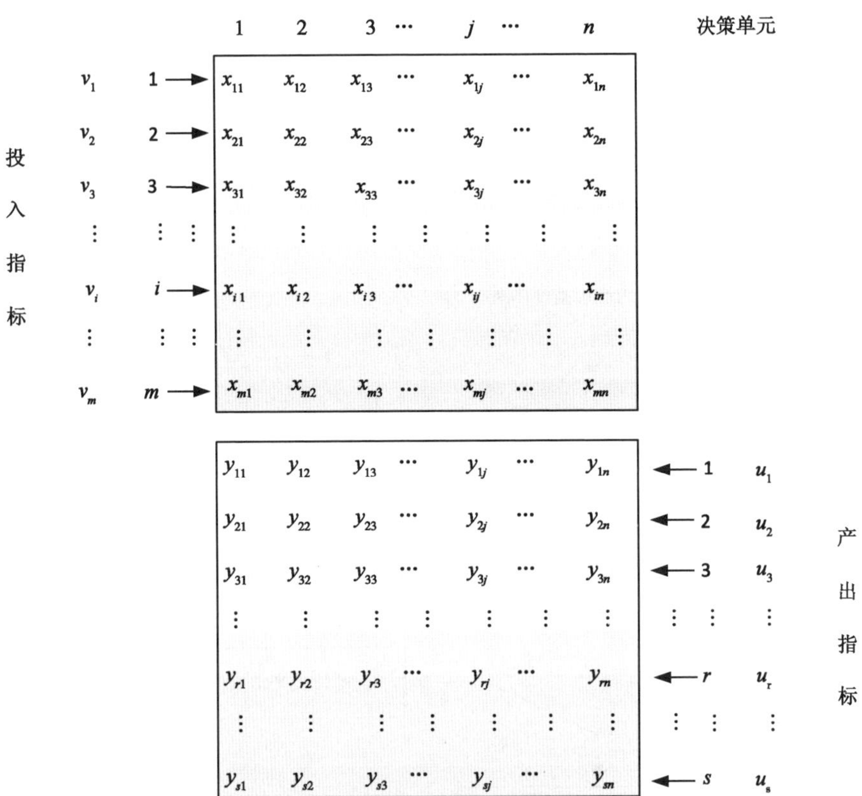

图5-4 决策单元的投入产出向量矩阵

也不尽相同。所以，在实际评价过程中，必须做综合考虑，把全部的投入视为一个整体，把全部的产出视为一个整体。另外，为了表现出各个分量不同的作用和地位，可以赋予它们相应的权重，其中不事先给定输入和输出权向量，而是先把它们看作变向量，因此，引入变权重输入和输出向量：

$$v = (v_1, v_2, \cdots, v_m)^T \tag{5-3}$$

$$u = (u_1, u_2, \cdots, u_s)^T \tag{5-4}$$

定义第j个决策单元DMU_j的效率指数为“综合产出”和“综合投入”之比，用公式表达即为：

$$h_j = \frac{u^T y_j}{v^T x_j} \qquad j=1,\ 2,\ \cdots,\ n \tag{5-5}$$

现对第j_0个决策单元进行效率评价（$1 \leqslant j_0 \leqslant n$），以权重系数$v$及$u$为变量，设定评价目标为第$j_0$个决策单元的效率指数，设定评价约束为全部决策单元（包括第j_0个决策单元）效率指数小于等于1，即$h_j \leqslant 1$。对于DMU_{j0}而言，其投入产出用（x_{j0}，y_{j0}）来表示，简记为（x_0, y_0），评价DMU_{j0}相对有效性的C^2R模型为：

$$
\begin{aligned}
&\text{Max } h_0 = \frac{u^T y_0}{v^T x_0} \\
s.t.\quad &\frac{u^T y_j}{v^T x_j} \leqslant 1 \quad j = 1,2,\cdots,n \\
&u \geqslant 0; v \geqslant 0;
\end{aligned}
\tag{5-6}
$$

式中：

$$
\begin{aligned}
x_j &= (x_{1j}, x_{2j}, \cdots, x_{mj})^T \\
y_j &= (y_{1j}, y_{2j}, \cdots, y_{sj})^T \\
v &= (v_1, v_2, \cdots, v_m)^T \\
u &= (u_1, u_2, \cdots, u_s)^T
\end{aligned}
$$

利用关于分式规划的 Charnes - Cooper 变换，

$$
t = \frac{1}{v^T x_0},\ \omega = tv,\ \mu = tu
$$

将分式规划（5-6）模型化为等价的线性规划模型：

$$
\begin{aligned}
&\text{Max } h_0 = \mu^T y_0 \\
s.t.\quad &\omega^T x_j - \mu^T y_j \geqslant 0 \quad j = 1,2,\cdots,n \\
&\omega^T x_0 = 1 \\
&\omega \geqslant 0, \mu \geqslant 0
\end{aligned}
\tag{5-7}
$$

式中：

$$
\begin{aligned}
\omega &= (\omega_1, \omega_2, \cdots, \omega_m)^T \\
\mu &= (\mu_1, \mu_2, \cdots, \mu_s)^T
\end{aligned}
$$

线性规划（5-7）模型的对偶形式表示为：

$$
\theta^0 = \min\theta
$$

$$
s.t.\quad \sum_{j=1}^{n} \lambda_j x_j + s^- = \theta x_0
$$

$$\sum_{j=1}^{n} \lambda_j y_j - s^+ = y_0 \tag{5-8}$$

$\lambda_j \geqslant 0$，$s^- \geqslant 0$，$s^+ \geqslant 0$，$j=1$，2，…，n

式中：s^-，s^+ 为引入的松弛变量。

5.3.2 C²GS²模型

C²GS²模型是对技术有效性进行评价的模型，其建模方法与 C²R 模型类似。C²GS²模型的线性规划形式为：

$$\begin{aligned} & \text{Max } h_0' = \mu^T y_0 + \mu_0 \\ s.t. \quad & \omega^T x_j - \mu^T y_j - \mu_0 \geqslant 0 \qquad j = 1,2,\cdots,n \\ & \omega^T x_0 = 1 \\ & \omega \geqslant 0, \mu \geqslant 0 \end{aligned} \tag{5-9}$$

线性规划（5－9）的对偶规划形式表示为：

$$\begin{aligned} & \sigma^0 = \min\theta \\ s.t. \quad & \sum_{j=1}^{n} \lambda_j x_j + s^- = \sigma x_0 \\ & \sum_{j=1}^{n} \lambda_j y_j - s^+ = y_0 \\ & \sum_{j=1}^{n} \lambda_j = 1 \end{aligned} \tag{5-10}$$

$\lambda_j \geqslant 0$，$s^- \geqslant 0$，$s^+ \geqslant 0$，$j=1$，2，…，n

5.3.3 模型有效性说明

通过前文分析可知，对于 C²R 模型，被评价的决策单元 DEA 有效意味着“技术有效”与“规模有效”同时实现，根据前文关于共生效率概念及内涵的界定，此时，也即表示决策单元“协同成长有效”，其中“规模有效”表示决策单元“成长有效”；对于 C²GS²模型，被评价的决策单元 DEA 有效意味着“纯技术有效”，此时，也即表示决策单元“协同有效”。当决策单元“协同有效”“成长有效”“协同成长有效”共同实现时，表示其共生有效。当决策单元“协同成长非有效”时，可能是“技术非有效”或者“规模非有效”，或者“技术规模均非有效”，此时决策单元共生非有效。

一定程度上，系统的结构比例通过“协同有效”得以体现，“协同有效”表示决策单元达到了经济学意义上的最优生产要素组合。即生产某种规模产品所需的各种生产投入要素的比例构成达到最适配，体现了生产过程技术系数最优，即 C^2GS^2 模型判断的纯技术有效。根据生产函数理论，“协同有效”时，在生产前沿面上即使增加投入量，产出量也不会增加，这种状态反映了各决策单元在投入给定的情况下获取最大产出的能力。因此，本文做出如下定义：“纯技术有效”为评价单元“协同有效”“协同效率”是协同有效的衡量指标，当协同效率的值为 1 时，称为“协同有效”。

本文中“成长有效”指的是规模有效，此时决策单元的投入量在合适规模范围内，这个合适规模是指规模效益不变状态。决策单元如果处于规模效益递增状态，则其产出增加会大于其投入增加；决策单元如果处于规模效益递减状态，则其产出增加会小于其投入增加；如果决策单元处于规模效益不变状态，则其产出增加与投入增加比例相同。决策单元的“规模有效”指的就是其规模效益不变。因为系统的成长效率通过“规模有效”得以体现，因此，本文以“规模有效”来表征城市群物流共生系统各共生单元主体的“成长有效”，定义衡量成长有效的指标为“成长效率”，当成长效率为 1 时，即为“成长有效”。

“协同成长综合有效”为技术有效与规模有效的综合，反映评价单元在既定投入及既定规模情况下，获得最优产出能力，且投入与产出之间的规模比例关系最优，系统各类资源处于最优配置，即 C^2R 模型判断的 DEA 有效。定义“协同成长综合效率”为协同成长综合有效的衡量指标，当被评价的物流子系统的协同成长综合效率值等于 1 时，即为“协同成长有效”。

在此先以单输入、单输出来说明规模有效性问题。从图 5－5 可以看到，折线 PBAQ 所表示的是生产函数曲线。设 x 有增量 Δx，相应得到增量 Δy，令：

$$\gamma = \frac{\Delta y}{y} \Big/ \frac{\Delta x}{x} = \frac{\Delta y}{\Delta x} \Big/ \frac{y}{x}$$

当 $\gamma > 1$ 时，对应图 5－5 中的 MB 段，MB 段为规模效益递增；当 $\gamma = 1$ 时，对应图 5－5 中的 BA 段，BA 段为规模效益不变；当 $\gamma < 1$ 时，对应图 5－5 中的 AN 段，AN 段为规模效益递减。假定存在某一投入规

模 x_0，当投入 $x < x_0$ 时，均为规模效益递增状态；且当投入 $x > x_0$ 时，均为规模效益递减状态。此时所对应 DMU$(x_0, f(x_0))$ 为"规模有效"的。

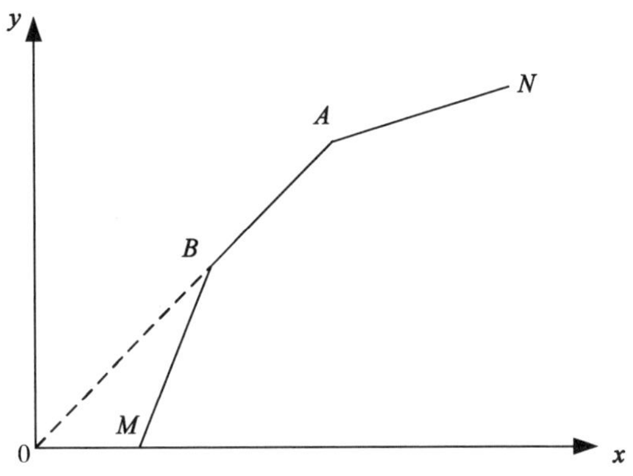

图 5－5　规模效益递增、不变、递减示意

为了判断决策单元的规模有效类型和程度，深入分析决策单元有效性类型之间的关系，引入以下模型：

$$\rho^0 = \min\rho$$

$$s.t.\quad \sum_{j=1}^{n} \lambda_j x_j + s^- = \rho x_0$$

$$\sum_{j=1}^{n} \lambda_j y_j - s^+ = y_0$$

$$\sum_{j=1}^{n} \lambda_j \leqslant 1 \tag{5-11}$$

$$\lambda_j \geqslant 0,\ s^- \geqslant 0,\ s^+ \geqslant 0,\ j = 1,\ 2,\ \cdots,\ n$$

利用式（5－8）、式（5－10）、式（5－11）这 3 个 DEA 模型共同构成的 DEA 有效生产前沿面来判别决策单元 DMU_0 的规模收益不变、递增或递减情况。定义指标如（5－12）所示：

$$s^0 = \frac{\theta^0}{\sigma^0} \tag{5-12}$$

则：

若 $s^0 = 1$，则评价单元为规模收益不变；

若 $s^0 < 1$，$\theta^0 = \rho^0$，则评价单元规模收益递增；

若 $s^0 < 1$ ，$\sigma^0 = \rho^0$ ，则评价单元规模收益递减。

DMU_0 在 C^2R 模型意义下的有效性为 θ^0 ，即技术有效且规模有效；在 C^2GS^2 模型意义下，DMU_0 的有效性为 σ^0 ，即单纯技术有效；此时可以得到 DMU_0 单纯的规模有效性，即为 s^0 ；如果 $\theta^0 = 1$ ，必然可以得到 $\sigma^0 = 1$ ，$s^0 = 1$ ，即说明在 C^2R 模型中，决策单元 DEA 有效不仅包括技术有效，同时还包括规模有效。

5.4　城市群物流共生系统演化共生效率的计算

5.4.1　子系统内共生效率的计算

对于城市群物流共生系统的各共生单元子系统，可以运用 DEA 评价模型，从协同有效、成长有效、协同成长综合有效 3 个方面对城市群物流共生系统各子系统内的共生演化效率进行动态评价。

据前文分析，“纯技术效率”在对城市群物流共生系统 DEA 评价时可以用来表示系统的“协同效率”，文中记为 X_i ，利用 C^2GS^2 模型计算可得；“技术有效”与“规模有效”表示系统的“协同成长效率”，文中记为 Z_i ，利用 C^2R 模型计算可得；“成长效率”用 C_i 来表示，则 $C_i = Z_i / X_i$ 。如果城市群物流共生系统或子系统共生演化的协同效率、成长效率、协同成长效率均为 1，则说明系统共生演化效果最好，此时称系统为共生有效。如果城市群物流共生系统决策单元的协同效率、成长效率、协同成长效率三者数值不能同时为 1，则系统决策单元为共生非有效。

以某一共生单元子系统的产出和投入组合作为式（5－6）中的分母参量和分子参量，那么该共生单元子系统 C^2R 模型下的“子系统内协同成长综合效率”可以通过该式计算得出。同样的道理，利用 C^2GS^2 模型计算出“子系统内协同效率”。在此基础上，利用式（5－12）可计算出“子系统内成长效率”。子系统内部各共生单元的演化共生效率由子系统内共生单元的协同有效性、成长有效性、协同成长综合有效性共同反映。

5.4.2 子系统间共生效率的计算

除了评价城市群物流共生系统中各子系统内部共生效率之外，还需要评价各子系统之间共生效率。城市群物流共生系统各子系统是互为输入输出的复杂适应系统，它们之间存在多方位的相互影响，通常从微观角度难以精确表述其内在的复杂相互作用关系，即两者之间的关系难以用确定的函数解析式表达。城市群物流共生系统共生效率的评价，就是要评价子系统之间相互支持和利用的有效性，各子系统的这种相互关系可以看作一种投入产出作用。所以，以各子系统的投入产出为依据，可以进行两个子系统之间的共生效率评价、3 个子系统之间的共生效率评价，以及共生系统整体的共生效率评价。

根据 DEA 理论，将两个子系统的投入产出数据进行联合，以交叉输入输出进行系统之间的 DEA 评价是合理可行的，因此，DEA 模型可适用子系统之间的共生效率评价。如果 C^2R 模型中对于分式规划式（5－6)，以某一子系统的产出组合比上另一子系统（或多个子系统）的投入组合，则该子系统相对另一子系统（或多个子系统）的“协同成长效率”可以通过 C^2R 评价模型计算得到。同理，利用 C^2GS^2 模型可以计算得到子系统之间的“协同效率”，以计算得到的“协同成长效率”和“协同效率”，利用式（5－12）可以得到子系统之间的“成长效率”。

以 A、B、C 分别代表城市群物流共生系统中 3 个构成子系统，则子系统之间协同效率、成长效率和协同成长效率的计算方法如下。

（1）子系统 A 对子系统 B 的协同效率、成长效率和协同成长效率

根据 DEA 模型理论，共生系统中的子系统 A 和子系统 B 之间存在投入产出的相互作用，假定现以子系统 B 的产出组合作为 C^2R 模型分式规划（5－6）中的分子项，以子系统 A 的投入组合作为 C^2R 模型分式规划（5－6）中的分母项，则 $Z_e(A/B) = \theta_e^0(A/B)$ 是子系统 A 相对于子系统 B 的协同成长综合效率，建立其数学模型如（5－13）所示：

$$\text{Max}\, h_e(A/B) = \frac{u^T y_B}{v^T x_A}$$

$$s.t. \quad \frac{u^T y_B}{v^T x_A} \leqslant 1 \quad j = 1,2,\cdots,n \tag{5-13}$$

$$u \geqslant 0; v \geqslant 0;$$

数学模型（5-13）的线性规划模型的对偶形式为：

$$\theta_e^0(A/B) = \min \theta_e(A/B)$$

$$s.t. \quad \sum_{j=1}^{n} \lambda_{A/Bj} x_{Aj} + s^- = \theta_e(A/B) x_{A0}$$

$$\sum_{j=1}^{n} \lambda_{A/Bj} y_{Bj} - s^+ = y_{B0} \tag{5-14}$$

$\lambda_{A/Bj} \geqslant 0$，$s^- \geqslant 0$，$s^+ \geqslant 0$，$j=1, 2, \cdots, n$

对于 C^2GS^2 模型，同样假定以子系统 B 的产出组合作为 C^2GS^2 模型分式规划（5-9）中的分子项，以子系统 A 的投入组合作为 C^2GS^2 模型分式规划（5-9）中的分母项，则子系统 A 对子系统 B 的协同效率为 $X_e(A/B) = \sigma_e^0(A/B)$，建立其数学模型如（5-15）所示：

$$\sigma_e^0(A/B) = \min \sigma_e(A/B)$$

$$s.t. \quad \sum_{j=1}^{n} \lambda_{A/Bj} x_{Aj} + s^- = \sigma_e(A/B) x_{A0}$$

$$\sum_{j=1}^{n} \lambda_{A/Bj} y_{Bj} - s^+ = y_{B0}$$

$$\sum_{j=1}^{n} \lambda_{A/Bj} = 1 \tag{5-15}$$

$\lambda_{A/Bj} \geqslant 0$，$s^- \geqslant 0$，$s^+ \geqslant 0$，$j=1, 2, \cdots, n$

则，子系统A对子系统B的成长效率为：

$$C_e(A/B) = \frac{Z_e(A/B)}{X_e(A/B)} = \frac{\theta_e^0(A/B)}{\sigma_e^0(A/B)} \tag{5-16}$$

如果 $X_e(A/B) = C_e(A/B) = Z_e(A/B) = 1$，则子系统 A 对子系统 B 同时达到协同有效、成长有效和协同成长综合有效，此时子系统 A 对子系统 B 为共生有效，即子系统 B 的产出相比于子系统 A 的投入其效率达到了最优，从而子系统 A 对子系统 B 的共生效率相对最优。若 $0 \leqslant X_e(A/B) \leqslant 1$，$X_e(A/B)$ 越趋近于1，表明 A 系统对 B 系统协同效率越好；若 $0 \leqslant C_e(A/B) \leqslant 1$，$C_e(A/B)$ 越趋近于1，表明 A 系统对 B 系统成长效率越好。

如果将 C^2R 模型与 C^2GS^2 模型分式规划中，假定以子系统 A 的产出组合作为分式规划的分子项，以子系统 B 的投入组合作为分式规划中的分母项，根据同样的处理方式，可以得出子系统 B 相对于子系统 A 的协同效率 $X_e(B/A)$ 、子系统 B 相对于子系统 A 的成长效率 $C_e(B/A)$ ，以及子系统 B 相对于子系统 A 的协同成长综合效率 $Z_e(B/A)$ 。另外，如果在 C^2R 模型与 C^2GS^2 模型分式规划中，假定以子系统 B 和子系统 C 的共同产出组合作为分式规划的分子项，以子系统 A 的投入组合作为分式规划中的分母项，同理可以得到子系统 A 对子系统 B 和子系统 C 的协同效率 $X_e(A/B,C)$ 、成长效率 $C_e(A/B,C)$ 和协同成长综合效率 $Z_e(A/B,C)$ 。

（2）两个子系统之间的协同效率、成长效率和协同成长效率

参考其他学者关于多个子系统之间的协同效率评价研究，发现其中在利用DEA模型计算两个子系统之间的相关综合效率时，计算模型存在问题。例如，某学者相关研究中，两系统之间的技术有效与规模有效的综合效率及纯技术效率采用的计算模型是：

$$Z_e(A,B) = \min\{Z_e(A/B),Z_e(B/A)\}/\max\{Z_e(A/B),Z_e(B/A)\}$$

$$X_e(A,B) = \min\{X_e(A/B),X_e(B/A)\}/\max\{X_e(A/B),X_e(B/A)\}$$

该计算模型存在的问题是：因为纯技术效率 $X_e(A,B)$ 的数值小于或等于1，规模效率 $C_e(A,B)$ 的数值同样也小于或等于1，那么对于综合效率 $Z_e(A,B)$ ，其是技术有效与规模有效的综合，其值应小于或等于1，且其值应小于或等于纯技术效率 $X_e(A,B)$ 的数值。但是针对以上计算模型，综合效率 $Z_e(A,B)$ 的数值可能会大于纯技术效率 $X_e(A,B)$ 的数值。经过验证，该问题确实存在，说明以上用于计算两个系统之间综合效率以及纯技术效率的数学模型是不合理的。因此，本文经过研究，对两个系统之间综合效率、纯技术效率的计算模型进行改进。

现以子系统 A 与子系统 B 为例，根据 DEA 评价理论，利用改进的DEA模型，对两个子系统之间的协同效率、成长效率和协同成长效率计算如下。

①协同效率：

$$X_e(A,B) = \sqrt{X_e(A/B) \times X_e(B/A)} \tag{5-17}$$

②协同成长效率：

$$Z_e(A,B) = \sqrt{Z_e(A/B) \times Z_e(B/A)} \tag{5-18}$$

③成长效率：

$$C_e(A,B) = Z_e(A,B)/X_e(A,B) \tag{5-19}$$

（3）系统整体的协同效率、成长效率和协同成长效率

①协同效率：

$$X_e(A,B,C) = \frac{X_e(A/B,C) \times X_e(B,C) + X_e(B/A,C) \times X_e(A,C) + X_e(C/A,B) \times X_e(A,B)}{X_e(B,C) + X_e(A,C) + X_e(A,B)} \tag{5-20}$$

②协同成长效率：

$$Z_e(A,B,C) = \frac{Z_e(A/B,C) \times Z_e(B,C) + Z_e(B/A,C) \times Z_e(A,C) + Z_e(C/A,B) \times Z_e(A,B)}{Z_e(B,C) + Z_e(A,C) + Z_e(A,B)} \tag{5-21}$$

③成长效率：

$$C_e(A,B,C) = Z_e(A,B,C)/X_e(A,B,C) \tag{5-22}$$

同理，可推出系统存在 k 个子系统时的一般情况。k 个子系统间的协同效率、成长效率、协同成长综合效率计算公式如下。

①协同效率：

$$X_e(1,2,\cdots,k) = \frac{\sum_{i=1}^{k} X_e(i/\bar{i}_{k-1}) \times X_{ek-1}(\bar{i}_{k-1})}{\sum_{i=1}^{k} X_{ek-1}(\bar{i}_{k-1})} \tag{5-23}$$

②协同成长综合效率：

$$Z_e(1,2,\cdots,k) = \frac{\sum_{i=1}^{k} Z_e(i/\bar{i}_{k-1}) \times Z_{ek-1}(\bar{i}_{k-1})}{\sum_{i=1}^{k} Z_{ek-1}(\bar{i}_{k-1})} \tag{5-24}$$

③成长效率：

$$C_e(1,2,\cdots,k) = Z_e(1,2,\cdots,k)/X_e(1,2,\cdots,k) \tag{5-25}$$

式（5－23）、式（5－24）中，k 表示子系统的数量，$\bar{i}_{k-1}$ 表示不考虑第 i 个子系统的其他任意 $k-1$ 个子系统集合，$X_{ek-1}(\bar{i}_{k-1})$ 表示 $k-1$ 个子系统间的协同效率，$X_e(i/\bar{i}_{k-1})$ 表示第 i 个子系统对其他任意 $k-1$ 个子系统的协同效率。$Z_{ek-1}(\bar{i}_{k-1})$ 表示 $k-1$ 个子系统间的协同成长综合效率，$Z_e(i/\bar{i}_{k-1})$ 为第 i 个子系统对其他任意 $k-1$ 个子系统的协同成长综合效率。

5.5 投入产出指标的选取

5.5.1 指标设置的原则

投入产出指标体系的建立在 DEA 方法评价中是一项非常重要的工作，它对评价结果有着直接而重要的影响。用 DEA 数学模型进行评价时，选择的投入产出指标要求要能够全面地反映被评价单元的特性以及系统评价目标。同时，由于评价过程中，需要大量投入产出数据作为支撑，因此，选择投入产出指标时，还应考虑指标数据是否完整，是否容易搜集。从更严谨的角度，还应对指标之间的相关性进行分析，以选择合适合理的评价指标。对于城市群物流共生系统共生演化效果的评价，由于城市群物流共生系统中包含了物流供给主体子系统、需求主体子系统，以及支持主体子系统，因此，系统评价的指标将会涵括到城市群的物流产业、一二三产业，以及政府、教育科研、城市建设及社会保障等诸多方面。因为对于城市群这样特定的研究对象，很多数据来自于地方城市，所以需求子系统、支持子系统中的有些指标数据并不能完全反映城市群物流方面的特征，希望在后期的研究中，此方面的工作能做得更加严谨。

本文城市群物流共生系统共生演化效果评价指标选择原则现归纳如下。

（1）完整性

城市群物流共生系统作为一个多主体、多层级的复杂适应系统，其共生效率的评价指标要求完整全面，能够反映每个子系统及子系统内各共生单元的特征及功能。

（2）可操作性

城市群物流共生系统共生效率的评价指标同样要求容易进行搜集，尽量使用国家或地方官方公布的统计资料数据。如果有些数据实在无法获取，则通过年均增长率等方式进行估算获得。

（3）相关性

因为本文评价的目的是要评价城市群物流共生系统共生演化的效

果，即各子系统内部、子系统之间及系统整体的共生效率，因此，选择的评价指标要求能够反映各系统内部及各系统之间的投入产出关系，指标应是科学有效的。

（4）时序稳定性

因为本文对于城市群物流共生系统共生演化进行评价，评价的指标数据涉及多个年份，因此，选取的评价指标在被评价的时间阶段要求稳定，各指标统计口径保持一致。

5.5.2　投入产出指标集的确定

城市群物流共生系统由城市群物流供给主体子系统、需求主体子系统和支持主体子系统耦合演化形成，子系统内部及子系统之间的协同效率、成长效率及协同成长综合效率就代表了城市群物流共生系统的共生效率。因此，对城市群物流共生系统演化的共生效率评价，首先需要确定各个子系统的投入、产出指标集，然后根据 DEA 评价中的 C^2R 模型及 C^2GS^2 模型有关公式，计算出各子系统的协同效率、成长效率及协同成长效率，从而城市群物流共生系统整体的协同效率、成长效率及协同成长效率可以计算得出。

以城市群物流共生系统子系统类别作为划分依据，系统共生效率评价的投入产出指标集包括城市群物流供给主体子系统指标子集、城市群物流需求主体子系统指标子集，以及城市群物流支持主体子系统指标子集。根据 DEA 评价模型原理，各个子系统评价指标子集由系统投入指标集和产出指标集构成。各子系统投入产出指标集具体构成如下。

（1）城市群物流供给主体子系统指标子集

投入指标：交通运输、仓储和邮政业基本建设（固定资产）投资；公路、铁路及内河航道里程；A 级物流企业数量。

产出指标：交通运输、仓储和邮政业产业增加值；全社会货运量；全社会货物周转量。

其中，交通运输、仓储和邮政业基本建设（固定资产）投资体现了城市群物流共生系统影响因素中的共生单元主体能力因素的物流供给主体资产投入影响，公路、铁路及内河航道里程、A 级物流企业数量体现了系统中物流供给主体共生单元的供给能力。

（2）城市群物流需求主体子系统指标子集

投入指标：第一产业基本建设（固定资产）投资；第二产业基本建设（固定资产）投资；第三产业基本建设（固定资产）投资。

产出指标：第一产业增加值；第二产业增加值；第三产业增加值；社会消费品零售总额；外贸进出口总额；城镇居民人均全年消费性支出；农村居民人均全年消费性支出。

其中，第一产业基本建设（固定资产）投资、第二产业基本建设（固定资产）投资、第三产业基本建设（固定资产）投资体现了城市群物流共生系统影响因素中对于物流需求主体能力的资产投入影响；第一产业增加值、第二产业增加值、第三产业增加值体现了系统演化影响因素中共生界面的产业结构因素影响；社会消费品零售总额、外贸进出口总额、城镇居民人均全年消费性支出、农村居民人均全年消费性支出体现了系统演化影响因素中的市场需求影响，反映了物流需求主体能力。

（3）城市群物流支持主体子系统指标子集

投入指标：社会公共业基本建设（固定资产）投资，包括环境、水利和公共设施管理业、卫生和社会保障与福利业；教育业基本建设（固定资产）投资；科研和技术服务业基本建设（固定资产）投资；信息传输、计算机服务和软件业（固定资产）投资；地方财政支出。

产出指标：人均拥有城市道路面积（反映社会公共业水平的指标）；高等学校在校学生数；高新技术产业增加值；互联网用户（反映信息化水平的指标）；城镇在岗职工年平均工资。

其中，社会公共业基本建设（固定资产）投资、教育业基本建设（固定资产）投资、科研和技术服务业基本建设（固定资产）投资、信息传输、计算机服务和软件业（固定资产）投资、地方财政支出等一方面反映了城市群物流共生系统中对于支持主体能力的资产投入影响，另一方面也体现了对于系统共生环境中的政策环境、技术环境、市场环境的影响。人均拥有城市道路面积、互联网用户、高等学校在校学生数、高新技术产业增加值等体现了城市群物流共生系统中支持主体的支持能力。

城市群物流共生系统各子系统投入产出指标子集分别如表 5－1、表 5－2、表 5－3 所示。

表 5-1　城市群物流供给主体子系统投入产出指标子集

	投入指标	产出指标
城市群物流供给主体子系统	交通运输、仓储和邮政业基本建设（固定资产）投资	交通运输、仓储和邮政业产业增加值
	公路、铁路及内河航道里程	全社会货运量
	A 级物流企业数量	全社会货物周转量

表 5-2　城市群物流需求主体子系统投入产出指标子集

	城市群物流需求主体子系统
投入指标	第一产业基本建设（固定资产）投资
	第二产业基本建设（固定资产）投资
	第三产业基本建设（固定资产）投资
产出指标	第一产业增加值
	第二产业增加值
	第三产业增加值
	社会消费品零售总额
	外贸进出口总额
	城镇居民人均全年消费性支出
	农村居民人均全年消费性支出

表 5-3　城市群物流支持主体子系统投入产出指标子集

	投入指标	产出指标
城市群物流支持主体子系统	社会公共业基本建设（固定资产）投资	人均拥有城市道路面积
	教育业基本建设（固定资产）投资	高等学校在校学生数
	科研和技术服务业基本建设（固定资产）投资	高新技术产业增加值
	信息传输、计算机服务和软件业（固定资产）投资	互联网用户数
	地方财政支出	城镇在岗职工年平均工资

5.6　共生能量内涵界定

前文已有论述，共生能量生成是共生系统的本质特征，即系统在共生过程中产生新能量。共生能量主要有两种主要表现形式，一是个体或组织因共生关系其生存和繁殖能力大幅提高，二是各共生单元因共生关系提高了社会经济效益。共生能量通过共生界面使共生单元产生物质成果，是共生系统生存能力和繁殖能力的体现。共生系统共生能量的变化将对系统的进化方向及路径产生决定性影响。

城市群物流共生系统的核心是城市群物流系统。因此，以城市群物流产业所获取的经济社会效益来表征城市群物流共生系统的共生能量。

5.7 基于 Malmquist 全要素生产率指数的共生能量生成水平评价

5.7.1 Malmquist 全要素生产率指数评价方法

依据共生系统共生能量生成原理，共生系统能量的增殖不是各共生单元能量的简单叠加，而是共生单元间产生的具有系统特征的共生效应。改进共生系统的共生单元和共生界面对于共生系统共生能量的生成非常重要。全要素共生度表征共生系统共生单元之间的共生关系，其很大程度上影响共生能量的生成。因此，本文选择 Malmquist 全要素生产率指数来计算评价城市群物流共生系统的共生能量生成水平。

瑞典经济学家 Malmquist（1953）在其消费分析研究中第一次提出了 Malmquist 数量指数，其后，Caves（1982）利用 Malmquist 研究的成果，将 Malmquist 数量指数与 Shepherd 距离函数结合，构建了专门用于测算全要素生产率变化的 Malmquist 生产率指数。Fare（1994）首次将 Malmquist 生产率指数与 DEA 方法相结合。基于规模报酬可变的前提，Fare 将全要素生产率增长分解为技术进步变化、纯技术效率变化和规模效率变化。因此，后期关于全要素生产率的研究中，研究者们均将全要素生产率的增长分为技术效率变化和技术进步两个方面。其中，在规模报酬可变的前提下，技术效率变化可以分解为纯技术效率变化和规模效率变化两部分。对于技术进步，反映的是生产者对于技术知识的创新及应用推广；对于技术效率中的纯技术效率变化，反映的是生产者由于管理水平的提高或管理决策的正确性所带来的生产效率的提升，另外，也反映了各种资源要素配置的优化提升；对于技术效率中的规模效率，反映的是由于经济集聚引起生产规模的扩大，因出现的规模经济引起生产效率的提升[139,140]。对全要素生产率的各个构成指数进行具体详细的分析，才能了解系统生产效率的变化情况及其变化的根源。在后期的相关研究中，Malmquist 全要素生产率指数方法获得了广泛的应用。

Malmquist 全要素生产率指数是在 shepherd（1953）距离函数（Distance Function）的基础上进行定义的。现假定有 n 个决策单元，各决策单元在 t 时期内使用 m 类输入，获得 s 类输出，投入向量 $x^t \in R_+^N$，产出向量 $y^t \in R_+^N$，t 期的生产可能集为 F^t，$F^t = \{(x^t, y^t)\}$。根据 shepherd 的距离函数定义，t 期投入导向的距离函数为：

$$D_i^t(x^t, y^t) = \inf\{\theta: (x^t, y^t/\theta) \in F^t\} \tag{5-26}$$

式（5－26）中，$\theta < 1$ 表示生产位于生产前沿面内，$\theta = 1$ 表示生产位于生产前沿面上。以距离函数为计算基础，t 期技术条件参照下及t＋1期技术条件参照下的 Malmquist 全要素生产率指数分别为：

$$M_i^t = \frac{D_i^t(x^{t+1}, y^{t+1})}{D_i^t(x^t, y^t)},\ M_i^{t+1} = \frac{D_i^{t+1}(x^{t+1}, y^{t+1})}{D_i^{t+1}(x^t, y^t)} \tag{5-27}$$

因为基于不同时期参照技术条件定义的 Malmquist 全要素生产率指数在经济含义上是对称的，依据 Fisher 理想指数的相关理论，Fare 运用 t 期和 $t+1$ 期两时期的全要素生产率指数的几何平均值来计算平均 Malmquist 全要素生产率指数：

$$M(x^t, y^t, x^{t+1}, y^{t+1}) = \left[\frac{D_i^t(x^{t+1}, y^{t+1})}{D_i^t(x^t, y^t)} \times \frac{D_i^{t+1}(x^{t+1}, y^{t+1})}{D_i^{t+1}(x^t, y^t)}\right]^{\frac{1}{2}} \tag{5-28}$$

如果假定规模报酬不变（CRS），根据 Cavesetal（1982）和 Fare（1994）的理论方法，以投入为导向（input-oriented）的 Malmquist 全要素生产率指数计算模型为：

$$\begin{aligned} M^k(x^{k,t}, y^{k,t}, x^{k,t+1}, y^{k,t+1}) &= \\ \frac{D_c^{k,t+1}(x^{k,t+1}, y^{k,t+1})}{D_c^{k,t}(x^{k,t}, y^{k,t})} &\times \left[\frac{D_c^{k,t}(x^{k,t+1}, y^{k,t+1})}{D_c^{k,t+1}(x^{k,t+1}, y^{k,t+1})} \times \frac{D_c^{k,t}(x^{k,t}, y^{k,t})}{D_c^{k,t+1}(x^{k,t}, y^{k,t})}\right]^{\frac{1}{2}} \\ &= EFFCH^k \times TECH^k \end{aligned} \tag{5-29}$$

式（5－29）中，

$M^k(x^{k,t},y^{k,t},x^{k,t+1},y^{k,t+1})$——第 k 个决策单元 t 期到 $t+1$ 期投入导向（input - oriented）的 Malmquist 全要素生产率指数；

$D_c^{k,t}(x^{k,t},y^{k,t})$——以 t 期技术为参照，第 k 个决策单元 t 期投入的距离函数；

$D_c^{k,t}(x^{k,t+1},y^{k,t+1})$——以 t 期技术为参照，第 k 个决策单元 $t+1$ 期投入的距离函数；

$D_c^{k,t+1}(x^{k,t},y^{k,t})$——以 $t+1$ 期技术为参照，第 k 个决策单元 t 期投入的距离函数；

$D_c^{k,t+1}(x^{k,t+1},y^{k,t+1})$——以 $t+1$ 期技术为参照，第 k 个决策单元 $t+1$ 期投入的距离函数；

$EFFCH^k$——技术效率变化指数，即一定技术水平、技术利用的效率变化对全要素生产率变化的影响，可理解为两个时期内的追赶效应（catching - up effect）；

$TECH^k$——技术进步指数，表示技术水平变化使生产前沿面移动对全要素生产率变化的影响，可理解为生产前沿面的外移效应（frontier - shift effect）。

如果规模报酬可变（VRS），可将技术效率的变化进一步细分为两个方面——纯技术效率变化与规模效率变化。则此时全要素生产率指数的计算模型为：

$$\begin{aligned}
&M^k(x^{k,t},y^{k,t},x^{k,t+1},y^{k,t+1}) \\
&= \frac{D_v^{k,t+1}(x^{k,t+1},y^{k,t+1})}{D_v^{k,t}(x^{k,t},y^{k,t})} \times \\
&\frac{D_v^{k,t}(x^{k,t},y^{k,t})/D_c^{k,t}(x^{k,t},y^{k,t})}{D_v^{k,t+1}(x^{k,t+1},y^{k,t+1})/D_c^{k,t+1}(x^{k,t+1},y^{k,t+1})} \times \\
&\left[\frac{D_c^{k,t}(x^{k,t+1},y^{k,t+1})}{D_c^{k,t+1}(x^{k,t+1},y^{k,t+1})} \times \frac{D_c^{k,t}(x^{k,t},y^{k,t})}{D_c^{k,t+1}(x^{k,t},y^{k,t})}\right]^{\frac{1}{2}} \\
&= PECH^k \times SECH^k \times TECH^K
\end{aligned} \tag{5-30}$$

式（5 - 30）中，

$$PECH^k = \frac{D_v^{k,t+1}(x^{k,t+1},y^{k,t+1})}{D_v^{k,t}(x^{k,t},y^{k,t})} \tag{5-31}$$

$$SECH^k = \frac{D_v^{k,t}(x^{k,t}, y^{k,t}) / D_c^{k,t}(x^{k,t}, y^{k,t})}{D_v^{k,t+1}(x^{k,t+1}, y^{k,t+1}) / D_c^{k,t+1}(x^{k,t+1}, y^{k,t+1})} \tag{5-32}$$

$$TECH^K = \left[\frac{D_c^{k,t}(x^{k,t+1}, y^{k,t+1})}{D_c^{k,t+1}(x^{k,t+1}, y^{k,t+1})} \times \frac{D_c^{k,t}(x^{k,t}, y^{k,t})}{D_c^{k,t+1}(x^{k,t}, y^{k,t})}\right]^{\frac{1}{2}} \tag{5-33}$$

式（5－30）中，$D_c(x,y)$ 与 $D_v(x,y)$ 分别表示规模报酬不变和规模报酬可变情况下的距离函数，距离函数意义同前。$PECH^k$ 为规模报酬可变时，纯技术效率的变化指数，$SECH^k$ 为规模报酬可变时，规模效率的变化指数。$TECH^K$ 的含义同前。

Malmquist 全要素生产率指数衡量的是全要素生产率从 t 期到 $t+1$ 期整个过程的动态变化指数，相关结论如下。

① $M^k(x^{k,t}, y^{k,t}, x^{k,t+1}, y^{k,t+1}) > 1$ 时，从 t 期到 $t+1$ 期整个过程全要素生产率呈上升趋势，效率有所提高。

② $M^k(x^{k,t}, y^{k,t}, x^{k,t+1}, y^{k,t+1}) = 1$ 时，从 t 期到 $t+1$ 期整个过程全要素生产率不变，效率也不变。

③ $M^k(x^{k,t}, y^{k,t}, x^{k,t+1}, y^{k,t+1}) < 1$ 时，从 t 期到 $t+1$ 期整个过程全要素生产率呈下降趋势，效率有所降低。

技术效率变化指数 $EFFCH^k$ 表示从 t 期到 $t+1$ 期决策单元相对于生产前沿的追赶程度，反映了决策单元技术效率变动程度。实际生产活动中，该指标体现了评价单元的管理水平因素的影响。

①当 $EFFCH^k > 1$ 时，表示技术效率提高，反映评价单元管理水平改善。

②当 $EFFCH^k = 1$ 时，表示技术效率不变，反映评价单元管理水平保持。

③当 $EFFCH^k < 1$ 时，表示技术效率降低，反映评价单元管理水平恶化。

技术进步指数 $TECH^k$ 表示从 t 期到 $t+1$ 期评价单元生产前沿面的移动，反映了生产技术进步或创新的程度。

当 $TECH^k > 1$ 时，表示生产边界外移，反映评价单元技术进步。

当 $TECH^k = 1$ 时，表示生产边界不变，反映评价单元技术保持。

当 $TECH^k < 1$ 时，表示生产边界内移，反映评价单元技术退步。

对于 DEA 无法处理面板数据的不足，Malmquist 全要素生产率指数作为一种分析全要素生产率动态变化的生产率指数完全能够弥补。因为 Malmquist 全要素生产率指数模型与 DEA 模型同为非参数数学模型，两者可以进行更好的结合。因此，在前文 DEA 模型分析的基础上，本文在此结合 Malmquist 全要素生产率指数模型研究分析城市群物流共生系统共生能量生成水平变化情况。

5.7.2 Malmquist 全要素生产率指数影响因素变量选择

前文已经提及，对于城市群物流共生系统，其核心主体是城市群物流系统。因此，本文以城市群物流产业所获取的经济社会效益来表征城市群物流共生系统的共生能量。据前文分析的城市群物流共生系统演化影响因素 EIA 概念模型，影响城市群物流产业经济社会效益的因素主要包括共生单元主体能力因素、共生界面因素及共生环境约束因素，下面将从这三方面影响因素来选择 Malmquist 全要素生产率指数计算所需的投入变量和产出变量。

5.7.2.1 投入变量选择

（1）反映城市群物流共生系统共生单元主体能力的影响因素变量

①城市群交通基础设施。城市群交通基础设施是城市群物流供给主体完成物流任务，创造主体价值的重要载体，所以其对城市群物流共生系统的共生能量生成具有重要影响。因为目前我国物流作业任务大部分是利用公路运输来完成的，因此，选取城市群公路里程作为衡量城市群物流共生系统共生单元主体能力的变量指标。

②城市群 A 级物流企业数量。城市群物流企业是城市群物流共生系统中物流生产任务的实施者，物流企业的数量在某种程度上也体现了物流供给主体的主体能力。因为 A 级物流企业更能反映物流企业的管理运作水平，所以本文以城市群 A 级物流企业数量作为衡量物流共生单元主体能力的另一重要变量指标。

（2）反映城市群物流共生系统共生界面的影响因素变量

①城市群产业结构。城市群物流共生系统中的物流需求数量、物流需求结构、物流需求规模、物流需求层次等极大程度上由城市群一二三产业的构成情况所决定。因为第二、第三产业代表了产业结构发展的趋

向，因此，本文以第二、第三产业增加值占地区生产总值的比例来反映城市群产业结构的不同。

②城市群信息化水平。随着信息技术的快速发展，物流产业也在随之进行经营理念、运作方式与流程的改革创新。物流产业的相关改革创新会促进物流共生系统管理水平和运作效率的提高，因此，城市群物流共生系统共生单元之间交流的共生界面得以改善。本文以城市群互联网用户数作为反映城市群信息化水平的变量指标。

（3）反映城市群物流共生系统共生环境的影响因素变量

①城市群政府支持。在城市群物流共生系统的共生演化过程，政府除了会提供相应的政策支持以及制度保障外，同时还有对于城市群物流支持主体的财政支出。政府财政支出可以为城市群物流共生系统营造更好的社会环境。为衡量城市群政府对城市群物流产业的支持力度，本文使用城市群地方财政支出指标进行计算分析。

②城市群物流市场需求。城市群物流共生系统共生演化过程会受到市场需求的影响，这些市场需求影响包括需求规模、需求结构和需求稳定性等方面的变化。这些变化会导致城市群物流共生系统演化方向和路径的差异。本文以城市群社会消费品零售总额指标来反映城市群物流需求状况。

③城市群技术进步。城市群物流共生系统中，在目前技术水平线，现实的物流需求可以获得满足。但是对于潜在的物流需求，需要物流相关技术的进步进行激发，才能转变为现实需求。因此，技术进步同样能够改变城市群的物流需求状况。同时，技术的进步也会产生知识外溢效应，推动城市群物流产业技术的发展，进而促进物流产业运作效率的提高。本文以城市群高新技术产业增加值作为反映技术进步的指标。

5.7.2.2　产出变量选择

因为本文以城市群物流产业所获取的经济社会效益来表征城市群物流共生系统的共生能量，因此，这里采用城市群交通运输、仓储和邮政业生产增加值来作为衡量城市群物流共生系统的共生能量产出水平的指标。同时，因为货运周转量能够体现物流产业的实现价值，反映物流产业对物流需求的实现程度，因此，本文还采用货运周转量来作为另一个反映城市群物流共生系统共生能量产出水平的指标。

根据上文分析，现将各影响因素变量及其指标列表说明，具体见表5－4。

表5－4　城市群物流共生系统全要素生产率影响因素变量及指标

影响因素	解释变量	代码	指标
共生单元主体能力因素	城市群交通基础设施	HM	公路里程数
	城市群A级物流企业数量	LE	A级物流企业数量
共生界面因素	城市群产业结构	INS	二三产业增加值/地区总产值
	城市群信息化水平	INF	互联网用户数
共生环境因素	城市群政府支持	GOV	地方财政支出
	城市群物流市场需求	MAR	社会消费品零售总额
	城市群技术进步	TP	高新技术产业增加值

5.7.3　Malmquist全要素生产率影响因素分析Tobit模型

为了进一步探究城市群物流共生系统全要素生产率的影响因素、影响方向及程度，在运用Malmquist全要素生产率指数法计算出城市群物流共生系统的全要素生产率指数的基础上，以共生系统全要素生产率指数为被解释变量，各影响因素为解释变量构造线性回归方程，并通过解释变量与被解释变量之间的相关系数判断各影响因素对全要素生产率指数效率值的作用方向及程度。但是，由于Malmquist全要素生产率指数效率值通常大于0，使用普通最小二乘法进行回归分析，参数估计值可能出现偏向0的情形，因此，本文将采用被解释变量受限制的Tobit回归分析模型。Tobit回归分析模型的标准表达形式如下所示：

$$Y_i^* = \beta_0 + \beta_i^T X_i + \varepsilon_i \tag{5-34}$$

式（5－34）中，$i = 1,2,3,\cdots n$，$\varepsilon_i \in N(0,\sigma^2)$。

$$Y_i = \begin{cases} Y_i^* = \beta_0 + \beta_i^T X_i + \varepsilon_i, & Y_i^* > 0 \\ 0, & Y_i^* \leqslant 0 \end{cases} \tag{5-35}$$

根据前文分析结果，现构建城市群物流共生系统Malmquist全要素生产率指数影响因素Tobit回归分析模型，具体如下所示。

$$M_t = \beta_0 + \beta_1 HM_t + \beta_2 LE_t + \beta_3 INS_t + \beta_4 INF_t +$$

$$\beta_5 GOV_t + \beta_6 MAR_t + \beta_7 TP_t + \varepsilon_t \qquad (5-36)$$

式（5－36）中，M_t 为回归模型中的被解释变量，即前文所计算的 Malmquist 全要素生产率指数，β_0 为截距项，$\beta_1 \sim \beta_7$ 为自变量回归系数，ε_t 为误差项。HM_t 表示解释变量公路里程，LE_t 表示解释变量 A 级物流企业数量，INS_t 表示解释变量产业结构，INF_t 表示解释变量信息化水平，GOV_t 表示解释变量政府支持，MAR_t 表示解释变量市场需求，TP_t 表示解释变量技术进步。

5.8　本章小结

本章首先提出了城市群物流共生系统演化共生效率的概念并界定其内涵，城市群物流共生系统演化的共生效率应包含共生单元的协同效率、共生单元成长效率、共生单元及系统的协同成长综合效率，同时阐述了系统共生效率的评价内容。其次，本章通过比较分析，确定了数据包络分析（DEA）方法作为城市群物流共生系统共生效率的评价模型，主要用到的是 C^2R 模型和 C^2GS^2 模型。接下来，本章同时也给出了城市群物流共生系统演化的协同效率、成长效率、协同成长综合效率的计算方法。然后，阐述了各个子系统内和子系统间，以及整个城市群物流共生系统共生效率的评价计算方法，其中，对于子系统间协同效率、协同成长效率的计算方法，基于之前学者相关研究中计算方法的缺陷，本章作了合理改进。根据城市群物流共生系统演化的影响因素及共生效率计算模型，本章确定了各子系统的投入产出指标集。

同时，本章进行了城市群物流共生系统共生能量生成水平的评价分析。首先界定了城市群物流共生系统共生能量的内涵是城市群物流系统的经济社会效益。其次，运用 Malmquist 全要素生产率指数法对城市群物流共生系统的共生能量生成水平进行计算分析。计算过程中，从影响因素角度出发，确定了城市群物流共生系统全要素生产率指数计算所需要的投入变量及产出变量。最后，本章建立了城市群物流共生系统全要素生产率影响因素的 Tobit 回归分析模型，以期进一步探究城市群物流共生系统全要素生产率的影响因素的作用方向及程度。

第 6 章　实证——长江中游城市群物流共生系统共生效果研究

基于长江经济带及长江中游城市群等国家发展战略，本章选取长江中游城市群作为实证研究对象。本章首先对长江中游城市群范围进行了界定说明，接下来，本文运用前面章节阐述的理论模型，对长江中游城市群物流共生系统的共生效率及共生能量生成水平进行了计算评价。基于系统共生效率及共生能量生成水平的计算结果，结合前文城市群物流共生系统演化过程及演化共生模型分析的相关结论，对长江中游城市群物流共生系统目前所处的演化阶段及共生单元共生模式进行了分析判断。同时运用 Tobit 回归分析方法具体分析了城市群物流共生系统共生效果影响因素的作用方向及程度，验证了论文第 4 章所阐述的系统演化主要影响因素。最后，根据相关评价分析结果，针对性地对长江中游城市群物流共生系统的共生演化提出了相应的对策建议。

6.1　长江中游城市群范围界定

长江中游城市群具有优越的区位优势和资源条件，是我国城市群体系中重要的复合型城市群之一，在我国未来城市空间开发的格局中，具有举足轻重的战略地位和意义。2015 年 4 月 16 日国家发展和改革委员会发布了《长江中游城市群发展规划》，确定长江中游城市群包括湖南、湖北、江西 3 省共 31 个市。作为国家批复的第 1 个跨区域城市群规划，涉及城乡统筹发展、基础设施互联互通、产业协同发展、生态文明共建、公共服务共享、深化开放合作等多个方面。通过推动长江中游城市群发展，可以尽快培育形成长江经济带，打造成全国经济“第四极”。

长江中游城市群是以泛武汉城市圈、环长株潭城市群、环鄱阳湖城市群为主体形成的特大型城市群，2014年实现地区生产总值约7万亿元，年末总人口1.21亿人。城市群范围包括：湖北省武汉市、黄石市、鄂州市、黄冈市、孝感市、咸宁市、仙桃市、潜江市、天门市、襄阳市、宜昌市、荆州市、荆门市；湖南省长沙市、株洲市、湘潭市、岳阳市、益阳市、常德市、衡阳市、娄底市；江西省南昌市、九江市、景德镇市、鹰潭市、新余市、宜春市、萍乡市、上饶市及抚州市、吉安市的部分县（区），见图6－1。

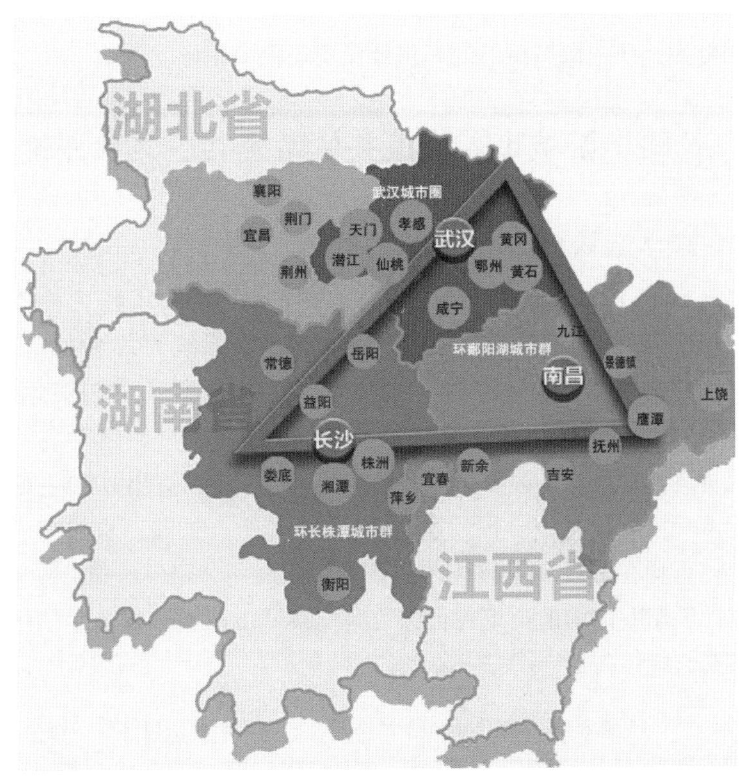

图6－1　长江中游城市群空间分布概况

长江中游城市群中，3个特大城市武汉、长沙和南昌，是3个都市圈的首位城市和核心力量（三核）；以三核为中心形成武汉都市圈、长沙都市圈、南昌都市圈三大都市圈（三圈）；三大都市圈，在各省的经济总量中所占的比重均在60%以上，是带动周边地域经济发展的拉动力量、推动3省经济的发动机和“中部崛起”的增长极（三极）。武汉—岳阳—长沙—南昌—九江—武汉之间的铁路、高速铁路、高速公路和部分长江水道构成横跨湘鄂赣3省的“环形”快速通道，成为3省生产力布局、城市化和区域经济的主轴。

长江中游城市群地处我国中部崛起的核心地区，以平原、丘陵和低山地貌为主，淡水资源丰富，是中国大江大湖的汇聚之地，资源特色鲜明。其东邻长三角城市群，西通成渝城市群，南连珠三角城市群，北接中原城市群，区位优势独特，可承东启西、沟通南北、辐射全国。同时，国家产业转移战略、中部崛起战略、长江经济带开发战略等的有效推进均将为长江中游城市群的城市合作奠定重要基础。

6.2 长江中游城市群物流共生系统共生效率评价

6.2.1 样本选取和数据来源

本文选取长江中游城市群规划范围的31个城市作为样本，以2009—2013年作为研究阶段，对城市群物流共生系统的共生效果，即共生效率和共生能量生成水平进行评价，相应数据来源于《中国区域经济统计年鉴》和《地区统计年报》等。根据我国2009—2013年各运输方式完成货运量情况，如表6－1及表6－2所示，可以看出2009—2013年公路运输完成货运量占全国比重均在75%以上，铁路、水路完成货运量所占比重均在10%和11%左右，因此，本文用公路里程指标数据来代替公路、铁路及内河航道里程指标数据反映城市群物流供给主体子系统的投入是合理可行的。

表6－1　2009—2013年全国各运输方式货运量　　单位：万吨

运输方式	年份				
	2009年	2010年	2011年	2012年	2013年
公路	2 127 834.00	2 448 052.00	2 820 100.00	3 188 475.00	3 076 648.00
铁路	333 348.00	364 271.00	393 263.00	390 438.00	396 697.00
水运	318 996.00	378 949.00	425 968.00	458 705.00	559 785.00

（续表）

运输方式	年份				
	2009 年	2010 年	2011 年	2012 年	2013 年
航空	446.00	563.00	557.00	545.00	561.00
管道	44 598.00	49 972.00	57 073.00	62 274.00	65 209.00

数据来源：《中国统计年鉴》

表 6 – 2　2009—2013 年全国各运输方式货运量占比　　单位：%

运输方式	年份				
	2009 年	2010 年	2011 年	2012 年	2013 年
公路	75.32	75.52	76.28	77.76	75.06
铁路	11.80	11.24	10.64	9.52	9.68
水运	11.29	11.69	11.52	11.19	13.66
航空	0.02	0.02	0.02	0.01	0.01
管道	1.58	1.54	1.54	1.52	1.59

数据来源：作者自己整理

6.2.1.1　城市群物流供给主体子系统投入/产出指标数据

投入指标：交通运输、仓储和邮政业基本建设（固定资产）投资；公路里程；A 级物流企业数量。城市群 2013 年数据见表 6 – 3，其他年份数据略。

表 6 – 3　长江中游城市群物流供给主体子系统 2013 年投入指标数据

DMU		交通运输、仓储和邮政业基本建设（固定资产）投资（单位：亿元）	公路里程（单位：千米）	A 级物流企业数量（单位：个）
泛武汉城市圈	武汉	419.03	14 022.71	72
	黄石	71.20	5 310.43	3
	鄂州	58.70	3 237.00	1
	黄冈	119.80	25 942.00	2
	孝感	106.43	13 820.00	1
	咸宁	76.95	13 356.00	1

（续表）

	DMU	交通运输、仓储和邮政业基本建设（固定资产）投资（单位：亿元）	公路里程（单位：千米）	A 级物流企业数量（单位：个）
泛武汉城市圈	仙桃	18.92	4 166.00	1
	潜江	20.80	2 693.94	2
	天门	19.22	3 742.10	1
	襄阳	167.01	26 247.30	6
	宜昌	177.44	27 101.00	14
	荆州	128.40	21 800.00	2
	荆门	79.73	12 000.00	1
环长株潭城市群	长沙	329.71	15 830.00	60
	株洲	36.01	13 760.00	9
	湘潭	21.90	7 788.00	20
	岳阳	45.64	20 259.00	18
	益阳	39.03	15 853.00	3
	常德	55.44	22 254.00	2
	衡阳	41.32	20 706.00	7
	娄底	44.45	14 700.00	1
环鄱阳湖城市群	南昌	65.66	10 822.00	10
	九江	56.52	19 036.00	1
	景德镇	3.94	4 646.00	1
	鹰潭	9.36	4 016.00	2
	新余	24.82	4 277.00	1
	宜春	53.06	17 990.00	9
	萍乡	22.14	6 827.00	1
	上饶	42.61	19 649.00	3
	抚州	35.67	14 072.00	1
	吉安	38.26	21 929.00	1

数据来源：《中国区域经济统计年鉴》《地区统计年报》

产出指标：交通运输、仓储和邮政业产业增加值；全社会货运量（国家铁路、公路、水运）；全社会货物周转量（国家铁路、公路、水运）。城市群 2013 年数据见表 6－4。

表 6－4　长江中游城市群物流供给主体子系统 2013 年产出指标数据

DMU		交通运输、仓储和邮政业产业增加值（单位：亿元）	全社会货运量（单位：万吨）	全社会货运周转量（单位：亿吨千米）
泛武汉城市圈	武汉	386.45	44 528.75	2 555.96
	黄石	56.59	7 407.00	114.51
	鄂州	30.72	1 894.00	38.29
	黄冈	36.36	5 731.00	131.27
	孝感	33.84	3 315.00	61.80
	咸宁	53.50	3 662.00	64.21
	仙桃	24.84	1 300.00	16.29
	潜江	19.30	2 249.00	41.03
	天门	29.25	1 598.00	30.74
	襄阳	111.8	15 033.00	221.92
	宜昌	175.99	16 034.00	368.41
	荆州	146.87	7 883.00	367.98
	荆门	33.25	12 125.00	221.11
环长株潭城市群	长沙	435.10	28 048.00	334.07
	株洲	74.76	28 000.00	257.00
	湘潭	56.43	9 328.00	119.9
	岳阳	99.08	21 316.00	297.58
	益阳	48.22	14 682.19	195.99
	常德	105.80	12 000.00	233.20
	衡阳	94.99	15 324.70	376.45
	娄底	42.12	13 700.00	130.51
环鄱阳湖城市群	南昌	147.26	10 534.06	388.72
	九江	90.22	13 398.00	406.50
	景德镇	37.95	2 277.00	37.17
	鹰潭	41.30	7 633.50	71.42
	新余	52.51	13 336.31	245.26
	宜春	55.31	17 290.00	471.67
	萍乡	44.02	4 584.00	48.72
	上饶	62.33	19 305.40	392.09
	抚州	59.91	18 835.60	464.66
	吉安	50.82	8 479.80	348.74

数据来源：《中国区域经济统计年鉴》《地区统计年报》

6.2.1.2 城市群物流需求主体子系统投入/产出指标数据

投入指标：第一产业基本建设（固定资产）投资；第二产业基本建设（固定资产）投资；第三产业基本建设（固定资产）投资；城镇居民人均全年消费性支出；农村居民人均生活消费支出。城市群2013年数据见表6-5。

表6-5 长江中游城市群物流需求主体子系统2013年投入指标数据

DMU		第一产业基本建设（固定资产）投资（单位：亿元）	第二产业基本建设（固定资产）投资（单位：亿元）	第三产业基本建设（固定资产）投资（单位：亿元）	城镇居民人均全年消费性支出（单位：元）	农村居民人均生活消费支出（单位：元）
泛武汉城市圈	武汉	22.27	2 266.73	3 694.48	20 157.32	8 892.71
	黄石	33.60	506.88	419.52	14 964.00	7 209.72
	鄂州	10.32	289.38	267.49	12 334.00	5 538.00
	黄冈	39.65	753.31	623.04	17 438.00	8 147.00
	孝感	33.58	674.98	506.79	14 438.00	7 129.00
	咸宁	69.54	468.21	415.25	15 471.00	7 826.00
	仙桃	7.47	204.70	94.61	11 260.00	6 106.00
	潜江	0.60	201.31	103.99	13 370.00	6 080.00
	天门	17.45	158.62	96.11	12 608.05	5 732.60
	襄阳	52.90	1 044.40	901.30	14 828.00	7 785.00
	宜昌	130.04	1 019.36	957.56	14 743.00	7 662.00
	荆州	36.03	685.81	565.57	14 062.00	6 909.00
	荆门	52.15	496.24	430.11	13 993.00	6 615.00
环长株潭城市群	长沙	84.91	1 494.71	3 013.77	22 346.00	11 586.00
	株洲	31.30	786.30	687.70	18 642.00	8 476.00
	湘潭	54.28	663.32	497.30	17 407.00	9 580.00
	岳阳	40.10	872.80	572.40	16 037.00	8 082.00
	益阳	22.49	455.93	363.94	14 594.00	6 572.00
	常德	57.38	701.16	525.66	15 766.00	6 629.00
	衡阳	64.22	784.75	588.33	16 253.00	6 986.00
	娄底	31.65	357.95	397.98	12 818.00	6 744.00

（续表）

	DMU	第一产业基本建设（固定资产）投资（单位：亿元）	第二产业基本建设（固定资产）投资（单位：亿元）	第三产业基本建设（固定资产）投资（单位：亿元）	城镇居民人均全年消费性支出（单位：元）	农村居民人均生活消费支出（单位：元）
环鄱阳湖城市群	南昌	25.31	1 281.65	1 589.90	17 944.00	5 682.00
	九江	9.08	1 050.14	448.56	15 400.00	5 922.00
	景德镇	3.29	410.20	125.23	14 356.00	8 805.00
	鹰潭	11.07	243.90	139.00	13 768.00	6 032.00
	新余	49.66	395.06	259.32	15 643.00	6 695.00
	宜春	33.70	725.85	365.03	12 965.00	5 860.00
	萍乡	12.64	642.52	171.95	15 765.00	6 580.00
	上饶	36.14	708.42	420.12	12 722.00	4 569.00
	抚州	30.67	496.47	266.96	12 361.00	4 798.00
	吉安	33.82	676.81	354.00	13 799.00	5 031.00

数据来源：《中国区域经济统计年鉴》《地区统计年报》

产出指标：第一产业增加值；第二产业增加值；第三产业增加值；社会消费品零售总额；外贸进出口总额。城市群 2013 年数据见表 6－6。

表 6－6　长江中游城市群物流需求主体子系统 2013 年产出指标数据

	DMU	第一产业增加值（单位：亿元）	第二产业增加值（单位：亿元）	第三产业增加值（单位：亿元）	社会消费品零售总额（单位：亿元）	外贸进出口总额（单位：亿美元）
泛武汉城市圈	武汉	335.40	4 396.17	4 319.70	3 916.60	217.52
	黄石	95.21	699.20	347.62	468.86	28.53
	鄂州	78.51	375.08	177.35	205.10	4.90
	黄冈	356.79	521.28	454.48	626.40	5.36
	孝感	243.13	602.31	393.49	602.64	10.25
	咸宁	162.90	423.09	286.12	320.64	3.59
	仙桃	79.81	271.30	153.04	204.89	6.41
	潜江	63.00	287.00	135.00	116.82	3.70
	天门	74.30	190.04	100.85	202.40	0.67
	襄阳	386.50	1 611.40	816.10	925.50	16.20
	宜昌	335.95	1 693.77	788.35	860.03	23.50
	荆州	319.09	596.20	419.64	738.26	13.66
	荆门	190.01	651.81	360.78	395.48	1.59

（续表）

DMU		第一产业增加值（单位：亿元）	第二产业增加值（单位：亿元）	第三产业增加值（单位：亿元）	社会消费品零售总额（单位：亿元）	外贸进出口总额（单位：亿美元）
环长株潭城市群	长沙	291.15	3 946.97	2 915.01	2 801.97	98.93
	株洲	154.70	1 170.30	623.00	660.30	25.70
	湘潭	116.00	851.80	470.30	398.00	26.47
	岳阳	265.90	1 338.94	825.68	782.14	6.44
	益阳	213.54	507.78	401.81	402.80	4.82
	常德	323.70	1 102.40	838.80	726.80	5.60
	衡阳	338.41	1 039.42	791.61	731.92	18.14
	娄底	162.59	604.57	351.01	339.08	14.45
环鄱阳湖城市群	南昌	157.24	1 850.49	1 328.30	1 270.01	97.22
	九江	52.29	396.48	231.51	213.27	11.21
	景德镇	130.05	898.24	573.44	435.63	47.41
	鹰潭	44.55	346.37	162.55	133.77	44.21
	新余	50.95	490.37	303.75	170.83	20.70
	宜春	213.69	765.91	407.47	404.83	19.83
	萍乡	56.32	473.70	268.31	237.72	13.73
	上饶	207.10	715.40	478.70	485.20	31.80
	抚州	163.48	489.02	288.14	339.60	12.61
	吉安	197.11	575.71	351.08	300.29	35.62

数据来源：《中国区域经济统计年鉴》《地区统计年报》

6.2.1.3 城市群物流支持主体子系统投入/产出指标数据

投入指标：社会公共业基本建设（固定资产）投资；教育业基本建设（固定资产）投资；信息传输、计算机服务和软件业（固定资产）投资；科学研究和技术服务业基本建设（固定资产）投资；地方公共财政支出。城市群2013年数据见表6－7。

表6-7　长江中游城市群物流支持主体子系统2013年投入指标数据

	DMU	社会公共业基本建设（固定资产）投资（单位：亿元）	教育业基本建设（固定资产）投资（单位：亿元）	信息传输、计算机服务和软件业（固定资产）投资（单位：亿元）	科学研究和技术服务业基本建设（固定资产）投资（单位：亿元）	地方公共财政支出（单位：亿元）
泛武汉城市圈	武汉	685.51	41.62	63.29	32.39	1 122.88
	黄石	85.90	8.39	2.58	2.56	150.79
	鄂州	55.97	2.94	0.06	0.85	70.85
	黄冈	116.07	23.89	8.76	8.69	305.16
	孝感	106.05	6.08	4.03	3.16	227.90
	咸宁	87.20	18.33	1.68	1.36	158.14
	仙桃	19.80	1.23	0.04	0.47	50.67
	潜江	21.76	1.35	0.05	0.41	46.80
	天门	20.11	1.25	0.04	0.38	46.53
	襄阳	167.90	49.57	5.86	4.76	277.80
	宜昌	178.38	48.84	7.83	9.85	360.85
	荆州	105.36	21.69	3.25	3.82	190.65
	荆门	89.65	18.98	1.42	2.18	155.18
环长株潭城市群	长沙	441.90	90.37	48.58	97.64	701.82
	株洲	240.17	37.24	2.91	1.08	259.75
	湘潭	239.43	21.95	2.77	2.81	183.42
	岳阳	216.16	21.95	6.17	1.04	279.99
	益阳	131.33	5.19	0.34	0.29	200.64
	常德	254.10	21.71	7.66	6.02	317.38
	衡阳	244.47	9.36	7.76	7.85	364.28
	娄底	105.60	12.15	0.66	0.96	189.16
环鄱阳湖城市群	南昌	243.91	55.85	38.98	35.32	419.37
	九江	121.40	14.28	2.05	5.86	224.49
	景德镇	24.93	4.57	0.12	1.39	135.30
	鹰潭	27.66	5.08	0.08	1.54	100.49
	新余	109.79	14.44	0.09	2.52	127.16
	宜春	86.65	13.57	0.10	4.12	200.33
	萍乡	34.23	6.28	1.41	1.91	148.67
	上饶	143.80	12.20	6.58	5.64	356.20
	抚州	113.02	14.87	2.19	2.59	228.15
	吉安	98.03	15.16	2.63	4.66	285.41

数据来源：《中国区域经济统计年鉴》《地区统计年报》

产出指标：人均拥有城市道路面积；高等学校在校学生数；互联网用户数；高新技术产业增加值；城镇在岗职工年平均工资。城市群2013年数据见表6－8。

表6－8　长江中游城市群物流支持主体子系统2013年产出指标数据

DMU		人均拥有城市道路面积（单位：平方米）	高等学校在校学生数（单位：万人）	互联网用户（单位：万户）	高新技术产业增加值（单位：亿元）	城镇在岗职工年平均工资（单位：元）
泛武汉城市圈	武汉	13.3	96.64	369.00	1 700.19	53 746.00
	黄石	17.28	3.67	39.78	178.00	33 552.00
	鄂州	16.17	1.31	16.16	89.50	30 434.00
	黄冈	16.8	4.83	56.17	96.80	27 720.00
	孝感	18.21	3.77	49.93	143.89	26 566.00
	咸宁	16.29	3.90	34.41	46.75	29 004.00
	仙桃	13.3	1.36	12.19	40.49	31 273.00
	潜江	11.3	0.82	8.65	24.20	24 850.00
	天门	15.73	1.54	10.43	27.62	29 022.00
	襄阳	18.65	6.50	62.00	494.20	33 273.00
	宜昌	16.35	5.98	64.00	318.00	33 030.00
	荆州	16.26	11.35	75.51	107.63	31 923.00
	荆门	16.53	2.12	38.24	114.26	31 720.00
环长株潭城市群	长沙	12.75	53.04	202.57	1 499.24	56 381.00
	株洲	17.43	7.59	58.66	409.28	46 319.00
	湘潭	17.30	12.22	33.26	398.29	43 078.00
	岳阳	13.33	4.02	52.46	405.69	38 117.00
	益阳	12.64	2.95	34.12	117.41	37 835.00
	常德	16.35	3.95	77.85	153.82	38 059.00
	衡阳	17.68	10.14	61.70	353.26	36 361.00
	娄底	9.31	2.38	38.73	129.45	37 984.00

（续表）

DMU		人均拥有城市道路面积（单位：平方米）	高等学校在校学生数（单位：万人）	互联网用户（单位：万户）	高新技术产业增加值（单位：亿元）	城镇在岗职工年平均工资（单位：元）
环鄱阳湖城市群	南昌	10.37	5.06	89.15	255.59	42 420.00
	九江	22.92	7.95	59.47	186.09	32 496.00
	景德镇	16.33	2.32	20.58	85.94	33 348.00
	鹰潭	13.81	0.51	16.45	44.68	34 008.00
	新余	23.58	2.91	19.11	85.08	39 612.00
	宜春	13.98	4.40	35.77	125.21	32 220.00
	萍乡	15.41	1.01	23.97	142.33	33 264.00
	上饶	21.78	2.28	53.50	129.58	32 100.00
	抚州	19.89	2.49	60.38	51.48	32 076.00
	吉安	17.76	1.77	66.52	138.27	31 968.00

数据来源：《中国区域经济统计年鉴》《地区统计年报》

6.2.2　各子系统内共生效率评价

根据本书第 5 章所阐述的城市群物流共生系统共生效率评价的 DEA 模型，以及各子系统内协同效率、成长效率、协同成长综合效率的计算方法，利用 6.2.1 中长江中游城市群物流供给主体子系统、物流需求主体子系统、物流支持主体子系统的投入/产出指标 2009—2013 年数据，本研究采用 DEAP 软件进行求解，由于篇幅所限，仅列出 2013 年计算结果，见表 6 - 9、表 6 - 10、表 6 - 11。

6.2.2.1　物流供给主体子系统内部评价

利用表 6 - 3 和表 6 - 4 的投入产出数据及 DEAP 软件工具，即可得到相应结果，计算过程如图 6 - 2 所示。

如果样本单元的纯技术效率为 1，而规模效率小于 1 时，这说明对于样本单元本身的技术效率而言，在现有的产出规模下，相应的投入不可能再减少，系统协同效率相对最好。样本单元的成长效率没有达到有效，是因为单元投入和产出规模不是最佳，需要进行规模调整。后续的各项评价均采用此方法，相应的评价结果用表格予以表示。

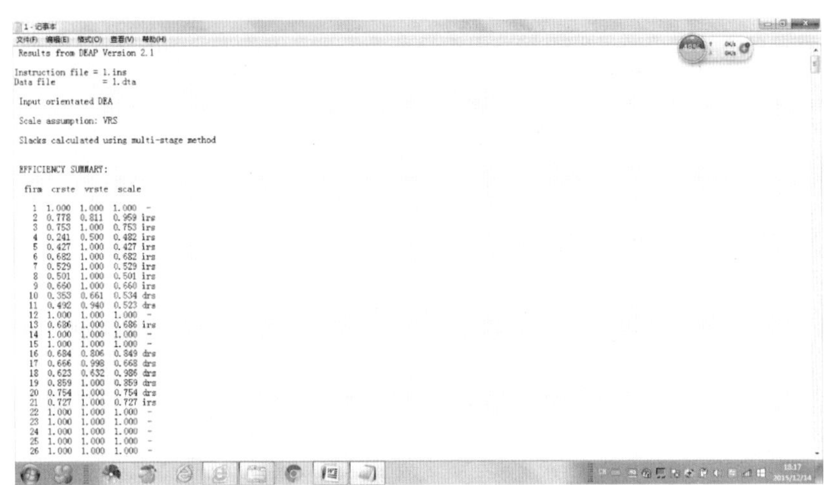

```
Results from DEAP Version 2.1

Instruction file = 1.ins
Data file        = 1.dta

Input orientated DEA

Scale assumption: VRS

Slacks calculated using multi-stage method


EFFICIENCY SUMMARY:

 firm  crste  vrste  scale

   1  1.000  1.000  1.000  -
   2  0.778  0.811  0.959 irs
   3  0.753  1.000  0.753 irs
   4  0.241  0.500  0.482 irs
   5  0.427  1.000  0.427 irs
   6  0.682  1.000  0.682 irs
   7  0.529  1.000  0.529 irs
   8  0.501  1.000  0.501 irs
   9  0.660  1.000  0.660 irs
  10  0.353  0.661  0.534 drs
  11  0.492  0.940  0.523 drs
  12  1.000  1.000  1.000  -
  13  0.686  1.000  0.686 irs
  14  1.000  1.000  1.000  -
  15  1.000  1.000  1.000  -
  16  0.684  0.806  0.849 drs
  17  0.666  0.998  0.668 drs
  18  0.623  0.632  0.986 drs
  19  0.859  1.000  0.859 drs
  20  0.754  1.000  0.754 drs
  21  0.727  1.000  0.727 irs
  22  1.000  1.000  1.000  -
  23  1.000  1.000  1.000  -
  24  1.000  1.000  1.000  -
  25  1.000  1.000  1.000  -
  26  1.000  1.000  1.000  -
```

图 6－2　DEAP 软件评价各样本的物流供给子系统共生效率结果图

表 6－9　2013 年长江中游城市群物流供给主体子系统共生效率评价结果

	DMU	协同成长效率	协同效率	成长效率
泛武汉城市圈	武汉	1.000	1.000	1.000
	黄石	0.778	0.811	0.959
	鄂州	0.753	1.000	0.753
	黄冈	0.241	0.500	0.482
	孝感	0.427	1.000	0.427
	咸宁	0.682	1.000	0.682
	仙桃	0.529	1.000	0.529
	潜江	0.501	1.000	0.501
	天门	0.660	1.000	0.660
	襄阳	0.353	0.661	0.534
	宜昌	0.492	0.940	0.523
	荆州	1.000	1.000	1.000
	荆门	0.686	1.000	0.686

（续表）

DMU		协同成长效率	协同效率	成长效率
环长株潭城市群	长沙	1.000	1.000	1.000
	株洲	1.000	1.000	1.000
	湘潭	0.684	0.806	0.849
	岳阳	0.666	0.998	0.668
	益阳	0.623	0.632	0.986
	常德	0.859	1.000	0.859
	衡阳	0.754	1.000	0.754
	娄底	0.727	1.000	0.727
环鄱阳湖城市群	南昌	1.000	1.000	1.000
	九江	1.000	1.000	1.000
	景德镇	1.000	1.000	1.000
	鹰潭	1.000	1.000	1.000
	新余	1.000	1.000	1.000
	宜春	0.726	0.740	0.982
	萍乡	0.828	1.000	0.828
	上饶	0.772	0.806	0.958
	抚州	1.000	1.000	1.000
	吉安	0.789	1.000	0.789
	均值	0.759	0.932	0.811

6.2.2.2　物流需求主体子系统内部评价

表 6－10　2013 年长江中游城市群物流需求主体子系统共生效率评价结果

DMU		协同成长效率	协同效率	成长效率
泛武汉城市圈	武汉	1.000	1.000	1.000
	黄石	0.707	0.878	0.805
	鄂州	0.708	1.000	0.708
	黄冈	1.000	1.000	1.000

（续表）

	DMU	协同成长效率	协同效率	成长效率
泛武汉城市圈	孝感	0.853	0.916	0.931
	咸宁	0.745	0.803	0.928
	仙桃	1.000	1.000	1.000
	潜江	1.000	1.000	1.000
	天门	1.000	1.000	1.000
	襄阳	1.000	1.000	1.000
	宜昌	1.000	1.000	1.000
	荆州	1.000	1.000	1.000
	荆门	0.830	0.934	0.889
环长株潭城市群	长沙	1.000	1.000	1.000
	株洲	0.805	0.855	0.942
	湘潭	0.631	0.752	0.839
	岳阳	1.000	1.000	1.000
	益阳	1.000	1.000	1.000
	常德	1.000	1.000	1.000
	衡阳	1.000	1.000	1.000
	娄底	1.000	1.000	1.000
环鄱阳湖城市群	南昌	0.936	1.000	0.936
	九江	0.409	0.962	0.425
	景德镇	1.000	1.000	1.000
	鹰潭	1.000	1.000	1.000
	新余	0.578	0.888	0.651
	宜春	0.965	1.000	0.965
	萍乡	0.624	0.941	0.663
	上饶	1.000	1.000	1.000
	抚州	0.942	1.000	0.942
	吉安	1.000	1.000	1.000
	均值	0.895	0.965	0.923

6.2.2.3　物流支持主体子系统内部评价

表 6－11　2013 年长江中游城市群物流支持主体子系统共生效率评价结果

	DMU	协同成长效率	协同效率	成长效率
泛武汉城市圈	武汉	1.000	1.000	1.000
	黄石	0.998	1.000	0.998
	鄂州	1.000	1.000	1.000
	黄冈	0.653	0.681	0.959
	孝感	0.852	1.000	0.852
	咸宁	0.871	0.923	0.944
	仙桃	1.000	1.000	1.000
	潜江	0.852	0.994	0.857
	天门	1.000	1.000	1.000
	襄阳	1.000	1.000	1.000
	宜昌	0.688	0.708	0.972
	荆州	1.000	1.000	1.000
	荆门	0.824	0.875	0.942
环长株潭城市群	长沙	1.000	1.000	1.000
	株洲	1.000	1.000	1.000
	湘潭	1.000	1.000	1.000
	岳阳	1.000	1.000	1.000
	益阳	1.000	1.000	1.000
	常德	0.736	0.873	0.843
	衡阳	1.000	1.000	1.000
	娄底	0.997	1.000	0.997
环鄱阳湖城市群	南昌	0.596	0.805	0.740
	九江	0.921	1.000	0.921
	景德镇	1.000	1.000	1.000
	鹰潭	0.873	1.000	0.873
	新余	0.896	1.000	0.896
	宜春	1.000	1.000	1.000
	萍乡	1.000	1.000	1.000
	上饶	0.588	1.000	0.588
	抚州	0.949	1.000	0.949
	吉安	0.955	1.000	0.955
	均值	0.911	0.963	0.943

从表6－9、表6－10、表6－11的计算结果可以看出，2013年长江中游城市群物流共生系统中的物流供给主体子系统的共生效率相对最低，其中协同成长效率为0.759，协同效率为0.932，成长效率为0.811，说明物流供给主体系统的投入产出规模应进行调整，以提高物流供给主体子系统的成长效率。2013年长江中游城市群物流需求主体子系统的共生效率相对居中，其中协同成长效率为0.895，协同效率为0.965，成长效率为0.923，说明该子系统纯技术效率以及规模效率均处于较高水平，产业之间资源配置较合理，但还应进一步改善产业结构，调整规模，以实现需求主体子系统的共生有效。2013年长江中游城市群物流支持主体子系统的共生效率相对最高，其中协同成长效率为0.911，协同效率为0.963，成长效率为0.943，表明各支持主体之间协同较好，但还应进一步改善管理水平，实现支持主体子系统的共生有效。

6.2.3 各子系统两两之间共生效率评价

根据城市群物流共生系统各子系统间协同效率、成长效率、协同成长效率的计算方法，以及长江中游城市群各评价单元的投入与产出指标集，求得各评价单元2009—2013年物流供给主体、需求主体、支持主体子系统两两之间的协同效率 X_e、成长效率 C_e 及协同成长效率 Z_e。2013年计算结果分别如表6－12、表6－13、表6－14所示，2009—2013年子系统两两之间的共生效率评价结果如表6－15、表6－16、表6－17、表6－18、表6－19所示。表中，A、B、C分别代表长江中游城市群物流供给、需求、支持子系统。

6.2.3.1 物流供给主体与物流需求主体子系统之间评价

表6－12 2013年长江中游城市群物流供给主体与需求主体子系统共生效率评价结果

DMU		Z_e (A/B)	X_e (A/B)	C_e (A/B)	Z_e (B/A)	X_e (B/A)	C_e (B/A)	Z_e (A, B)	X_e (A, B)	C_e (A, B)
泛武汉城市圈	武汉	1.000	1.000	1.000	1.000	1.000	1.000	1.000	1.000	1.000
	黄石	0.826	0.863	0.957	0.598	0.808	0.740	0.703	0.835	0.842
	鄂州	0.866	1.000	0.866	0.572	1.000	0.572	0.704	1.000	0.704
	黄冈	0.898	1.000	0.898	0.288	0.675	0.427	0.509	0.822	0.619

（续表）

	DMU	Z_e (A/B)	X_e (A/B)	C_e (A/B)	Z_e (B/A)	X_e (B/A)	C_e (B/A)	Z_e (A, B)	X_e (A, B)	C_e (A, B)
泛武汉城市圈	孝感	1.000	1.000	1.000	0.275	0.802	0.343	0.524	0.896	0.586
	咸宁	0.757	1.000	0.757	0.533	0.773	0.690	0.635	0.879	0.722
	仙桃	0.684	1.000	0.684	0.876	1.000	0.876	0.774	1.000	0.774
	潜江	0.835	1.000	0.835	1.000	1.000	1.000	0.914	1.000	0.914
	天门	0.709	1.000	0.709	1.000	1.000	1.000	0.842	1.000	0.842
	襄阳	0.526	1.000	0.526	0.742	0.905	0.820	0.625	0.951	0.657
	宜昌	0.443	0.796	0.557	1.000	1.000	1.000	0.666	0.892	0.746
	荆州	0.805	1.000	0.805	1.000	1.000	1.000	0.897	1.000	0.897
	荆门	0.928	1.000	0.928	0.642	0.853	0.753	0.772	0.924	0.836
环长株潭城市群	长沙	0.903	1.000	0.903	1.000	1.000	1.000	0.950	1.000	0.950
	株洲	0.457	0.649	0.704	1.000	1.000	1.000	0.676	0.806	0.839
	湘潭	0.543	0.574	0.946	0.506	0.695	0.728	0.524	0.632	0.830
	岳阳	0.469	1.000	0.469	0.920	1.000	0.920	0.657	1.000	0.657
	益阳	0.516	0.736	0.701	0.900	0.939	0.958	0.681	0.831	0.820
	常德	0.980	1.000	0.980	0.847	0.882	0.960	0.911	0.939	0.970
	衡阳	0.584	1.000	0.584	0.765	0.804	0.951	0.668	0.897	0.745
	娄底	0.873	1.000	0.873	1.000	1.000	1.000	0.934	1.000	0.934
环鄱阳湖城市群	南昌	0.974	1.000	0.974	0.730	1.000	0.730	0.843	1.000	0.843
	九江	0.464	1.000	0.464	1.000	1.000	1.000	0.681	1.000	0.681
	景德镇	1.000	1.000	1.000	1.000	1.000	1.000	1.000	1.000	1.000
	鹰潭	1.000	1.000	1.000	1.000	1.000	1.000	1.000	1.000	1.000
	新余	0.592	1.000	0.592	0.948	0.952	0.996	0.749	0.976	0.768
	宜春	0.424	0.605	0.701	0.883	0.955	0.925	0.612	0.760	0.805
	萍乡	0.536	1.000	0.536	0.884	0.911	0.970	0.688	0.954	0.721
	上饶	0.481	0.582	0.826	1.000	1.000	1.000	0.694	0.763	0.909
	抚州	0.915	1.000	0.915	1.000	1.000	1.000	0.957	1.000	0.957
	吉安	1.000	1.000	1.000	0.701	0.942	0.744	0.837	0.971	0.863

6.2.3.2 物流供给主体与物流支持主体子系统之间评价

表6－13 2013年长江中游城市群物流供给与支持主体子系统共生效率评价结果

DMU		Z_e (A/C)	X_e (A/C)	C_e (A/C)	Z_e (C/A)	X_e (C/A)	C_e (C/A)	Z_e (A, C)	X_e (A, C)	C_e (A, C)
泛武汉城市圈	武汉	1.000	1.000	1.000	1.000	1.000	1.000	1.000	1.000	1.000
	黄石	1.000	1.000	1.000	0.751	0.801	0.938	0.867	0.895	0.968
	鄂州	1.000	1.000	1.000	0.709	0.728	0.974	0.842	0.853	0.987
	黄冈	0.567	0.567	1.000	0.280	0.305	0.918	0.398	0.416	0.958
	孝感	1.000	1.000	1.000	0.328	0.332	0.988	0.573	0.576	0.994
	咸宁	0.809	1.000	0.809	0.557	0.669	0.833	0.671	0.818	0.821
	仙桃	0.857	1.000	0.857	0.863	1.000	0.863	0.860	1.000	0.860
	潜江	0.994	1.000	0.994	0.984	1.000	0.984	0.989	1.000	0.989
	天门	0.855	1.000	0.855	1.000	1.000	1.000	0.925	1.000	0.925
	襄阳	0.814	1.000	0.814	0.743	0.801	0.928	0.778	0.895	0.869
	宜昌	0.410	0.479	0.856	0.774	1.000	0.774	0.563	0.692	0.814
	荆州	1.000	1.000	1.000	1.000	1.000	1.000	1.000	1.000	1.000
	荆门	0.906	1.000	0.906	0.850	0.890	0.955	0.878	0.943	0.930
环长株潭城市群	长沙	1.000	1.000	1.000	0.842	1.000	0.842	0.918	1.000	0.918
	株洲	1.000	1.000	1.000	1.000	1.000	1.000	1.000	1.000	1.000
	湘潭	1.000	1.000	1.000	0.613	0.621	0.987	0.783	0.788	0.994
	岳阳	0.647	0.713	0.907	1.000	1.000	1.000	0.804	0.844	0.953
	益阳	0.479	0.631	0.759	1.000	1.000	1.000	0.692	0.794	0.871
	常德	0.871	1.000	0.871	0.601	0.677	0.888	0.724	0.823	0.879
	衡阳	0.789	1.000	0.789	0.883	1.000	0.883	0.835	1.000	0.835
	娄底	1.000	1.000	1.000	0.976	0.982	0.994	0.988	0.991	0.997
环鄱阳湖城市群	南昌	1.000	1.000	1.000	0.494	0.521	0.948	0.703	0.722	0.974
	九江	1.000	1.000	1.000	0.932	1.000	0.932	0.965	1.000	0.965
	景德镇	1.000	1.000	1.000	1.000	1.000	1.000	1.000	1.000	1.000
	鹰潭	1.000	1.000	1.000	1.000	1.000	1.000	1.000	1.000	1.000
	新余	1.000	1.000	1.000	1.000	1.000	1.000	1.000	1.000	1.000
	宜春	0.340	0.356	0.955	1.000	1.000	1.000	0.583	0.597	0.977
	萍乡	1.000	1.000	1.000	0.855	0.864	0.990	0.925	0.930	0.995
	上饶	0.609	1.000	0.609	0.917	1.000	0.917	0.747	1.000	0.747
	抚州	1.000	1.000	1.000	1.000	1.000	1.000	1.000	1.000	1.000
	吉安	1.000	1.000	1.000	0.701	0.702	0.999	0.837	0.838	0.999

6.2.3.3　物流需求主体与物流支持主体子系统之间评价

表 6－14　2013 年长江中游城市群物流需求与支持主体子系统共生效率评价结果

	DMU	Z_e (B/C)	X_e (B/C)	C_e (B/C)	Z_e (C/B)	X_e (C/B)	C_e (C/B)	Z_e (B, C)	X_e (B, C)	C_e (B, C)
泛武汉城市圈	武汉	1.000	1.000	1.000	0.993	1.000	0.993	0.996	1.000	0.996
	黄石	0.900	0.908	0.991	0.844	0.881	0.958	0.872	0.894	0.974
	鄂州	1.000	1.000	1.000	0.879	0.903	0.973	0.938	0.950	0.987
	黄冈	0.627	0.705	0.889	0.757	1.000	0.757	0.689	0.840	0.821
	孝感	0.822	0.860	0.956	0.672	1.000	0.672	0.743	0.927	0.801
	咸宁	0.739	0.779	0.949	0.662	0.773	0.856	0.699	0.776	0.901
	仙桃	1.000	1.000	1.000	1.000	1.000	1.000	1.000	1.000	1.000
	潜江	1.000	1.000	1.000	1.000	1.000	1.000	1.000	1.000	1.000
	天门	1.000	1.000	1.000	1.000	1.000	1.000	1.000	1.000	1.000
	襄阳	1.000	1.000	1.000	0.994	1.000	0.994	0.997	1.000	0.997
	宜昌	0.849	0.889	0.955	0.759	0.998	0.761	0.803	0.942	0.852
	荆州	0.958	0.961	0.997	1.000	1.000	1.000	0.979	0.980	0.998
	荆门	0.854	0.866	0.986	0.781	0.904	0.864	0.817	0.885	0.923
环长株潭城市群	长沙	1.000	1.000	1.000	1.000	1.000	1.000	1.000	1.000	1.000
	株洲	1.000	1.000	1.000	1.000	1.000	1.000	1.000	1.000	1.000
	湘潭	1.000	1.000	1.000	0.700	0.701	0.999	0.837	0.837	0.999
	岳阳	1.000	1.000	1.000	1.000	1.000	1.000	1.000	1.000	1.000
	益阳	0.984	1.000	0.984	1.000	1.000	1.000	0.992	1.000	0.992
	常德	0.913	1.000	0.913	0.759	1.000	0.759	0.832	1.000	0.832
	衡阳	1.000	1.000	1.000	0.678	1.000	0.678	0.823	1.000	0.823
	娄底	1.000	1.000	1.000	0.755	0.788	0.958	0.869	0.888	0.979
环鄱阳湖城市群	南昌	1.000	1.000	1.000	0.861	1.000	0.861	0.928	1.000	0.928
	九江	1.000	1.000	1.000	0.278	0.296	0.939	0.527	0.544	0.969
	景德镇	1.000	1.000	1.000	1.000	1.000	1.000	1.000	1.000	1.000
	鹰潭	1.000	1.000	1.000	1.000	1.000	1.000	1.000	1.000	1.000
	新余	1.000	1.000	1.000	0.725	0.763	0.950	0.851	0.873	0.975
	宜春	0.930	0.938	0.991	1.000	1.000	1.000	0.964	0.969	0.996
	萍乡	1.000	1.000	1.000	0.487	0.627	0.777	0.698	0.792	0.881
	上饶	1.000	1.000	1.000	0.430	0.603	0.713	0.656	0.777	0.844
	抚州	1.000	1.000	1.000	0.453	0.522	0.868	0.673	0.722	0.932
	吉安	1.000	1.000	1.000	0.537	0.633	0.848	0.733	0.796	0.921

6.2.3.4 2009—2013年子系统两两之间共生效率评价

表6－15 2009年长江中游城市群物流两共生子系统间共生效率评价结果

	DMU	Z_e (A, B)	X_e (A, B)	C_e (A, B)	Z_e (A, C)	X_e (A, C)	C_e (A, C)	Z_e (B, C)	X_e (B, C)	C_e (B, C)
泛武汉城市圈	武汉	1.000	1.000	1.000	1.000	1.000	1.000	1.000	1.000	1.000
	黄石	0.973	0.996	0.977	0.937	0.953	0.983	0.915	1.000	0.915
	鄂州	0.876	0.960	0.913	1.000	1.000	1.000	0.992	1.000	0.992
	黄冈	0.566	0.945	0.599	0.487	0.554	0.879	0.798	0.862	0.926
	孝感	0.854	1.000	0.854	0.839	0.979	0.857	0.841	0.958	0.878
	咸宁	0.483	0.998	0.483	0.560	0.632	0.886	0.756	0.810	0.933
	仙桃	0.991	1.000	0.991	1.000	1.000	1.000	1.000	1.000	1.000
	潜江	1.000	1.000	1.000	1.000	1.000	1.000	1.000	1.000	1.000
	天门	0.681	1.000	0.681	0.909	1.000	0.909	1.000	1.000	1.000
	襄阳	0.956	0.969	0.987	0.931	1.000	0.931	0.905	0.984	0.919
	宜昌	1.000	1.000	1.000	0.932	1.000	0.932	0.813	0.886	0.918
	荆州	0.714	0.906	0.788	0.713	0.713	1.000	0.925	1.000	0.925
	荆门	0.895	0.983	0.910	0.946	0.974	0.972	0.897	1.000	0.897
环长株潭城市群	长沙	1.000	1.000	1.000	0.965	1.000	0.965	1.000	1.000	1.000
	株洲	1.000	1.000	1.000	1.000	1.000	1.000	1.000	1.000	1.000
	湘潭	0.804	0.879	0.915	0.894	0.896	0.998	1.000	1.000	1.000
	岳阳	1.000	1.000	1.000	1.000	1.000	1.000	0.994	1.000	0.994
	益阳	1.000	1.000	1.000	0.985	1.000	0.985	0.835	0.952	0.877
	常德	0.984	0.993	0.991	0.986	1.000	0.986	0.990	0.990	0.999
	衡阳	1.000	1.000	1.000	1.000	1.000	1.000	0.965	1.000	0.965
	娄底	0.804	1.000	0.804	0.956	1.000	0.956	0.841	0.950	0.886
环鄱阳湖城市群	南昌	0.816	0.883	0.925	0.819	0.826	0.991	1.000	1.000	1.000
	九江	0.799	0.926	0.863	1.000	1.000	1.000	0.913	1.000	0.913
	景德镇	0.746	0.973	0.767	0.837	0.883	0.949	0.903	1.000	0.903
	鹰潭	0.863	1.000	0.863	1.000	1.000	1.000	1.000	1.000	1.000
	新余	0.873	0.896	0.974	1.000	1.000	1.000	0.993	1.000	0.993
	宜春	0.985	1.000	0.985	0.979	1.000	0.979	1.000	1.000	1.000
	萍乡	0.854	0.948	0.901	1.000	1.000	1.000	0.916	0.968	0.947
	上饶	0.854	1.000	0.854	0.804	0.918	0.876	0.701	0.741	0.946
	抚州	0.802	1.000	0.802	0.996	1.000	0.996	1.000	1.000	1.000
	吉安	0.932	0.990	0.942	0.939	1.000	0.939	0.898	1.000	0.898
	均值	0.874	0.976	0.896	0.917	0.946	0.967	0.929	0.971	0.956

表 6-16　2010 年长江中游城市群物流两共生子系统间共生效率评价结果

	DMU	Z_e (A, B)	X_e (A, B)	C_e (A, B)	Z_e (A, C)	X_e (A, C)	C_e (A, C)	Z_e (B, C)	X_e (B, C)	C_e (B, C)
泛武汉城市圈	武汉	1.000	1.000	1.000	1.000	1.000	1.000	1.000	1.000	1.000
	黄石	0.894	0.944	0.948	0.891	0.891	0.999	0.848	0.936	0.906
	鄂州	0.903	0.955	0.946	1.000	1.000	1.000	1.000	1.000	1.000
	黄冈	0.647	0.977	0.662	0.590	0.612	0.963	0.868	0.954	0.909
	孝感	0.972	1.000	0.972	0.878	1.000	0.878	0.842	0.982	0.858
	咸宁	0.466	0.954	0.488	0.658	0.660	0.998	0.776	0.840	0.923
	仙桃	1.000	1.000	1.000	1.000	1.000	1.000	1.000	1.000	1.000
	潜江	0.969	1.000	0.969	0.982	1.000	0.982	1.000	1.000	1.000
	天门	0.718	1.000	0.718	0.772	1.000	0.772	1.000	1.000	1.000
	襄阳	0.847	0.991	0.854	0.902	0.980	0.920	0.938	1.000	0.938
	宜昌	0.808	1.000	0.808	0.754	0.932	0.809	0.882	0.942	0.936
	荆州	0.853	0.917	0.930	0.874	0.879	0.995	0.920	1.000	0.920
	荆门	0.914	0.981	0.932	0.962	1.000	0.962	0.928	1.000	0.928
环长株潭城市群	长沙	1.000	1.000	1.000	1.000	1.000	1.000	0.949	1.000	0.949
	株洲	1.000	1.000	1.000	0.935	1.000	0.935	1.000	1.000	1.000
	湘潭	0.707	0.842	0.839	0.910	0.938	0.971	1.000	1.000	1.000
	岳阳	0.961	1.000	0.961	0.872	0.885	0.985	1.000	1.000	1.000
	益阳	0.977	1.000	0.977	0.942	1.000	0.942	0.840	0.931	0.902
	常德	1.000	1.000	1.000	0.994	1.000	0.994	0.966	0.984	0.982
	衡阳	0.955	0.957	0.998	0.891	0.941	0.947	0.888	1.000	0.888
	娄底	0.837	1.000	0.837	0.974	1.000	0.974	0.867	0.901	0.962
环鄱阳湖城市群	南昌	0.767	0.920	0.833	0.791	0.798	0.991	0.969	0.993	0.975
	九江	1.000	1.000	1.000	1.000	1.000	1.000	1.000	1.000	1.000
	景德镇	0.840	0.988	0.850	0.908	1.000	0.908	0.962	1.000	0.962
	鹰潭	0.974	1.000	0.974	1.000	1.000	1.000	1.000	1.000	1.000
	新余	0.858	0.915	0.937	1.000	1.000	1.000	0.963	1.000	0.963
	宜春	0.884	0.893	0.990	0.870	0.877	0.992	1.000	1.000	1.000
	萍乡	0.847	0.945	0.896	1.000	1.000	1.000	0.920	0.943	0.976
	上饶	0.969	1.000	0.969	0.919	1.000	0.919	0.769	0.824	0.933
	抚州	0.833	1.000	0.833	0.924	1.000	0.924	0.789	0.833	0.947
	吉安	0.940	1.000	0.940	0.970	1.000	0.970	1.000	1.000	1.000
	均值	0.882	0.974	0.905	0.908	0.948	0.959	0.932	0.970	0.960

表 6－17　2011 年长江中游城市群物流两共生子系统间共生效率评价结果

DMU		Z_e (A, B)	X_e (A, B)	C_e (A, B)	Z_e (A, C)	X_e (A, C)	C_e (A, C)	Z_e (B, C)	X_e (B, C)	C_e (B, C)
泛武汉城市圈	武汉	1.000	1.000	1.000	1.000	1.000	1.000	1.000	1.000	1.000
	黄石	0.888	0.951	0.934	0.900	0.949	0.949	0.954	0.965	0.989
	鄂州	0.936	1.000	0.936	1.000	1.000	1.000	0.945	1.000	0.945
	黄冈	0.738	1.000	0.738	0.592	0.663	0.894	0.888	1.000	0.888
	孝感	0.948	1.000	0.948	0.915	1.000	0.915	0.832	1.000	0.832
	咸宁	0.473	0.948	0.499	0.591	0.650	0.911	0.725	0.789	0.918
	仙桃	1.000	1.000	1.000	1.000	1.000	1.000	1.000	1.000	1.000
	潜江	1.000	1.000	1.000	0.979	1.000	0.979	1.000	1.000	1.000
	天门	0.772	1.000	0.772	0.735	0.992	0.741	1.000	1.000	1.000
	襄阳	0.908	1.000	0.908	0.866	1.000	0.866	0.939	1.000	0.939
	宜昌	0.805	1.000	0.805	0.725	0.762	0.951	0.930	0.936	0.993
	荆州	0.912	1.000	0.912	0.980	0.993	0.987	0.925	1.000	0.925
	荆门	0.784	0.959	0.818	0.838	0.938	0.894	0.882	0.974	0.906
环长株潭城市群	长沙	1.000	1.000	1.000	1.000	1.000	1.000	0.994	1.000	0.994
	株洲	1.000	1.000	1.000	0.944	1.000	0.944	1.000	1.000	1.000
	湘潭	0.735	0.817	0.900	0.889	0.894	0.995	1.000	1.000	1.000
	岳阳	1.000	1.000	1.000	1.000	1.000	1.000	0.991	1.000	0.991
	益阳	1.000	1.000	1.000	0.993	1.000	0.993	0.954	0.954	1.000
	常德	1.000	1.000	1.000	0.919	1.000	0.919	0.950	0.950	1.000
	衡阳	0.949	0.953	0.996	0.889	1.000	0.889	0.985	1.000	0.985
	娄底	0.988	1.000	0.988	0.947	0.988	0.958	1.000	1.000	1.000
环鄱阳湖城市群	南昌	0.825	0.951	0.868	0.783	0.784	0.999	1.000	1.000	1.000
	九江	1.000	1.000	1.000	1.000	1.000	1.000	1.000	1.000	1.000
	景德镇	0.935	1.000	0.935	1.000	1.000	1.000	1.000	1.000	1.000
	鹰潭	0.828	1.000	0.828	0.959	1.000	0.959	1.000	1.000	1.000
	新余	0.932	0.936	0.995	1.000	1.000	1.000	0.981	1.000	0.981
	宜春	0.964	0.969	0.995	0.757	0.771	0.982	0.836	0.958	0.873
	萍乡	1.000	1.000	1.000	1.000	1.000	1.000	0.962	1.000	0.962
	上饶	1.000	1.000	1.000	0.877	1.000	0.877	0.874	0.914	0.957
	抚州	0.902	1.000	0.902	1.000	1.000	1.000	0.730	0.787	0.928
	吉安	0.926	1.000	0.926	1.000	1.000	1.000	1.000	1.000	1.000
	均值	0.908	0.983	0.923	0.906	0.948	0.955	0.944	0.975	0.968

表6-18 2012年长江中游城市群物流两共生子系统间共生效率评价结果

	DMU	Z_e (A, B)	X_e (A, B)	C_e (A, B)	Z_e (A, C)	X_e (A, C)	C_e (A, C)	Z_e (B, C)	X_e (B, C)	C_e (B, C)
泛武汉城市圈	武汉	1.000	1.000	1.000	1.000	1.000	1.000	1.000	1.000	1.000
	黄石	0.723	0.946	0.765	0.740	0.746	0.992	0.865	0.995	0.869
	鄂州	0.745	1.000	0.745	0.924	0.924	0.999	0.961	1.000	0.961
	黄冈	0.671	1.000	0.671	0.514	0.517	0.995	0.801	1.000	0.801
	孝感	0.578	0.996	0.580	0.564	0.587	0.961	0.782	1.000	0.782
	咸宁	0.538	0.949	0.567	0.648	0.653	0.993	0.684	0.793	0.862
	仙桃	1.000	1.000	1.000	1.000	1.000	1.000	1.000	1.000	1.000
	潜江	1.000	1.000	1.000	0.948	1.000	0.948	1.000	1.000	1.000
	天门	0.756	1.000	0.756	0.755	1.000	0.755	1.000	1.000	1.000
	襄阳	0.918	0.985	0.932	0.802	0.826	0.971	0.838	1.000	0.838
	宜昌	0.894	1.000	0.894	0.699	0.714	0.978	0.759	0.932	0.814
	荆州	0.842	0.986	0.854	0.962	0.997	0.965	0.883	1.000	0.883
	荆门	0.721	0.885	0.814	0.739	0.746	0.990	0.781	0.939	0.832
环长株潭城市群	长沙	1.000	1.000	1.000	1.000	1.000	1.000	1.000	1.000	1.000
	株洲	1.000	1.000	1.000	0.887	0.914	0.970	0.843	0.980	0.860
	湘潭	0.767	0.888	0.864	0.793	0.794	0.998	0.880	0.957	0.920
	岳阳	0.949	1.000	0.949	0.820	0.840	0.976	1.000	1.000	1.000
	益阳	1.000	1.000	1.000	0.765	0.767	0.997	1.000	1.000	1.000
	常德	1.000	1.000	1.000	0.703	0.757	0.929	0.858	0.946	0.907
	衡阳	0.931	0.931	0.999	0.784	0.831	0.943	0.831	1.000	0.831
	娄底	0.886	0.902	0.983	0.885	0.888	0.997	1.000	1.000	1.000
环鄱阳湖城市群	南昌	0.871	1.000	0.871	0.849	0.858	0.989	0.958	1.000	0.958
	九江	1.000	1.000	1.000	0.961	1.000	0.961	0.904	1.000	0.904
	景德镇	1.000	1.000	1.000	1.000	1.000	1.000	1.000	1.000	1.000
	鹰潭	1.000	1.000	1.000	0.949	0.959	0.990	1.000	1.000	1.000
	新余	0.926	0.926	0.999	1.000	1.000	1.000	1.000	1.000	1.000
	宜春	0.872	0.873	0.999	0.702	0.702	1.000	0.888	0.951	0.933
	萍乡	0.932	0.935	0.997	1.000	1.000	1.000	1.000	1.000	1.000
	上饶	0.824	0.879	0.937	0.630	0.746	0.845	0.686	0.876	0.783
	抚州	0.856	0.869	0.984	1.000	1.000	1.000	0.686	0.893	0.768
	吉安	0.919	1.000	0.919	1.000	1.000	1.000	1.000	1.000	1.000
	均值	0.875	0.966	0.906	0.839	0.863	0.972	0.900	0.976	0.920

表 6－19　2013 年长江中游城市群物流两共生子系统间共生效率评价结果

DMU		Z_e (A, B)	X_e (A, B)	C_e (A, B)	Z_e (A, C)	X_e (A, C)	C_e (A, C)	Z_e (B, C)	X_e (B, C)	C_e (B, C)
泛武汉城市圈	武汉	1.000	1.000	1.000	1.000	1.000	1.000	0.996	1.000	0.996
	黄石	0.703	0.835	0.842	0.867	0.895	0.968	0.872	0.894	0.974
	鄂州	0.704	1.000	0.704	0.842	0.853	0.987	0.938	0.950	0.987
	黄冈	0.509	0.822	0.619	0.398	0.416	0.958	0.689	0.840	0.821
	孝感	0.524	0.896	0.586	0.573	0.576	0.994	0.743	0.927	0.801
	咸宁	0.635	0.879	0.722	0.671	0.818	0.821	0.699	0.776	0.901
	仙桃	0.774	1.000	0.774	0.860	1.000	0.860	1.000	1.000	1.000
	潜江	0.914	1.000	0.914	0.989	1.000	0.989	1.000	1.000	1.000
	天门	0.842	1.000	0.842	0.925	1.000	0.925	1.000	1.000	1.000
	襄阳	0.625	0.951	0.657	0.778	0.895	0.869	0.997	1.000	0.997
	宜昌	0.666	0.892	0.746	0.563	0.692	0.814	0.803	0.942	0.852
	荆州	0.897	1.000	0.897	1.000	1.000	1.000	0.979	0.980	0.998
	荆门	0.772	0.924	0.836	0.878	0.943	0.930	0.817	0.885	0.923
环长株潭城市群	长沙	0.950	1.000	0.950	0.918	1.000	0.918	1.000	1.000	1.000
	株洲	0.676	0.806	0.839	1.000	1.000	1.000	1.000	1.000	1.000
	湘潭	0.524	0.632	0.830	0.783	0.788	0.994	0.837	0.837	0.999
	岳阳	0.657	1.000	0.657	0.804	0.844	0.953	1.000	1.000	1.000
	益阳	0.681	0.831	0.820	0.692	0.794	0.871	0.992	1.000	0.992
	常德	0.911	0.939	0.970	0.724	0.823	0.879	0.832	1.000	0.832
	衡阳	0.668	0.897	0.745	0.835	1.000	0.835	0.823	1.000	0.823
	娄底	0.934	1.000	0.934	0.988	0.991	0.997	0.869	0.888	0.979
环鄱阳湖城市群	南昌	0.843	1.000	0.843	0.703	0.722	0.974	0.928	1.000	0.928
	九江	0.681	1.000	0.681	0.965	1.000	0.965	0.527	0.544	0.969
	景德镇	1.000	1.000	1.000	1.000	1.000	1.000	1.000	1.000	1.000
	鹰潭	1.000	1.000	1.000	1.000	1.000	1.000	1.000	1.000	1.000
	新余	0.749	0.976	0.768	1.000	1.000	1.000	0.851	0.873	0.975
	宜春	0.612	0.760	0.805	0.583	0.597	0.977	0.964	0.969	0.996
	萍乡	0.688	0.954	0.721	0.925	0.930	0.995	0.698	0.792	0.881
	上饶	0.694	0.763	0.909	0.747	1.000	0.747	0.656	0.777	0.844
	抚州	0.957	1.000	0.957	1.000	1.000	1.000	0.673	0.722	0.932
	吉安	0.837	0.971	0.863	0.837	0.838	0.999	0.733	0.796	0.921
	均值	0.762	0.927	0.820	0.834	0.884	0.943	0.868	0.916	0.946

依据表6-15至表6-19的相关数据，可以得到2009—2013年长江中游城市群物流共生系统子系统两两之间共生效率变化图，分别如图6-3、图6-4、图6-5所示。

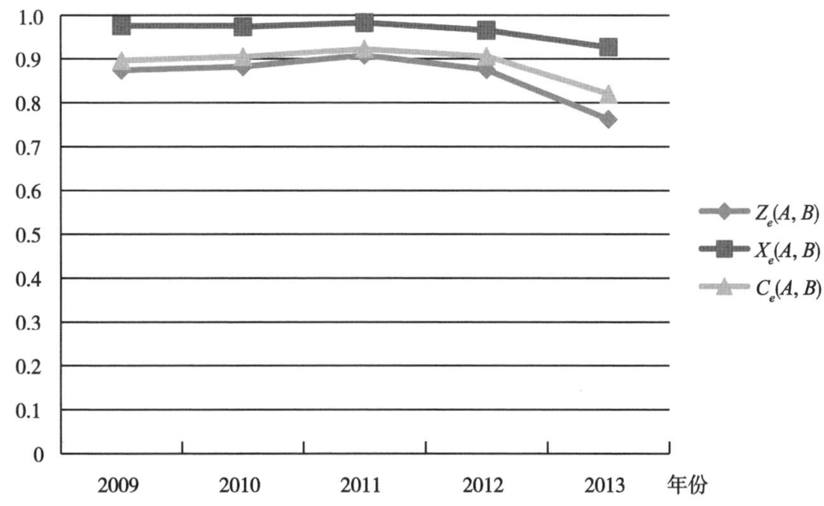

图6-3　2009—2013年长江中游城市群物流供给与需求子系统间共生效率

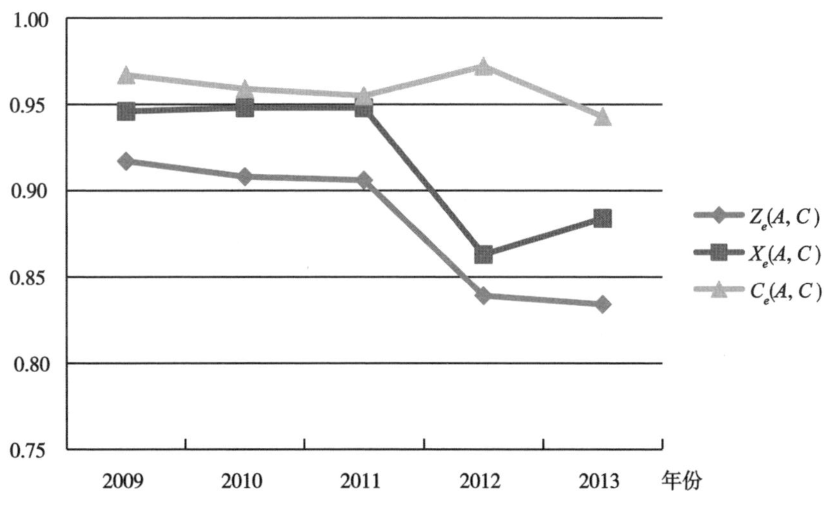

图6-4　2009—2013年长江中游城市群物流供给与支持子系统间共生效率

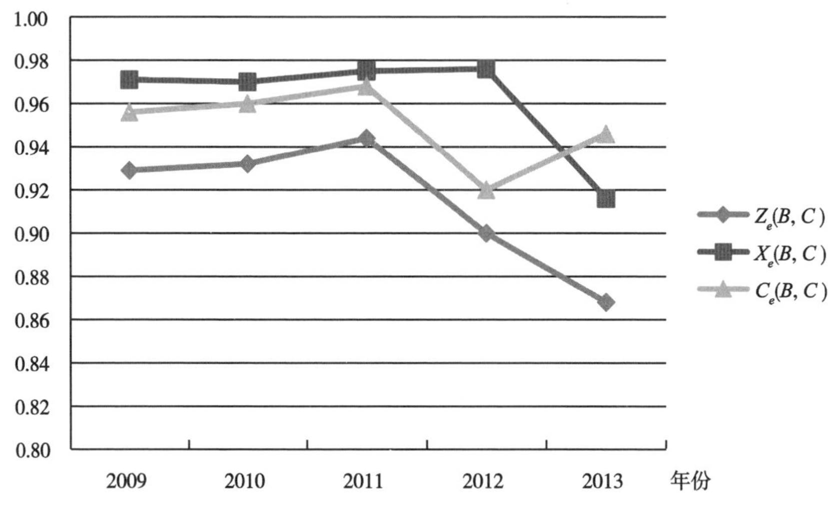

图 6－5　2009—2013 年长江中游城市群物流需求与支持子系统间共生效率

如图 6－3 所示，长江中游城市群物流供给与需求子系统之间的共生效率在 2009—2012 年期间基本维持稳定，处于一个较高水平，在 2012—2013 年期间，两子系统之间的共生效率有小幅下降，主要是由于两系统之间的成长效率下降所引起，也即规模效率的下降。因此，后期长江中游城市群物流供给子系统应增加投入规模，以适应城市群经济需求的快速增长而导致的物流需求的快速增长。

如图 6－4 所示，长江中游城市群物流供给与支持子系统之间的共生效率 2009—2011 年期间基本维持在一个稳定的高位水平，略有下降；2011—2012 年期间，两子系统之间的共生效率出现了大幅下降，从图 6－4中可以看出下降的根源在于城市群物流供给子系统与支持子系统之间的协同效率，也即纯技术效率出现了大幅下降，而两者之间的规模效率反而有小幅上升。2012—2013 年期间两系统之间的共生效率有了小幅回升，但是两系统之间的共生效率还是处于一个较低水平，且成长效率有所下降。因此，后期长江中游城市群物流支持子系统应加强对物流供给子系统的知识技术支持以及相关政策支持，促进长江中游城市群物流产业的健康持续发展。

如图 6－5 所示，长江中游城市群物流需求与支持子系统之间的共生效率 2009—2011 年期间同样维持在一个稳定的高位水平，且略有上涨，说明该期间城市群物流支持子系统对城市群物流需求子系统提供了有力的政策支持及智力支持，促进了城市群产业结构及产业布局的优化。2011—2012 年期间两子系统之间的共生效率出现了大幅下降，从图 6－5中可以看出，下降的根源在于城市群物流需求子系统与支持子系统之间的成长效率，也即规模效率出现了大幅下降，反映该阶段支持子系统对于需求子系统的支持力度不够。2012—2013 年期间，两子系统之间的共生效率持续下降，其中，成长效率即规模效率有了小幅增长，但是两系统之间的协同效率出现了显著下降，说明支持子系统对于需求子系统的相关产业调整政策支持等没有起到预期的促进作用，产业结构优化效果不明显。因此，后期长江中游城市群物流支持子系统应调整相关产业政策，使政策更利于城市群产业合理布局，并充分发挥高校及科研机构对于产业技术创新的支持，更广范围、更大程度上推广新技术新产品。从而提高需求与支持子系统之间的协同效率，使城市群资源要素配置更加合理有效。

6.2.4　系统整体共生效率评价

根据第 5 章关于 DEA 评价模型计算原理，若分式规划中分母代表子系统 A 的投入组合，分子代表子系统 B 和 C 的产出组合，则根据第 5 章中两子系统之间的协同效率、成长效率及协同成长综合效率计算方法，可以求得子系统 A 相对于子系统 B 和 C 的共生效率。同理，可求得子系统 B 相对于子系统 A 和 C 的共生效率，以及子系统 C 相对于子系统 A 和 B 的共生效率。2013 年具体计算结果如表 6－20 所示，由于篇幅有限，其他年份结果见附录。在此基础上，根据 3 个子系统之间协同效率、成长效率、协同成长综合效率的计算方法，利用式（5－19）至式（5－21），可求得长江中游城市群物流共生系统整体的共生效率，2009—2013 年具体计算结果分别如表 6－21 至表 6－25所示，系统整体共生效率变化情况如图 6－6 所示。

表 6-20　2013 年长江中游城市群物流 3 个子系统共生效率评价结果

	DMU	Z_e (A/B, C)	X_e (A/B, C)	C_e (A/B, C)	Z_e (B/A, C)	X_e (B/A, C)	C_e (B/A, C)	Z_e (C/A, B)	X_e (C/A, B)	C_e (C/A, B)
泛武汉城市圈	武汉	1.000	1.000	1.000	1.000	1.000	1.000	1.000	1.000	1.000
	黄石	1.000	1.000	1.000	0.900	0.908	0.991	0.969	0.999	0.970
	鄂州	1.000	1.000	1.000	1.000	1.000	1.000	0.960	0.985	0.975
	黄冈	0.898	1.000	0.898	0.627	0.705	0.889	0.785	1.000	0.785
	孝感	1.000	1.000	1.000	0.822	0.860	0.956	0.672	0.773	0.869
	咸宁	0.940	1.000	0.940	0.747	0.790	0.946	1.000	1.000	1.000
	仙桃	0.909	1.000	0.909	1.000	1.000	1.000	1.000	1.000	1.000
	潜江	1.000	1.000	1.000	1.000	1.000	1.000	1.000	1.000	1.000
	天门	0.935	1.000	0.935	1.000	1.000	1.000	1.000	1.000	1.000
	襄阳	0.836	1.000	0.836	1.000	1.000	1.000	1.000	1.000	1.000
	宜昌	0.455	0.796	0.572	1.000	1.000	1.000	0.925	1.000	0.925
	荆州	1.000	1.000	1.000	1.000	1.000	1.000	1.000	1.000	1.000
	荆门	1.000	1.000	1.000	0.855	0.875	0.977	1.000	1.000	1.000
环长株潭城市群	长沙	1.000	1.000	1.000	1.000	1.000	1.000	1.000	1.000	1.000
	株洲	1.000	1.000	1.000	1.000	1.000	1.000	1.000	1.000	1.000
	湘潭	1.000	1.000	1.000	1.000	1.000	1.000	0.841	0.848	0.992
	岳阳	0.664	1.000	0.664	1.000	1.000	1.000	1.000	1.000	1.000
	益阳	0.516	0.870	0.593	0.998	1.000	0.998	1.000	1.000	1.000
	常德	0.986	1.000	0.986	0.966	1.000	0.966	0.836	1.000	0.836
	衡阳	0.789	1.000	0.789	1.000	1.000	1.000	0.984	1.000	0.984
	娄底	1.000	1.000	1.000	1.000	1.000	1.000	1.000	1.000	1.000
环鄱阳湖城市群	南昌	1.000	1.000	1.000	1.000	1.000	1.000	0.892	1.000	0.892
	九江	1.000	1.000	1.000	1.000	1.000	1.000	0.932	1.000	0.932
	景德镇	1.000	1.000	1.000	1.000	1.000	1.000	1.000	1.000	1.000
	鹰潭	1.000	1.000	1.000	1.000	1.000	1.000	1.000	1.000	1.000
	新余	1.000	1.000	1.000	1.000	1.000	1.000	1.000	1.000	1.000
	宜春	0.425	0.605	0.702	0.991	0.997	0.994	1.000	1.000	1.000
	萍乡	1.000	1.000	1.000	1.000	1.000	1.000	0.855	0.864	0.990
	上饶	0.609	1.000	0.609	1.000	1.000	1.000	0.938	1.000	0.938
	抚州	1.000	1.000	1.000	1.000	1.000	1.000	1.000	1.000	1.000
	吉安	1.000	1.000	1.000	1.000	1.000	1.000	0.757	0.869	0.871

表 6－21　2009 年长江中游城市群物流共生系统整体共生效率评价结果

DMU		协同成长效率	协同效率	成长效率
		Z_e（A，B，C）	X_e（A，B，C）	C_e（A，B，C）
泛武汉城市圈	武汉	1.000	1.000	1.000
	黄石	1.000	1.000	1.000
	鄂州	1.000	1.000	1.000
	黄冈	0.869	0.907	0.958
	孝感	0.932	1.000	0.932
	咸宁	0.798	0.859	0.929
	仙桃	1.000	1.000	1.000
	潜江	1.000	1.000	1.000
	天门	1.000	1.000	1.000
	襄阳	0.991	1.000	0.991
	宜昌	1.000	1.000	1.000
	荆州	0.969	1.000	0.969
	荆门	1.000	1.000	1.000
环长株潭城市群	长沙	1.000	1.000	1.000
	株洲	1.000	1.000	1.000
	湘潭	1.000	1.000	1.000
	岳阳	1.000	1.000	1.000
	益阳	1.000	1.000	1.000
	常德	1.000	1.000	1.000
	衡阳	1.000	1.000	1.000
	娄底	0.972	1.000	0.972
环鄱阳湖城市群	南昌	1.000	1.000	1.000
	九江	1.000	1.000	1.000
	景德镇	0.944	1.000	0.944
	鹰潭	1.000	1.000	1.000
	新余	1.000	1.000	1.000
	宜春	1.000	1.000	1.000
	萍乡	0.995	0.996	0.999
	上饶	0.901	0.941	0.958
	抚州	1.000	1.000	1.000
	吉安	1.000	1.000	1.000
	均值	0.980	0.990	0.989

表 6－22　2010 年长江中游城市群物流共生系统整体共生效率评价结果

DMU		协同成长效率	协同效率	成长效率
		Z_e (A, B, C)	X_e (A, B, C)	C_e (A, B, C)
泛武汉城市圈	武汉	1.000	1.000	1.000
	黄石	0.934	0.976	0.957
	鄂州	1.000	1.000	1.000
	黄冈	0.910	0.966	0.943
	孝感	0.952	1.000	0.952
	咸宁	0.902	0.886	1.019
	仙桃	1.000	1.000	1.000
	潜江	1.000	1.000	1.000
	天门	0.996	1.000	0.996
	襄阳	0.978	1.000	0.978
	宜昌	0.876	1.000	0.876
	荆州	1.000	1.000	1.000
	荆门	1.000	1.000	1.000
环长株潭城市群	长沙	1.000	1.000	1.000
	株洲	1.000	1.000	1.000
	湘潭	1.000	1.000	1.000
	岳阳	0.974	1.000	0.974
	益阳	1.000	1.000	1.000
	常德	1.000	1.000	1.000
	衡阳	0.950	1.000	0.950
	娄底	0.994	1.000	0.994
环鄱阳湖城市群	南昌	0.991	0.997	0.994
	九江	1.000	1.000	1.000
	景德镇	0.977	1.000	0.977
	鹰潭	1.000	1.000	1.000
	新余	0.979	1.000	0.979
	宜春	0.922	0.927	0.994
	萍乡	0.966	0.972	0.994
	上饶	0.975	1.000	0.975
	抚州	0.979	1.000	0.979
	吉安	1.000	1.000	1.000
	均值	0.976	0.991	0.985

表 6 - 23　2011 年长江中游城市群物流共生系统整体共生效率评价结果

DMU		协同成长效率 Z_e (A, B, C)	协同效率 X_e (A, B, C)	成长效率 C_e (A, B, C)
泛武汉城市圈	武汉	1.000	1.000	1.000
	黄石	0.941	0.978	0.963
	鄂州	1.000	1.000	1.000
	黄冈	0.921	1.000	0.921
	孝感	0.945	1.000	0.945
	咸宁	0.789	0.839	0.940
	仙桃	1.000	1.000	1.000
	潜江	1.000	1.000	1.000
	天门	0.994	1.000	0.994
	襄阳	0.950	1.000	0.950
	宜昌	0.871	1.000	0.871
	荆州	1.000	1.000	1.000
	荆门	0.960	0.983	0.977
环长株潭城市群	长沙	1.000	1.000	1.000
	株洲	1.000	1.000	1.000
	湘潭	1.000	1.000	1.000
	岳阳	1.000	1.000	1.000
	益阳	1.000	1.000	1.000
	常德	1.000	1.000	1.000
	衡阳	1.000	1.000	1.000
	娄底	0.982	1.000	0.982
环鄱阳湖城市群	南昌	0.975	1.000	0.975
	九江	1.000	1.000	1.000
	景德镇	1.000	1.000	1.000
	鹰潭	0.971	1.000	0.971
	新余	0.987	1.000	0.987
	宜春	0.977	0.978	0.998
	萍乡	1.000	1.000	1.000
	上饶	0.947	1.000	0.947
	抚州	1.000	1.000	1.000
	吉安	1.000	1.000	1.000
	均值	0.975	0.993	0.982

表 6－24　2012 年长江中游城市群物流共生系统整体共生效率评价结果

DMU		协同成长效率	协同效率	成长效率
		Z_e（A，B，C）	X_e（A，B，C）	C_e（A，B，C）
泛武汉城市圈	武汉	1.000	1.000	1.000
	黄石	0.926	0.995	0.930
	鄂州	0.978	1.000	0.978
	黄冈	0.873	1.000	0.873
	孝感	0.881	1.000	0.881
	咸宁	0.815	0.830	0.982
	仙桃	1.000	1.000	1.000
	潜江	1.000	1.000	1.000
	天门	1.000	1.000	1.000
	襄阳	0.901	1.000	0.901
	宜昌	0.935	1.000	0.935
	荆州	1.000	1.000	1.000
	荆门	0.874	0.963	0.908
环长株潭城市群	长沙	1.000	1.000	1.000
	株洲	0.946	1.000	0.946
	湘潭	0.932	0.960	0.971
	岳阳	0.972	1.000	0.972
	益阳	1.000	1.000	1.000
	常德	0.933	1.000	0.933
	衡阳	0.943	1.000	0.943
	娄底	0.936	0.915	1.023
环鄱阳湖城市群	南昌	0.973	1.000	0.973
	九江	1.000	1.000	1.000
	景德镇	1.000	1.000	1.000
	鹰潭	1.000	1.000	1.000
	新余	1.000	1.000	1.000
	宜春	0.914	0.875	1.044
	萍乡	1.000	1.000	1.000
	上饶	0.791	1.000	0.791
	抚州	1.000	1.000	1.000
	吉安	1.000	1.000	1.000
	均值	0.952	0.985	0.967

表6-25 2013年长江中游城市群物流共生系统整体共生效率评价结果

DMU		协同成长效率	协同效率	成长效率
		Z_e (*A*, *B*, *C*)	X_e (*A*, *B*, *C*)	C_e (*A*, *B*, *C*)
泛武汉城市圈	武汉	1.000	1.000	1.000
	黄石	0.958	0.968	0.989
	鄂州	0.988	0.995	0.993
	黄冈	0.801	0.941	0.851
	孝感	0.863	0.882	0.979
	咸宁	0.900	0.931	0.968
	仙桃	0.965	1.000	0.965
	潜江	1.000	1.000	1.000
	天门	0.977	1.000	0.977
	襄阳	0.938	1.000	0.938
	宜昌	0.733	0.924	0.794
	荆州	1.000	1.000	1.000
	荆门	0.952	0.957	0.995
环长株潭城市群	长沙	1.000	1.000	1.000
	株洲	1.000	1.000	1.000
	湘潭	0.964	0.957	1.007
	岳阳	0.864	1.000	0.864
	益阳	0.817	0.950	0.859
	常德	0.925	1.000	0.925
	衡阳	0.912	1.000	0.912
	娄底	1.000	1.000	1.000
环鄱阳湖城市群	南昌	0.964	1.000	0.964
	九江	0.982	1.000	0.982
	景德镇	1.000	1.000	1.000
	鹰潭	1.000	1.000	1.000
	新余	1.000	1.000	1.000
	宜春	0.753	0.835	0.903
	萍乡	0.959	0.951	1.008
	上饶	0.828	1.000	0.828
	抚州	1.000	1.000	1.000
	吉安	0.922	0.951	0.970
	均值	0.934	0.976	0.958

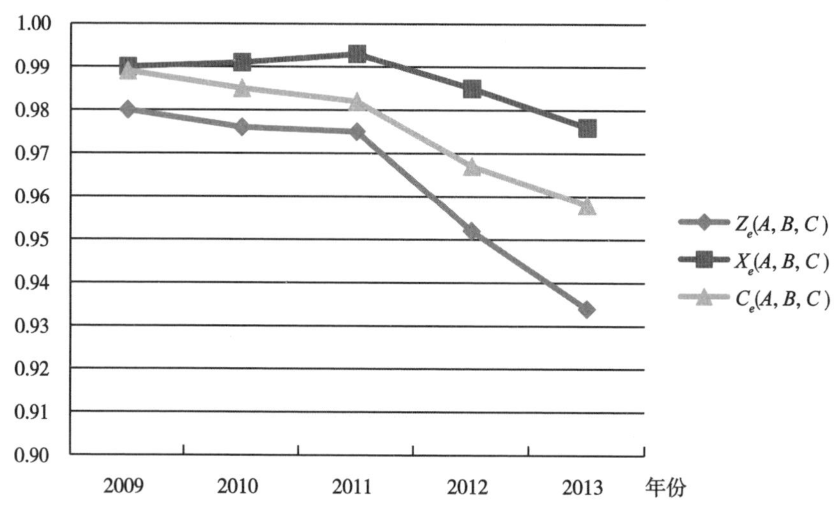

图 6-6　2009—2013 年长江中游城市群物流共生系统共生效率变化

6.2.5　系统共生效率分析

由表 6-21 至表 6-25 计算结果可以看出，2009—2013 年长江中游城市群物流共生系统的协同成长效率均值分别为 0.980、0.976、0.975、0.952、0.934，协同效率均值分别是 0.990、0.991、0.993、0.985、0.986，成长效率均值分别是 0.989、0.985、0.982、0.967、0.958。据图 6-6 及这几年的计算结果，长江中游城市群物流共生系统 2009—2013 年的共生效率一直处于一个较稳定的高位水平，表明 3 个子系统整体共生演化效果较好。但从几个效率的变化趋势可以看出，系统演化共生效率缓慢下降，系统增长动力减弱，根据第 4 章中基于 Logistic 方程的城市群物流共生系统演化过程的分析结果，系统现处于演化过程中的趋稳发展阶段。该阶段长江中游城市群物流共生系统共生单元主体数量较多、规模较大，主体之间竞争加剧，但是系统的环境资源有限，因此，其发展速度下降。

以 2013 年为例，2013 年泛武汉城市圈中的武汉、潜江、荆州，环长株潭城市群中的长沙、株洲、娄底，环鄱阳湖城市群中的景德镇、鹰潭、新余、抚州，这些城市的“协同效率”“成长效率”及“协同成长效率”数值均为 1，即 $X_e(A,B,C) = C_e(A,B,C) = Z_e(A,B,C) = 1$，说明这些评价单元共生有效，它代表评价单元同时达到技术有效和规模有效。这些评价单元相对其他评价单元来说其投入产出效率是最好的，其内部结构、生产要素的配置比例是最适宜的，同时处于最佳规模状态。其中武汉、长沙分别为湖北省、湖南省的省会城市，城市的集聚扩散效应明显，且物流业相对发达，本地与中转物流需求旺盛，物流发展环境较好，因而产出与投入效率比相对最高，供给子系统、需求子系统与支持子系统之间表现出较好的共生效果。其他共生效率为1的城市，由于地区经济总量小，故物流需求总量与规模也小，所以物流供给、需求、与支持子系统之间依然共生有效。其他城市共生效率均非有效。其中，江西省会城市南昌作为环鄱阳湖城市群的核心城市，其协同成长效率为0.964，没有达到有效程度1，其投入产出规模还没有达到最优，其应增加投入规模以获得最优产出。

将表6-21至表6-25中的数据按照泛武汉城市圈、环长株潭城市群、环鄱阳湖城市群进行划分，求其平均值，得到表6-26至表6-30。同时，根据以上各表中数据，分别绘制了2009—2013年各城市群以及长江中游城市群整体的协同成长效率、协同效率、成长效率变化图，如图6-7、图6-8、图6-9所示。

表6-26　2009年长江中游城市群分区域整体共生效率评价结果

DMU	协同成长效率	协同效率	成长效率
	Z_e (A, B, C)	X_e (A, B, C)	C_e (A, B, C)
泛武汉城市圈	0.966	0.982	0.983
环长株潭城市群	0.997	1.000	0.997
环鄱阳湖城市群	0.984	0.994	0.990
长江中游城市群	0.980	0.990	0.989

表6-27　2010年长江中游城市群分区域整体共生效率评价结果

DMU	协同成长效率	协同效率	成长效率
	Z_e (A, B, C)	X_e (A, B, C)	C_e (A, B, C)
泛武汉城市圈	0.965	0.987	0.979
环长株潭城市群	0.990	1.000	0.990

（续表）

DMU	协同成长效率	协同效率	成长效率
	Z_e（A，B，C）	X_e（A，B，C）	C_e（A，B，C）
环鄱阳湖城市群	0.979	0.990	0.989
长江中游城市群	0.976	0.991	0.985

表 6－28　2011 年长江中游城市群分区域整体共生效率评价结果

DMU	协同成长效率	协同效率	成长效率
	Z_e（A，B，C）	X_e（A，B，C）	C_e（A，B，C）
泛武汉城市圈	0.952	0.985	0.966
环长株潭城市群	0.998	1.000	0.998
环鄱阳湖城市群	0.986	0.998	0.988
长江中游城市群	0.975	0.993	0.981

表 6－29　2012 年长江中游城市群分区域整体共生效率评价结果

DMU	协同成长效率	协同效率	成长效率
	Z_e（A，B，C）	X_e（A，B，C）	C_e（A，B，C）
泛武汉城市圈	0.937	0.984	0.953
环长株潭城市群	0.958	0.984	0.974
环鄱阳湖城市群	0.968	0.988	0.981
长江中游城市群	0.952	0.985	0.967

表 6－30　2013 年长江中游城市群分区域整体共生效率评价结果

DMU	协同成长效率	协同效率	成长效率
	Z_e（A，B，C）	X_e（A，B，C）	C_e（A，B，C）
泛武汉城市圈	0.929	0.969	0.958
环长株潭城市群	0.935	0.988	0.946
环鄱阳湖城市群	0.941	0.974	0.966
长江中游城市群	0.934	0.976	0.958

从表 6－26 至表 6－30 计算结果可以看出，2009—2013 年泛武汉

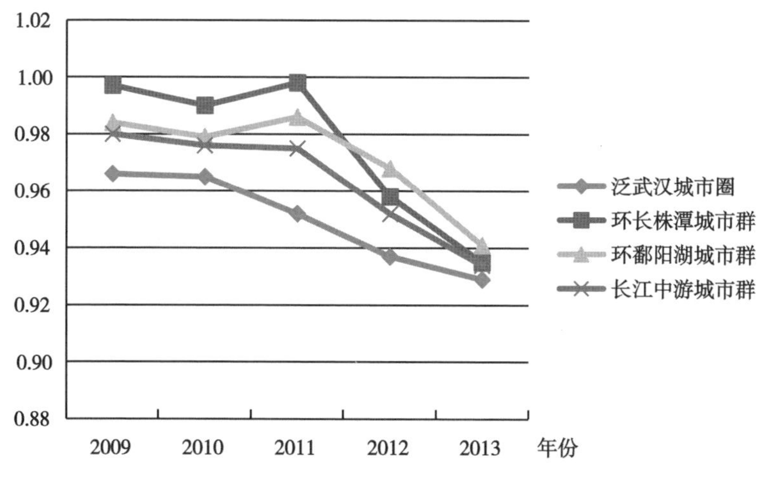

图 6－7　2009—2013 年长江中游城市群物流共生系统分区域协同成长效率

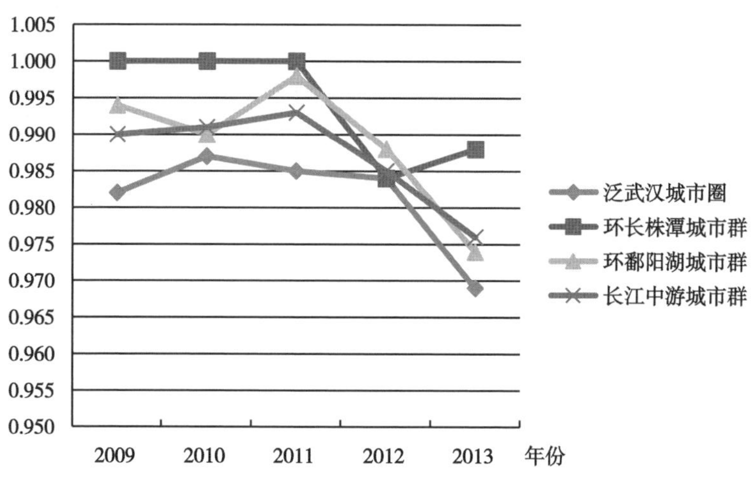

图 6－8　2009—2013 年长江中游城市群物流共生系统分区域协同效率

城市圈、环长株潭城市群、环鄱阳湖城市群物流共生系统的“协同效率”“成长效率”“协同成长效率”均相近，说明泛武汉城市圈、环长株潭城市群、环鄱阳湖城市群的物流共生系统的投入产出效率相当，协同性一致，具备互惠共生的良好基础。从图 6－7、图 6－8、图 6－9 可以看出，2009—2013 年期间，泛武汉城市圈的物流共生系统的协

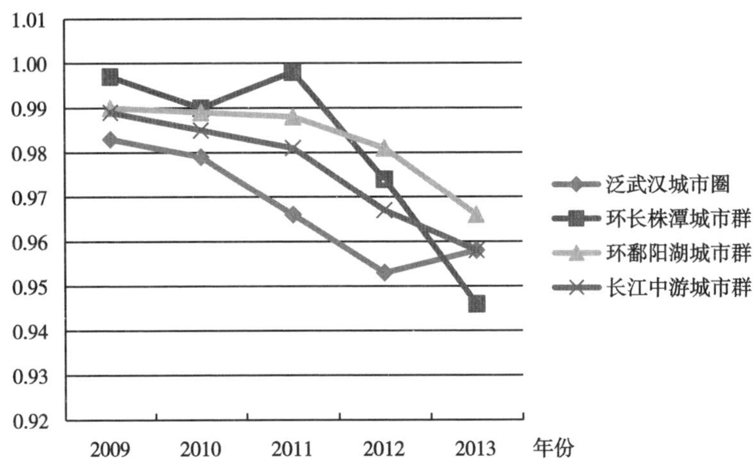

图 6－9　2009—2013 年长江中游城市群物流共生系统分区域成长效率

同成长效率是 3 个城市群中效率最低的，其协同效率与成长效率也处于 3 个城市群中最低位置。因此，泛武汉城市圈后期应注重各共生单元之间的沟通协同，并调整系统的投入产出规模，以提高该城市群的协同效率及规模效率。泛武汉城市圈中的核心城市武汉应发挥其枢纽作用，增强其对其他城市的集聚扩散效应，带动城市圈其他城市的同步发展。环长株潭城市群在 2009—2011 年期间，其共生效率一直处于 3 个城市群中的最高水平，表明此阶段该城市群共生单元内部协同效果好，规模经济效益明显。但是 2011—2013 年期间，其协同成长效率、成长效率显著下降，说明该城市群的规模经济效应开始消退，后期应调整系统的投入产出规模，以实现规模效率优化。其协同效率在 2012—2013 年期间由下降变为上升，说明该城市群物流共生系统的协同水平在逐步改善，系统共生单元间资源有效共享。2009—2013 年期间，环鄱阳湖城市群的共生效率处于 3 个城市群中的中间水平，其协同成长效率在 2009—2011 年期间趋于稳定，2011—2013 年期间处于下降趋势。其协同效率在 2009—2011 年期间先降后升，2011—2013 年期间处于下降趋势。其成长效率在 2009—2013 年期间一直处于缓慢下降之中。后期，环鄱阳湖城市群应注重城市群物流系统协同效率提高的同时，还应扩大对系统的投入规模，以提高系统的成长效率，进而改善城市群物流共生系统的共生效率。

因此，长江中游各城市群在充分利用自身区位条件、资源要素提升区域经济规模总量，带动城市群物流发展的同时，还应充分利用长江这一纽带，通过交通网络的联通、产业结构的协调、市场需求的扩大以及政策制度的支持等，进一步加强互联互通，以促使长江中游城市群物流共生系统及城市群之间的共生演化向着对称性互惠共生模式演化发展，从而提升长江中游城市群物流共生系统的共生效率。

6.3　长江中游城市群物流共生系统共生能量生成水平评价

第 5 章中已经论述，对于城市群物流共生系统共生能量生成水平的评价所采用的计算模型是 Malmquist 全要素生产率指数方法。因此，本章基于第 5 章 5.7 节 Malmquist 全要素生产率指数的计算模型及所选择的影响因素变量，选用 6.2 节中的部分样本数据，实际计算长江中游城市群物流共生系统的 Malmquist 全要素生产率指数，从而对长江中游城市群的物流共生系统共生能量生成水平进行评价分析。基于计算所得的长江中游城市群物流共生系统的 Malmquist 全要素生产率指数，本章运用第 5 章的 Tobit 回归分析模型，计算分析各影响因素对 Malmquist 全要素生产率的影响方向及程度，进而为后文提出相应的对策建议提供参考依据。

6.3.1　系统 Malmquist 全要素生产率指数计算分析

根据 5.7 节中 Malmquist 全要素生产率指数的计算公式（5 - 25）至式（5 - 32），以及选取的系统共生单元主体能力、共生界面、共生环境方面的影响因素分析变量，利用 DEAP 软件计算长江中游城市群物流共生系统的全要素生产率指数。长江中游城市群物流共生系统 2009—2013 年全要素生产率及其分解指数的计算结果如表 6 - 31 所示，相应的各指数 2009—2013 年期间的变化情况如图 6 - 10 所示。

表 6－31　2009—2013 年长江中游城市群物流共生系统全要素生产率指数及其分解

	DMU	effch	techch	pech	sech	tfpch
泛武汉城市圈	武汉	1.000	0.976	1.000	1.000	0.976
	黄石	0.995	1.025	0.985	1.010	1.020
	鄂州	1.062	0.942	1.000	1.062	1.001
	黄冈	0.783	0.891	1.000	0.783	0.698
	孝感	0.808	0.888	1.000	0.808	0.717
	咸宁	1.009	0.938	1.000	1.009	0.947
	仙桃	1.044	0.941	1.000	1.044	0.983
	潜江	0.964	0.913	1.000	0.964	0.880
	天门	1.106	0.886	1.000	1.106	0.980
	襄阳	0.943	0.869	0.974	0.968	0.819
	宜昌	1.000	0.818	1.000	1.000	0.818
	荆州	1.185	1.131	1.000	1.185	1.340
	荆门	0.927	1.013	1.000	0.927	0.939
环长株潭城市群	长沙	1.000	0.933	1.000	1.000	0.933
	株洲	1.012	0.971	0.995	1.017	0.982
	湘潭	1.021	0.945	0.967	1.056	0.964
	岳阳	0.984	0.920	0.976	1.009	0.905
	益阳	1.056	0.935	0.995	1.062	0.988
	常德	1.010	0.932	0.971	1.040	0.941
	衡阳	1.010	1.007	0.985	1.025	1.017
	娄底	1.022	0.951	1.000	1.022	0.973
环鄱阳湖城市群	南昌	1.071	1.027	1.039	1.031	1.100
	九江	1.009	1.086	1.000	1.009	1.096
	景德镇	1.085	0.923	1.000	1.085	1.002
	鹰潭	1.106	0.899	1.000	1.106	0.994
	新余	1.000	0.994	1.000	1.000	0.994
	宜春	1.000	0.985	1.000	1.000	0.985
	萍乡	1.123	0.947	1.000	1.123	1.064
	上饶	1.045	0.971	0.990	1.055	1.015
	抚州	1.000	0.969	1.000	1.000	0.969
	吉安	0.946	0.886	1.000	0.946	0.838
	均值	1.007	0.950	0.996	1.011	0.957

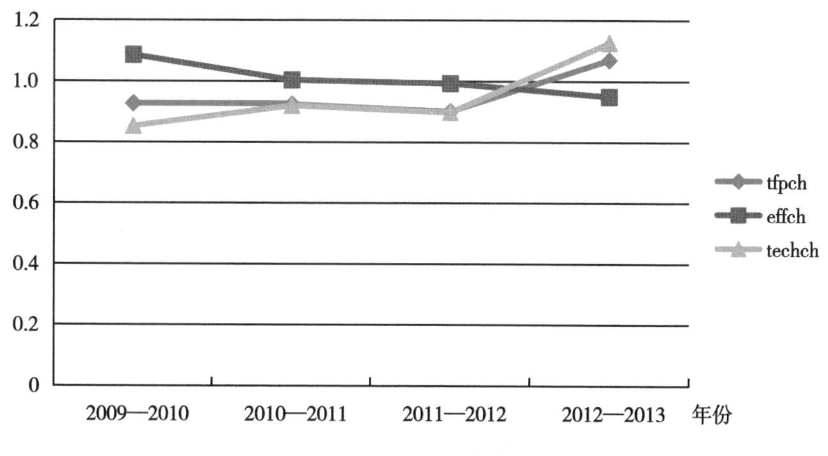

图 6 - 10　2009—2013 年长江中游城市群物流共生系统全要素生产率及其分解指数

根据表 6 - 31 的计算结果可知，2009—2013 年长江中游城市群物流共生系统的全要素生产率指数 tfpch 均值为 0. 957，年均下降了 4. 3%。观察系统全要素生产率指数的分解指数 effch 及 techch 的均值变化，其中，effch 年均增长了 0. 7%，techch 年均下降了 5%，反映了系统全要素生产率指数的降低是由于技术进步因素的非有效导致的，而 effch 指数所反映的系统自身的管理水平略有提高。effch 指数的分解指数 pech，即纯技术效率指数下降了 0. 4%，反映了系统的资源要素配置效率的降低；sech 指数提高了 1. 1%，反映的是系统规模效率的提升，说明系统在共生条件下，由于各共生单元之间的沟通交流，以及所形成的集聚效应，从而带来系统规模效率的提升。长江中游城市群物流共生系统全要素生产率指数下降的原因可能在于这几年期间，系统产出的增长主要是基础设施投资所带来的自身产出增长，以及由此引起的市场需求的增加而带来的物流系统产出的增加。但是，由于城市群区域之间可能存在基础设施重复建设的问题，以及产业结构部分趋同，导致长江中游城市群物流共生系统的全要素生产率反而有所下降，也即意味着系统共生能量生成水平的降低。从图 6 - 10 可以看出，2009—2013 年长江中游城市群物流共生系统全要素生产率指数 tfpch 的变化在 2009—2012 年期间一直较为平稳，略微下降，2012—2013 年期间，tfpch 有了较大幅度增长。从图中也可看出，2012—2013 年期间全要素生产率指数 tfpch 上涨的根源在于技术进步指数 techch 的提升。自 2010—2013 年期间，全要素生产率指数 tfpch 变化的趋势与技术进步指数 techch 的变化趋势基本一致。而系统的技术效率指数 effch 的变化趋势是平稳中有下降。

长江中游城市群物流共生系统 2009—2013 年分区域全要素生产率及其分解指数的计算结果如表 6－32 所示。

表 6－32　2009—2013 年长江中游城市群物流共生系统分区域全要素生产率指数及其分解

时期	DMU	effch	techch	pech	sech	tfpch
2009—2010	泛武汉城市圈	1.072	0.829	0.995	1.077	0.924
	环长株潭城市群	1.158	0.877	0.979	1.180	0.955
	环鄱阳湖城市群	1.116	0.936	1.004	1.112	1.058
	长江中游城市群	1.086	0.853	0.993	1.094	0.927
2010—2011	泛武汉城市圈	0.992	0.921	0.996	0.996	0.923
	环长株潭城市群	0.983	0.992	0.992	0.990	0.975
	环鄱阳湖城市群	1.060	0.908	1.008	1.051	0.970
	长江中游城市群	1.004	0.920	0.999	1.006	0.924
2011—2012	泛武汉城市圈	0.969	0.887	0.995	0.971	0.859
	环长株潭城市群	1.040	0.903	1.007	1.033	0.940
	环鄱阳湖城市群	1.017	0.908	0.988	1.029	0.923
	长江中游城市群	0.993	0.898	0.995	0.998	0.901
2012—2013	泛武汉城市圈	0.982	1.241	1.003	0.977	1.196
	环长株潭城市群	0.922	1.105	0.968	0.951	0.999
	环鄱阳湖城市群	0.984	1.068	1.012	0.973	1.061
	长江中游城市群	0.950	1.126	0.996	0.954	1.070

（1）2009—2010 年结果分析

根据表 6－32 的计算结果，2009—2010 年期间，泛武汉城市圈的全要素生产率指数 tfpch 下降了 7.6%，从其分解指数的变化情况看，tfpch 的下降是由于技术进步指数 techch 下降所引起。其 techch 下降了

17.1%，表明此阶段，泛武汉城市圈应注重技术创新，使区域物流生产前沿面外扩。泛武汉城市圈的全要素生产率指数另一分解指数 effch 上升了 7.2%，由 effch 的分解指数 pech 和 sech 的变化情况看，是由于系统规模效率提升了 7.7% 所引起的技术效率的提升。这是因为泛武汉城市圈形成以后，城市群所带来的集聚和扩散效应促使城市群物流系统规模效率的提升，规模经济效应益发明显。

此阶段，环长株潭城市群全要素生产率指数 tfpch 也下降了 5.5%，从其分解指数的变化情况看，tfpch 的下降也是由于技术进步指数 techch 下降所引起，其 techch 下降了 12.3%。此阶段，环长株潭城市群同样应注重技术创新，使区域物流生产前沿面外扩。环长株潭城市群的全要素生产率指数另一分解指数 effch 上升了 15.8%，由 effch 的分解指数 pech 和 sech 的变化情况看，也是由于系统规模效率提升了 18.0% 所引起的。与泛武汉城市圈类似，这是因为城市群形成以后，城市群所带来的集聚和扩散效应促使城市群物流系统规模效率的提升，规模经济效益提高。

环鄱阳湖城市群在此期间，其全要素生产率指数 tfpch 提高了 5.8%，从其分解指数的变化情况看，技术效率指数 effch 上升了 11.6%，引起 tfpch 的提高。而技术进步指数 techch 下降了 6.4%，同样说明，环鄱阳湖城市群也应注重技术创新及应用，扩展物流系统生产前沿面。而且，此阶段环鄱阳湖城市群的纯技术效率及规模效率分别提高了 0.4% 和 11.2%，说明城市群由于共生协同，资源配置效率得到提高；同时，由于城市群的集聚扩散效应带来规模经济效益的提高。

此阶段，长江中游城市群总的全要素生产率指数 tfpch 下降了 7.3%，由其分解指数变化情况可以看出，导致下降的根源在于技术进步指数的下降，其下降了 14.7%，而由于城市群集聚和扩散效应的影响，其规模效率提高了 9.4%。所以此阶段，长江中游城市群物流共生系统应注重技术创新进步，注重系统内涵式增长，以促进城市群物流共生系统共生能量水平的提升。

（2）2010—2011 年结果分析

根据表 6 - 32 的计算结果，2010—2011 年期间，泛武汉城市圈的全要素生产率指数 tfpch 下降了 7.7%，从其分解指数的变化情况看，effch

下降了 0.8%，techch 下降了 7.9%，pech 下降 0.4%，sech 下降了 0.4%，说明泛武汉城市圈的管理水平下降，导致了资源配置效率的降低，而技术进步指数仍然处于下降趋势，该城市圈此阶段除了要注意技术创新外，同时还要注意城市群物流系统管理水平的提升。

环长株潭城市群全要素生产率指数 tfpch 在 2010—2011 年期间也下降了2.5%，其根源也在于其技术进步指数 techch 下降了0.8%，技术效率指数 effch 下降了 1.7%。同泛武汉城市圈类似，此阶段，环长株潭城市群也应注意技术创新，同时还要注意城市群物流系统管理水平的提升。

环鄱阳湖城市群在此期间，其全要素生产率指数 tfpch 下降了 3%，虽然其规模效率指数 sech 增加了 5.1%。但由于其技术进步指数 techch 下降了 9.2%，所以导致了全要素生产率指数的下降。此阶段，环鄱阳湖城市群还是应注重城市群物流系统技术创新及应用。

此阶段，长江中游城市群总的全要素生产率指数 tfpch 下降了 7.6%，由其分解指数变化情况可以看出，导致下降的根源还是在于技术进步指数的下降，其下降了8%，其规模效率略微提高了0.6%。所以此阶段，长江中游城市群应继续加强技术创新，注重系统内涵式增长，以促进城市群物流共生系统共生能量生成水平的提升。

（3）2011—2012 年结果分析

根据表 6 - 32 的计算结果，2011—2012 年期间，泛武汉城市圈的全要素生产率指数 tfpch 下降了 14.1%，下降幅度进一步增加。从其分解指数的变化情况看，techch 下降了 11.3%，effch 下降了 3.1%，其中，pech 下降了 0.5%，sech 下降了 2.9%。可以看出，此阶段，导致泛武汉城市圈全要素生产率指数 tfpch 下降的根源主要在于技术进步因素的影响。故泛武汉城市圈此阶段应继续重点加强技术创新投入，促进城市群物流系统技术进步。

环长株潭城市群全要素生产率指数 tfpch 在 2011—2012 年期间也下降了6%，下降幅度进一步增加。从其分解指数的变化情况看，techch 下降了9.7%，effch 上升了4%，其中，pech 上升了0.7%，sech 上升了 3.3%。所以，此阶段，技术进步方面的阻碍因素是环长株潭城市群全要素生产率指数 tfpch 下降的根源。城市群物流系统的管理水平，资源配置效率一直处于上升趋势，虽然增长的幅度较小。因此，环长株潭城市群此阶段应继续重点加强技术创新投入，促进城市群物流系统技术进步。

2011—2012 年期间，环鄱阳湖城市群全要素生产率指数有上升趋势变为下降，tfpch 下降了 7.7%，其下降的根源同样是技术进步指数的下降，也即技术进步因素的阻碍影响。techch 下降了 9.2%，effch 上升了 1.7%，系统管理水平略微提高，其中 pech 下降了 1.2%，sech 上升了 2.9%，也即规模效率的提升是系统技术效率提升的根源。因此，此阶段环鄱阳湖城市同样也重点加强物流产业的技术投入，促进系统技术的进步创新。

此阶段，长江中游城市群总的全要素生产率指数 tfpch 下降了 9.9%，由其分解指数变化情况可以看出，导致下降的根源还是在于技术进步指数的下降，其下降了 10.2%。effch 下降了 0.7%，其中规模效率 sech 下降了 0.2%，纯技术效率 pech 下降了 0.5%。所以此阶段，长江中游城市群物流共生系统注重技术创新进步的同时，还应注意系统管理水平的提高，增强系统内部的共生协同，以促进城市群物流共生系统共生能量生成水平的提升。

（4）2012—2013 年结果分析

根据表 6 - 32 的计算结果，2012—2013 年期间，泛武汉城市圈的全要素生产率指数 tfpch 由下降变为上升，上升幅度为 19.6%，其上升的根源在于技术进步指数的提高，techch 上升了 24.1%，说明此阶段泛武汉城市圈在技术创新方面有了大量的投入并取得了一定的效果，促进了创新技术的推广与应用。此阶段，该城市群 effch 下降了 1.8%，其下降的根源在于规模效率的下降，sech 下降了 2.3%，说明此阶段由于资源的有限性，泛武汉城市圈的规模经济效应逐渐减弱。2012—2013 年期间，泛武汉城市圈物流系统发展的重点应在于系统管理水平的提高，以实现资源的最优配置。

2012—2013 年期间，环长株潭城市群全要素生产率指数略微下降，tfpch 下降 0.1%，其下降的根源由技术进步指数变为技术效率指数。其中，技术进步指数 techch 由下降变为上升，上升了 10.5%，同样说明此阶段环鄱阳湖城市群在技术创新方面有了大量的投入并取得了一定的效果。同时，系统 effch 下降了 7.8%，其中 pech 下降了 3.2%，sech 下降了 4.9%，说明此阶段系统内部协同效率下降，导致资源配置效率下降，同时规模效率也有所下降，规模经济效应减弱。2012—2013 年期间，环长株潭城市群物流系统发展的重点同样在于系统管理水平的提高，以实现系统协同效率的提高，促进资源的优化配置。

2012—2013 年期间，环鄱阳湖城市群全要素生产率指数 tfpch 上升了 6.1%，其增长根源是技术进步指数 techch 上升了 6.8%，表明此阶段该城市群的技术创新工作也取得了一定发展。系统技术效率 effch 下降了 1.6%，其中规模效率下降了 2.7%，说明此阶段该城市群应调整投入规模，提高规模效率。2012—2013 年期间，环鄱阳湖城市群物流系统发展的重点应是调整系统投入产出规模，以实现规模效率的提升。

此阶段，长江中游城市群总的全要素生产率指数由下降趋势变为上升，tfpch 上升了 7%，其上升根源是城市群物流系统技术进步因素的影响，其技术进步指数 techch 提高了 12.6%。但是系统技术效率指数 effch 下降了 5%，其中 pech 下降了 0.4%，sech 下降了 4.6%。由此可看出，此阶段，长江中游城市群物流共生系统应注意系统管理水平的提高，增强系统内部的共生协同，以及调整系统投入产出规模，以促进城市群物流共生系统共生能量生成水平的提升。

长江中游城市群物流共生系统 2009—2013 年各区域全要素生产率指数及其分解指数变化情况分别如图 6－11、图 6－12、图 6－13 所示。

根据图 6－11 可以看出，2009—2013 年长江中游城市群中的泛武汉城市圈、环长株潭城市群、环鄱阳湖城市群 3 个城市群及长江中游城市群整体的发展趋势基本一致，2009—2012 年期间，全要素生产率指数 tfpch 基本保持稳定水平，略微下降。2012—2013 年期间，3 个城市群的 tfpch 均有所提高，依据图 6－13，可以知道，其上涨的根源是 3 个城市群技术进步指数 techch 的提升。其中，泛武汉城市圈的全要素生产率指数 tfpch 上升的幅度最大，环长株潭城市群与环鄱阳湖城市群的全要素生产率指数 tfpch 上升水平趋于相同。结合图 6－13，可以看出，3 个城

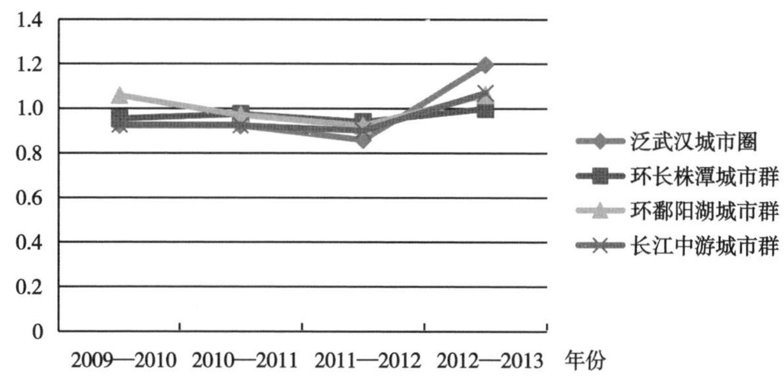

图 6 - 11　2009—2013 年长江中游城市群物流共生系统分区域全要素生产率指数 TFPCH 变化图

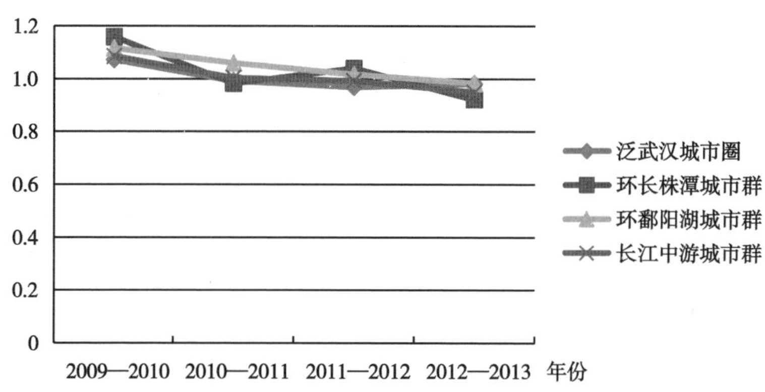

图 6 - 12　2009—2013 年长江中游城市群物流共生系统分区域技术效率指数 EFFCH 变化图

市群及整体的长江中游城市群全要素生产率指数 tfpch 上升的幅度与各自对应的技术进步指数 techch 变化的幅度保持一致，再次说明 2009—2013 年期间，各城市群的技术创新及应用推广是影响各城市群全要素生产率指数 tfpch 的关键影响因素。根据图 6 - 12 可以看出，2009—2013 年长江中游城市群物流各城市群技术效率指数 effch 的变化趋势也基本一致，且变化幅度也很相近，3 个城市群及整体的长江中游城市群的技术效率指数 effch 在平稳中都有下降，2010—2011 年期间，环长株潭城市群的技术效率指数 effch 下降幅度最大。这说明，2009—2013 年期间，

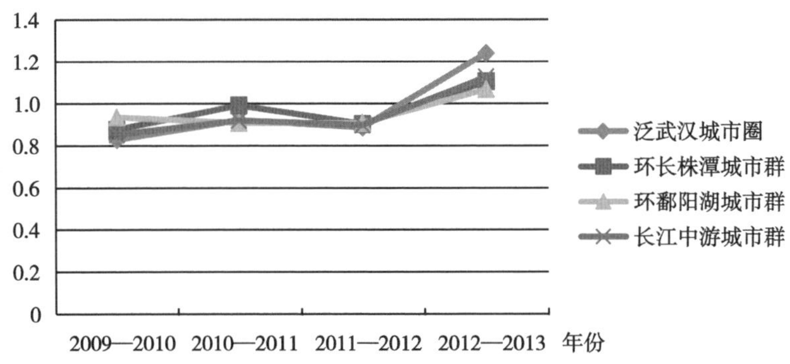

图 6-13　2009—2013 年长江中游城市群物流共生系统分区域技术进步指数 TECHCH 变化图

泛武汉城市圈、环长株潭城市群、环鄱阳湖城市群的物流系统的管理水平有所下降，导致系统资源配置效率下降，因此，后期 3 个城市群内部及城市群之间应进一步加强共生协同，优化资源配置效率，借助于 3 个城市群的技术进步优势，进一步提升 3 个城市群自身以及长江中游城市群整体的共生能量生成水平。而且，由图 6-11、图 6-12、图 6-13 可以看出，泛武汉城市圈、环长株潭城市群、环鄱阳湖城市群的全要素生产率指数及其分解指数的变化趋势及变化幅度都趋于一致，说明 3 个城市群物流系统的共生能量生成水平趋于相同，根据共生理论的共生能量生成及分配原理，3 个城市群之间易于建立对称性互惠共生演化模式，而这一模式是长江中游城市群物流共生系统演化的目标所在。

6.3.2　系统影响因素 Malmquist-Tobit 回归分析

6.3.2.1　构建系统影响因素的 Tobit 回归分析模型

根据 5.7 节中影响因素的 Tobit 回归分析模型，以前文计算的长江中游城市群物流共生系统的全要素生产率指数作为被解释变量，以 5.7 节中选取的影响因素变量作为解释变量，本文构建以下 Tobit 回归模型进行实证分析：

$$TFPCH_{it} = \beta_0 + \beta_1 HM_{it} + \beta_2 LE_{it} + \beta_3 INS_{it} + \beta_4 INF_{it} + \beta_5 GOV_{it} + \beta_6 MAR_{it} + \beta_7 TP_{it} + \varepsilon_{it} \quad (6-1)$$

$$EFFCH_{it} = \beta_0 + \beta_1 HM_{it} + \beta_2 LE_{it} + \beta_3 INS_{it} + \beta_4 INF_{it} +$$

$$\beta_5 GOV_{it} + \beta_6 MAR_{it} + \beta_7 TP_{it} + \varepsilon_{it} \quad (6-2)$$

$$TECHCH_{it} = \beta_0 + \beta_1 HM_{it} + \beta_2 LE_{it} + \beta_3 INS_{it} + \beta_4 INF_{it} + \beta_5 GOV_{it} + \beta_6 MAR_{it} + \beta_7 TP_{it} + \varepsilon_{it} \quad (6-3)$$

其中：β_0 为截距项，$\beta_1 \beta_7$ 是变量的回归系数，ε 为随机误差项。$i = 1, 2, 3, \cdots, 31$；t = 2010 年，2011 年，2012 年，2013 年。

6.3.2.2　系统影响因素 Tobit 回归分析

运用 Tobit 面板数据进行实证分析，必须考虑到横截面向量、系数向量受个体和时间变化的影响不同所产生的固定效应和随机效应。通过 Eviews 8.0 软件对 3 个回归模型分别进行 Hausman 检验，可以确定模型是建立固定效应模型还是随机效应模型。有以下假设：

H_0：建立个体随机效应模型；

H_1：建立个体固定效应模型。

3 个解释变量 Hausman 检验结果如表 6－33、表 6－34、表 6－35 所示：

表 6－33　被解释变量 *TFPCH*-Hausman 检验结果

Test Summary	Chi-Sq. Statistic	Chi-Sq. d. f	Prob.
Cross-section random	10. 063446	7	0. 1850

根据表 6－33 检测结果，Hausman 检验的统计量为 10. 06，对应的概率是 $0.1850 > 0.1$，说明检验结果接受了原假设，即应该建立解释变量 *TFPCH* 的随机效应模型。

表 6－34　被解释变量 *EFFCH*-Hausman 检验结果

Test Summary	Chi-Sq. Statistic	Chi-Sq. d. f	Prob.
Cross-section random	13. 665593	7	0. 0575

根据表 6－34 检测结果，Hausman 检验的统计量为 13. 67，对应的概率是 $0.0575 < 0.1$，说明检验结果拒绝了原假设，即应该建立解释变量 *EFFCH* 的固定效应模型。

表 6 - 35 被解释变量变量 TECHCH - Hausman 检验结果

Test Summary	Chi-Sq. Statistic	Chi-Sq. d. f	Prob.
Cross-section random	26. 572157	7	0. 0004

根据表 6 - 35 检测结果，Hausman 检验的统计量为 26. 57，对应的概率是 0. 0004 < 0. 05 ，说明检验结果拒绝了原假设，即应该建立解释变量 *TECHCH* 的固定效应模型。

运用 Eviews8. 0 软件对分别对 3 个 Tobit 模型进行回归分析，考虑到各个城市间的变量数据存在一定程度上的差异，为了消除模型存在的异方差，使用广义最小二乘法 GLS，即以截面模型残差的方差为权数对模型进行估计。被解释变量 *TFPCH* 分析结果如表 6 - 36 所示。

表 6 - 36 *TFPCH* 被解释变量 TOBIT 模型 GLS 回归结果

Variable	Coefficient	Std. Error	t-Statistic	Prob.
C	4. 614626 ***	0. 706342	6. 533132	0. 0000
HM	7. 62E - 05 *	2. 27E - 05	3. 356002	0. 0012
LE -	0. 004271	0. 003781	- 1. 129608	0. 2618
INS	0. 747173	0. 853432	0. 875492	0. 3837
INF	0. 003691 **	0. 001769	2. 086490	0. 0095
GOV	- 0. 001505 ***	0. 000453	- 3. 321844	0. 0013
MAR	0. 000643 *	0. 000237	2. 710271	0. 0081
TP	0. 000749 **	0. 000315	2. 375007	0. 0198
R-squared	0. 5253	F-statistic	2. 5721	
Prob （F-statistic）	0. 00017	Durbin-Watson stat	2. 745	

注：*** 为在 1% 水平上显著，** 为在 5% 水平上显著，* 为在 10% 水平上显著

根据表 6 - 36 的回归结果可知，解释变量交通基础设施 HM 在 10% 的显著水平上与被解释变量全要素生产率指数 *TFPCH* 正相关，是影响 *TFPCH* 的关键因素；信息化水平 INF 在 5% 的显著水平上与被解释变量 *TFPCH* 正相关，是影响*TFPCH*的关键因素；市场需求 MAR 在 10% 的显著水平上与被解释变量 *TFPCH* 正相关，是影响 *TFPCH* 的关键因素；技术进步 TP 在 5% 的显著水平上与被解释变量 *TFPCH* 正相关，是影响

TFPCH 的关键因素；政府支持 GOV 在 1% 显著水平上与被解释变量 *TFPCH*负相关，其原因可能是政府的财政支出用于物流基础设施建设时，存在重复建设的现象，导致效率的下降；解释变量物流企业数量 LE 与产业结构 INS 与被解释变量 *TFPCH* 相关性不显著，表明这两个变量在目前阶段不是影响长江中游城市群物流共生系统全要素生产率的关键因素，即不是影响系统共生能量生成水平的关键性因素。交通基础设施、信息化水平、市场需求、技术进步等正相关的关键因素的提高可以促进长江中游城市群物流共生系统全要素生产率的提升，即促进城市群物流共生系统共生能量生成水平的提高。

拟合优度检验（R^2检验）$R^2 = 0.5253$，这说明所建模型整体上对样本数据拟合较好，即所有的解释变量对被解释变量 *TFPCH* 的绝大部分差异作了解释，能够解释被解释变量 *TFPCH* 52. 53% 的变化。

对于 F 检验结果，给定显著性水平 $\alpha=0.1$，由 Eviews 分析结果可知 $F=2.5721$，F 检验的 $P=0.00017<0.1$，说明回归方程整体效果显著，即列入模型的解释变量联合起来对被解释变量 *TFPCH* 有显著影响。

被解释变量 *TECHCH* 分析结果如表 6 – 37 所示。

表 6 – 37　*TECHCH* 被解释变量 TOBIT 模型 GLS 回归结果

Variable	Coefficient	Std. Error	t-Statistic	Prob.
C	–3. 781809 ***	0. 574424	–6. 583658	0. 0000
HM	0. 000145 ***	2. 26E –05	6. 431313	0. 0000
LE	–0. 006958 **	0. 002933	–2. 372683	0. 0199
INS	3. 293488 ***	0. 717362	4. 591108	0. 0000
INF	0. 002931 **	0. 000993	2. 951688	0. 0041
GOV	–0. 000848 *	0. 000500	–1. 697079	0. 0933
MAR	0. 000496 **	0. 000208	2. 377214	0. 0197
TP	0. 000311	0. 000235	1. 323666	0. 1891
R-squared	0. 7390		F-statistic	6. 5813
Prob（F-statistic）	0. 0000		Durbin-Watson stat	2. 9953

注：*** 为在 1% 水平上显著，** 为在 5% 水平上显著，* 为在 10% 水平上显著

根据表6-37的回归结果可知，解释变量交通基础设施HM在1%的显著水平上与被解释变量技术进步指数*TECHCH*正相关，是影响*TECHCH*的关键因素；产业结构INS在1%的显著水平上与技术进步指数*TECHCH*正相关，是影响*TECHCH*的关键因素；信息化水平INF在5%的显著水平上与技术进步指数*TECHCH*正相关，是影响*TECHCH*的关键因素；市场需求MAR在5%的显著水平上与技术进步指数*TECHCH*正相关，是影响*TECHCH*的关键因素；A级物流企业数量在5%的显著水平上与技术进步指数*TECHCH*负相关，其原因可能在于物流企业的数量虽然在上涨，但是企业的技术水平却可能没有相应提高，物流企业还是粗放式发展模式；政府支持GOV在10%的显著水平上与技术进步指数*TECHCH*负相关，其可能原因是政府的财政支出用于基础设施建设的比例高于物流产业技术研发的投入。分析结果中，技术进步TP没有对被解释变量*TECHCH*呈现出显著相关性，与现实似有不符，可能原因是选取的指标高新技术产业增加值对于城市群物流产业方面的技术创新体现不够。交通基础设施、产业结构、信息化水平、市场需求等正相关关键因素的提高可以促进长江中游城市群物流共生系统技术进步效率的提升，促进系统生成前沿面的外扩，降低系统演化的环境容量限制。

拟合优度检验（R^2检验）$R^2=0.7390$，这说明所建模型整体上对样本数据拟合较好，即所有的解释变量对被解释变量*TECHCH*的绝大部分差异作了解释，能够解释被解释变量*TECHCH* 73.90%的变化。

对于F检验结果，给定显著性水平$\alpha=0.1$，由Eviews分析结果可知$F=6.5813$，F检验的$P=0.0000<0.1$，说明回归方程整体效果显著，即列入模型的解释变量联合起来对被解释变量*TECHCH*有显著影响。

被解释变量*EFFCH*分析结果如表6-38所示。

表6-38 *EFFCH*被解释变量TOBIT模型GLS回归结果

Variable	Coefficient	Std. Error	t-Statistic	Prob.
C	4.614626***	0.706342	6.533132	0.0000
HM	-2.10E-05	1.59E-05	-1.322968	0.1894

（续表）

Variable	Coefficient	Std. Error	t-Statistic	Prob.
LE	0. 001521	0. 002019	0. 753138	0. 4534
INS	-3. 748715 ***	0. 808653	-4. 635751	0. 0000
INF	0. 000865	0. 001077	0. 803627	0. 4238
GOV	-0. 000466	0. 000338	-1. 377696	0. 1719
MAR	-0. 000158	0. 000180	-0. 878259	0. 3823
TP	0. 000642 ***	0. 000226	2. 841362	0. 0056
R-squared	0. 5793		F-statistic	3. 201
Prob（F-statistic）	0. 0000		Durbin-Watson stat	2. 3643

注：*** 为在 1% 水平上显著，** 为在 5% 水平上显著，* 为在 10% 水平上显著

根据表 6－38 的回归结果可知，解释变量技术进步 TP 在 1% 的显著水平上对被解释变量技术效率指数 *EFFCH* 正相关，是影响技术效率指数 *EFFCH* 的关键因素；产业结构 INS 在 1% 的显著水平上与技术效率指数 *EFFCH* 负相关，可能原因是此阶段长江中游城市群的产业结构还不够合理，产业结构应进一步优化。此阶段，其他因素对于技术效率指数 *EFFCH* 没有呈现出显著相关性，不是影响技术效率指数的关键因素。技术进步作为正相关的关键因素表明技术的进步可以促进长江中游城市群物流共生系统资源的优化配置，提高系统的协同效率和成长效率，进而提高系统共生效率。为了进一步改善系统技术效率，后期阶段长江中游城市群物流共生系统应进一步优化产业结构，推动产业转型升级。

拟合优度检验（R^2检验）$R^2=0.5793$ ，这说明所建模型整体上对样本数据拟合较好，即所有的解释变量对被解释变量 *TECHCH* 的绝大部分差异作了解释，能够解释被解释变量 *EFFCH* 57. 93% 的变化。

对于 *F* 检验结果，给定显著性水平 $\alpha=0.1$ ，由 Eviews 分析结果可知 $F=3.201$ ，*F* 检验的 $P=0.0000<0.1$ ，说明回归方程整体效果显著，即列入模型的解释变量联合起来对被解释变量 *EFFCH* 有显著影响。

综上分析，可知在长江中游城市群物流共生系统演化过程中，交通基础设施、市场需求是影响城市群物流共生系统共生能量生成水平的最重要因素，技术进步、信息化水平是影响的次重要因素，产业结构、政府支持、A 级物流企业数量是影响的重要因素。因此，在长江中游城市

群物流共生系统演化过程中，首先要注重基础设施的完善，避免重复建设；同时要改善产业结构，促进产业升级转型，从而改善市场需求结构及规模。其次，应积极推进城市群物流产业的技术研发及人才培养，提升物流业整体的技术创新能力及人才储备水平。同时，应完善城市群各共生单元之间的信息沟通，建立城市群物流综合信息化平台，促进各子系统之间的互联互通、资源共享。最后，应加大政府对于城市群物流产业的支持力度，包括政策支持以及物流业体制的创新，增加物流业的财政支出。对于物流企业，应注重内涵式发展，即应注重企业物流技术的创新及应用，提高物流企业的技术水平。

6.4 长江中游城市群物流共生系统共生演化对策建议

6.4.1 增强城市群物流共生系统共生单元主体能力

（1）加快长江中游城市群社会经济发展

长江中游城市群应加强城市间协作，树立正确的竞争合作意识，遵循互助互利原则，以利益关系为桥梁，互助互利，建立兼顾群体与个体利益的协同机制；提高城市群区域统一意识，加快消除已有的市场和政策壁垒，遵循市场经济规律，优化城市群区域资源要素配置效率，实现城市群设施及资源共享，促进城市群综合经济实力大幅提高，为物流产业发展提供需求保障。江西要充分发挥其桥梁作用，主动加强与武汉城市圈、长株潭城市群的经济社会联系。上饶、景德镇、鹰潭、抚州应加强与南昌、九江等城市的对接，形成向长江中游城市群集聚的空间合力。

（2）促进长江中游城市群物流企业跨区域协同

长江中游城市群经济系统中存在多种形式的物流企业经济实体，每个物流企业主体独立经营，寻求企业自身利益的最高水平。但由于物流市场需求在某个阶段是一定的，且物流相关资源是有限的，因此，各物流企业主体之间存在竞争现象。但物流企业的最终目标是要在经济系统中获得成长，所以企业之间的竞争到了一定阶段就会走向合作，即物流企业之间形成协同关系，以获得共同成长。物流企业间的跨区域协同，有利于城市群资源要素优化配置，有利于物流标准的统一制定与推广应用，有利于打破不同部门、不同地区的条块分割，构建综合物流信息平台，促进城市群物流一体化发展。城市群物流企业跨区域协同要求物流业务全过程的高度集成和高度整合，长江中游城市群物流企业需紧密合作，实现物流运作一体化，产生“1 + 1 > 2”的协同效应。物流企业跨区域协同包括物流业务流程协同、技术协同、服务标准协同、制度协同、组织协同、理念协同等。

长江中游城市群物流企业跨区域协同的具体方式主要有以下 3 种：一是对于大型物流企业，可以利用现阶段的物流相关资源及市场，对原有服务功能进行拓展和集成，以增强企业供给实力及扩大市场需求；二是对于实力相当或存在功能互补或利益互补的物流企业，可以通过联合、重组等形式建立新的大型物流企业集团，使新的大型物流企业集团更具国际竞争力；三是对于现阶段技术水平低下、规模较小的物流企业，应通过技术投入促进技术创新与应用推广，使企业获得技术进步效率，同时从提供简单物流服务功能的物流企业向提供多功能、一体化物流服务的物流集成商转型。

长江中游城市群物流企业跨区域协同还应注重依托城市群中的经济核心城市及长江“黄金水道”的沿江交通枢纽节点建设大型物流中心，以形成集聚和扩散效应。同时，针对城市群中各区域存在的资源禀赋差异，在各区域之间进一步细化物流服务功能，鼓励区域差异化经营，从而使城市群的资源要素配置效率实现最优。

（3）促进长江中游城市群物流产业集群发展

城市群物流产业集群有利于城市群发挥集聚经济效益，带来物流产业规模效率的提升。长江中游城市群物流产业集群发展应立足武广高铁，主动融入京广经济带，推动城市群物流产业集聚。依托长江黄金水道，大力构筑综合物流、装备制造和重化工等产业集群。同时，通过区域协作，实现长江中游城市群“三小时经济圈”，进而顺利承接长三角、珠三角的产业转移。长江中游城市群还应根据各自的资源要素，地理区位，依托地域特征发展不同的产业集群，以获取各区域的比较优势。

(4) 鼓励长江中游城市群物流企业技术创新

由前文分析可知，技术进步要素是影响长江中游城市群全要素生产率的次重要因素，技术进步可以促进长江中游城市群物流共生系统共生能量生成水平的提高，即物流经济产出的增加。因此，长江中游城市群物流企业应在其共生环境下，结合以客户和市场需求为导向的一体化供应链管理理念，积极推进理念创新、技术创新及服务模式创新，大力发展专业化第三方物流服务，增强长江中游城市群物流企业技术效率水平，推进企业创新发展，从而提高企业乃至整个城市群物流系统的共生能量生成水平。

6.4.2 优化城市群物流共生系统共生界面

(1) 优化长江中游城市群物流基础设施条件

根据长江中游城市群物流共生系统共生能量的水平及其影响因素，Tobit 回归分析结果可知，交通基础设施是系统共生能量生成水平的最重要影响因素，而公路里程是物流基础设施的典型代表。城市群物流基础设施涵盖路网、空港、海港、物流园区等与物流相关的重大基础设施。长江中游城市群物流基础设施资源的发展水平和协调程度，是衡量与评价城市群物流能否持续共生发展的一项重要指标。在泛武汉城市圈、环长株潭城市群、环鄱阳湖城市群范围内，对于各城市群的核心首位城市，其物流基础设施水平较高，而城市群中的某些边缘城市物流基础设施水平明显落后，且各城市群之间还存在物流基础设施重复建设、多头管理的问题。因此，对于各城市群已有的物流基础设施资源应进行合理整合，提高基础设施管理水平，以提高城市群物流资源的优化配置，进而提高城市群物流系统的技术效率，从而促进系统共生能量生成水平的提高。长江中游城市群各城市应协同港口、公路、铁路、机场等交通设施规划建设，构建立体化交通网络，确保城市群内部经济联系的通畅。长江中游城市群交通基础设施建设应以武汉、长沙、南昌为枢纽，加快推进武汉四环线、长沙绕城、南昌绕城、昌九高速等城市快速通道建设。以武汉新港为主体，开展长沙、南昌等港口的合作，建设一批适应能源、钢铁、化工原料、建材及外贸物资等大宗货物中转港口，加快建设铁水联运港。同时构建适合长江中游城市群物流产业现代化的物流综合网络体系，加强城市群内各物流节点与综合交通体系的有机联系。

（2）推进长江中游城市群物流服务标准体系制定

因为城市群物流共生系统的全要素生产率受其中技术效率的影响，而技术效率反映了系统的管理水平。制定物流服务标准体系有利于城市群物流系统管理水平的提升。为了增强物流产业内部、物流产业与其他产业之间的兼容度，提高城市群物流产业技术效率，长江中游城市群应制定及完善物流服务标准体系，提高物流业务规范化水平。物流服务标准体系的制定可参考国内外先进标准，从物流服务标准化、信息化、智能化等方面进行，推行托盘化、条形码、EDI、GPS、GIS 等先进技术，促进物流业务流程的无缝衔接，提高物流系统的运行效率。

（3）加强金融、保险机构在长江中游城市群物流系统共生演化中的支持作用

随着长江中游城市群社会经济的不断发展，城市群物流企业需相应转型发展，因此，除了物流企业自身设施建设与技术升级面临资金压力外，物流企业也需要拓展新兴业务，能提供融合物流、资金流等于一体的增值物流服务。物流企业要实现技术改造、转型发展，需要金融业的资金支持。物流业应与金融部门建立长期互信的合作关系，以赢得金融机构的最大支持。物流金融是物流业、金融业双方互利的选择，是物流企业、投资企业及金融机构合作的有效平台。通过“现货仓单质押”“质押回购”“保兑仓”等模式可实现物流业与金融业的协同发展。

此外，由于物流运行的各个环节，风险无处不在，货物作业、监管等物流运作环节都有可能涉及货物保险问题，因此，城市群物流系统的共生演化也需要保险机构的积极参与。随着现代物流的发展和现代物流体系的健全，物流保险中也将充实越来越多的内容，考虑到物流活动中的方方面面，最大限度地减少货物流通过程中的损失，进而保障城市群物流供需主体的共同利益，促进城市群物流的可持续发展。

（4）构建长江中游城市群综合物流信息平台

依据前文影响因素 Tobit 回归分析结果，信息化水平是影响城市群物流共生系统共生能量生成水平的次重要因素。随着信息技术和互联网技术的普及发展，物流业也在逐步实现从传统物流向现代物流的转型发

展，但对于长江中游城市群物流信息服务市场，由于统计口径的不一致，以及统计标准不统一，导致物流行业的相关数据不能够得到规范而全面的统计。所以，必须构建一个整合长江中游城市群物流信息资源的综合物流信息平台，提高城市群物流信息资源开发利用程度。通过综合物流信息平台，可以实现长江中游城市群区域之间以及区域内物流信息共享，使城市群物流资源得到最优配置。同时，也可以实现行业之间、企业之间信息互联互通，提高城市群物流资源利用效率。对于长江中游城市群物流共生系统中部分物流企业，其物流信息化程度低、信息开发能力弱，因此，城市群物流综合信息平台的构建，可以帮助这些企业将零散化的物流资源凝聚为规模化、系统化的物流能力，提升物流资源利用效率，改善企业的物流产出水平，进而实现城市群整体物流产出水平的提高，即物流系统共生能量生成水平的提高。

为构建长江中游城市群综合物流信息平台，应有效整合城市群港口、铁路、航运、航空、海关、三检、电信等信息平台，扩展信息平台网络覆盖面，为物流产业智能化提供信息技术支持。鼓励武汉、长沙、南昌率先在长江中游城市群建立全区域综合物流信息互通共享机制，推进综合物流信息平台建设。

（5）建立政府各部门间的协同运作机制

为了提高长江中游城市群物流共生系统中支持主体子系统对于物流供给主体子系统及需求主体子系统的支持保障力度，长江中游城市群各地方政府的物流相关管理部门应建立协同运作机制。关于城市群物流产业发展政策、物流产业发展战略规划、城市群内大型物流基础设施合作建设、贸易壁垒消除等关键的共同问题，长江中游城市群各地方政府的物流管理部门应进行充分协商交流，以解决城市群各区域之间产业对接、物流网络对接，以及行业标准规则的对接。政府管理部门之间协商交流的方式可以由前期的非制度性安排转化为制度性规定，例如，各地方联合成立长江中游城市群物流行业协会，以解决城市群物流常规事务；建全城市群物流行业相关法律规范，以解决城市群物流运作争端等。通过地方政府物流管理部门间的协同机制，逐渐实现城市群与城市群之间、城市与城市之间、枢纽与枢纽之间、各种运输方式之间的资源合理配置，解决低水平重复建设，消除商品流通的地区障碍，共同打造长江中游城市群商品流通一体化格局，建立功能完善、覆盖面广的长江中游城市群物流网络。

（6）发挥长江中游城市群知识支持主体的智力支持作用

长江中游城市群知识支持主体包括咨询中介、教育科研机构等，知识支持主体的智力支持作用主要体现：一是在物流需求预测、物流发展战略、物流产业结构调整与升级、物流发展政策措施、物流标准化制定等方面为政府管理部门提供决策参考；二是在企业发展战略规划、企业物流分销体系的整合优化、物流基础设施的规划设计、物流项目可行性分析等方面为物流企业提供咨询服务；三是为物流供需企业提供技术支持服务，加速物流科技成果转化为生产力；四是为物流企业培训专业人才。为了提高长江中游城市群物流共生系统的物流产出水平，支持主体子系统应进一步发挥其智力支持作用，提升物流企业的技术水平，提高物流从业人员的专业技能等。

（7）发挥物流行业协会在城市群物流共生演化中的协调作用

物流行业协会是政府与物流企业的桥梁和纽带，为政府管理、物流企业运作和物流行业发展服务。物流行业协会在长江中游城市群物流共生系统演化中所应承担的责任有代表、沟通、协调、监督、公正、统计等。同时，物流行业协会可以为城市群物流产业提供的服务主要包括引导促进、合作交流、法律保险、信息咨询、行业技能培训，以及促进行业成员自律、协调成员利益关系争端、建立物流产业标准规范等。为了促进长江中游城市群物流共生系统各共生单元主体的共生协作，提高系统共生效率以及共生能量生成水平，城市群物流行业协会应充分发挥自身在物流行业中的协调作用，改善自身专业能力及管理水平，推动城市群物流服务专业化、社会化的发展。

6.4.3　优化城市群物流共生系统共生环境

（1）政策环境

长江中游城市群各地政府部门应根据区位资源、物流产业现状建立城市群物流共生发展体系，大力推进现代物流技术应用和物流标准化建设，制定市场环境、扶持政策、规范制度、人才战略、政府管理、资源整合等方面有利政策。同时，政府部门应建立一个完善的物流法律法规体系，主要包括铁路运输、公路运输、内河运输、海运、民用航空运输、联合运输等法律法规建设，以及信息、物流保险、物流合同、物流组织管理等方面法律制度建设，健全物流业市场的监督管理体系，为长江中游城市群物流协调发展创造良好的法律环境。

（2）市场环境

为提升长江中游城市群物流市场需求，应鼓励和支持相关产业树立现代管理理念，实行物流业务外包，培育第三方物流市场需求。以武汉物流服务外包公共平台、长沙物流服务外包网、南昌物流服务外包网为基础，构建物流服务外包公共平台，共同推介其他城市物流外包服务的融合。大力发展专业化、社会化的物流企业，鼓励物流业与制造业、商贸流通业联动发展。重点培养规模大、业务能力强的物流龙头企业，支持其发展具有高附加值的物流业务，满足城市群产业结构调整和物流调整相关要求。

（3）科技环境

长江中游城市群物流应充分利用现代物流技术，融合信息技术，实现物流作业环节的无缝衔接及物流信息共享，同时保证物流服务的优质高效以及物流成本的有效降低，提高物流流程协同性和科学性。在城市群物流企业中，应更多注重技术研发的投入力度，技术创新与新技术的应用推广，使物流企业运作的技术效率得到有效提升，进而带动物流产业的全要素生产率的提高，即共生能量生成水平的提高。

（4）人文环境

人力资本也是影响城市群物流共生系统的关键影响因素，人才作为系统中活性程度最高的主体，是引导城市群物流共生系统共生演化方向的首要自组织力量。长江中游城市群应高度重视复合型物流人才的培养，以物流科技创新和培育多层次人才为目标，依托高校、科研单位、物流企业等共同培养复合型物流人才，为物流企业、物流产业的技术进步提供坚实基础。

6.5　本章小结

本章在界定长江中游城市群范围的基础上，首先按照第 5 章所确定的各子系统投入产出的指标，依据收集到的长江中游城市群所包含的 31 个城市 2009—2013 年度各投入产出指标的原始数据，采用相应计算方法，运用 DEAP 等软件计算出长江中游城市群物流共生系统各个子系统内部及其之间的协同效率、成长效率和协同成长效率，最后得出 2009—2013 年期间长江中游城市群物流共生系统共生效率的变化情况。长江中游城市群物流共生系统 2009—2013 年的共生效率一直处于一个较稳定的高位水平，3 个子系统整体共生演化效果较好，但系统共生效率缓慢下降，系统增长动力减弱，系统现处于演化过程中的趋稳发展阶段。2009—2013 年泛武汉城市圈、环长株潭城市群、环鄱阳湖城市群物流共生系统的"协同效率""成长效率""协同成长效率"均相近，说明泛武汉城市圈、环长株潭城市群、环鄱阳湖城市群的物流共生系统的投入产出效率相当，协同性一致，具备互惠共生的良好基础。3 个城市群之间共生效率存在略微差别，其中环长株潭城市群物流系统的共生效率是三者中的最高水平，环鄱阳湖城市群次之，泛武汉城市圈处于最低水平。3 个城市群后期均应在提高系统管理水平的同时，注意调整系统的投入产出规模。

同时，本章运用第 5 章所阐述的 Malmquist 全要素生产率指数计算模型及全要素生产率指数影响因素分析的 Tobit 模型来分析长江中游城市群物流共生系统的共生能量生成水平。基于相关影响因素的指标数据，通过 DEAP 软件进行 Malmquist 全要素生产率指数的计算。计算结果显示 2009—2013 年长江中游城市群物流共生系统的全要素生产率指数 tfpch 均值为 0. 957，年均下降了 4. 3%。系统全要素生产率指数的降低是由于技术进步因素的非有效导致的，而技术效率指数所反映的系统自身的管理水平略有提高。技术效率指数提高的根源是系统规模效率的提升，表明系统在共生条件下，由于各共生单元之间的沟通交流，以及所形成的集聚效应，系统实现规模经济效应。城市群区域之间基础设施的重复建设，以及产业结构部分趋同，是导致长江中游城市群物流共生系统的全要素生产率下降的可能原因，也即意味着系统共生能量生成水平的降低。2009—2013 年期间，泛武汉城市圈、环长株潭城市群、环鄱阳湖城市群的全要素生产率指数及其分解指数的变化趋势及变化幅度都趋于一致，说明 3 个城市群物流系统的共生能量生成水平趋于相同，3 个城市群之间易于建立对称性互惠共生模式。由系统共生能量生成水平影响因素的 Tobit 回归分析结果可知，长江中游城市群物流共生系统演化过程中，交通基础设施、市场需求是影响城市群物流共生系统共生能量生成水平的最重要因素，技术进步、信息化水平是影响的次重要因素，产业结构、政府支持、A 级物流企业数量是影响的重要因素。

第7章　结论与展望

7.1　研究结论

本书以共生理论为研究视角，以复杂适应系统理论为基础，构建了城市群物流共生系统，研究了城市群物流共生系统的构成，回答了城市群物流共生系统是什么的问题。结合自组织理论，本书分析了城市群物流共生系统演化的自组织动因与他组织动因，以回答城市群物流共生系统为什么共生演化的问题。随后，本书从耗散结构理论出发，结合Logistic生长曲线方程与Lotka-Volterra模型，探索了城市群物流共生系统的演化机制与路径，并结合混沌理论对系统的演化过程进行仿真，回答了城市群物流共生系统怎样共生演化的问题。最后，本书运用改进的DEA评价模型及Malmquist全要素生产率指数模型评价城市群物流共生系统的共生效率及系统共生能量生成水平，并以长江中游城市群作为实证对象进行检验，回答了城市群物流共生系统共生效果如何的问题。本书在吸收国内外相关领域研究成果的基础上，综合运用共生理论、复杂适应系统理论、自组织理论等理论与方法，对城市群物流共生系统的共生演化进行了系统而深入的研究，取得了一些创新性的成果和结论。本书的主要研究成果和结论如下。

①提出了城市群物流共生系统的概念，并构建了城市群物流共生系统共生结构模型。城市群物流共生系统是在具有共同经济地理属性的城市群地域空间内，各类物流相关主体以共生发展为目标，通过物质流、能量流、资金流、信息流和知识流等媒介耦合而成的具备自组织和被组织功能、具有一定层级和组织的多主体复杂适应性生态系统。城市群物

流共生系统的共生单元就是由物流供给主体子系统及其相关主体、物流需求主体子系统及其相关主体，以及物流支持主体子系统及其相关主体所构成。共生环境包括政策环境、市场环境、自然资源环境、科技环境、人文环境等。

②以共生理论为基础，分析了城市群物流共生系统共生演化的内容及系统共生条件。系统共生的条件包括共生均衡条件与共生能量分配条件。运用自组织理论，构建系统共生演化动因概念模型，深入分析了系统共生演化的自组织动因与他组织动因。其中自组织动因的构成主要有经济效益拉动、技术进步支持、资源环境压力、市场需求拉动；他组织动因构成主要有城市群区域政府导向、体制创新。城市群物流共生系统是在自组织和他组织复合作用下演化发展。

③构建了城市群物流共生系统演化影响因素 EIA 概念模型，并具体分析了微观共生单元主体能力因素、中观共生界面因素及宏观共生环境因素。运用自组织理论分析了系统共生演化的竞争协同机制与正负反馈机制。基于耗散结构理论，提出系统共生熵的概念，构建熵变模型对城市群物流共生系统的演化方向先进行判别。以此为基础，运用 Logistic 生长曲线方程，分析了系统演化过程，其过程可分为耦合、成长、趋稳、突变 4 个阶段，并利用长三角城市群、京津冀城市群、武汉城市群 3 个城市群的实际数据对 Logistic 演化轨迹模型中的参数 r 赋值，运用 Matlab 工具对 3 个城市群的演化轨迹进行了仿真验证。验证结果表明利用 Logistic 生长曲线方程解释描述城市群物流共生系统的演化过程是合理可行的。同时结合混沌理论，对系统的演化过程进行了 Matlab 仿真模拟。仿真结果表明，当系统最高产出容量一定时，系统自身的自然增长率 r 对系统的演化状态有很大影响。借鉴 Lotka – Volterra 生态模型，构建了城市群物流共生系统演化过程中共生单元的共生模型，主要有偏利共生、互惠共生、竞争共生 3 种模式。其中，对称性互惠共生模式是系统演化的目标所在。

④界定了城市群物流共生系统共生效率概念及内涵，其概念如下。

$$\text{城市群物流共生系统共生效率} = \frac{\text{城市群物流共生系统的价值产出}}{\text{城市群物流共生系统的环境资源消耗}}$$

系统演化共生效率应包括系统共生单元之间的协同效率、共生单元的成长效率以及共生单元协同成长的综合效率三方面。在明确共生效率评价内容的基础上，运用改进的数据包络分析 DEA 方法进行系统各子系统内部、子系统之间以及系统整体的共生效率评价。结合系统演化的影响因素，确定评价所需的投入产出指标集。同时界定城市群物流共生系统的共生能量内涵为城市群物流产业所获取的经济社会效益。运用 Malmquist 全要素生产率指数模型对系统共生能量生成水平进行计算评价，并构建了影响因素 Tobit 回归分析模型，以明确系统共生能量生成水平的关键影响因素，为相关对策建议的提出提供参考依据。

⑤基于长江经济带及长江中游城市群等国家战略背景，选择长江中游城市群作为本文实证研究对象，运用相关评价模型对该城市群物流共生系统的共生效率及共生能量生成水平进行具体计算评价。长江中游城市群物流共生系统 2009—2013 年的共生效率一直处于一个较稳定的高位水平，3 个子系统整体共生演化效果较好，但系统共生效率缓慢下降，系统增长动力减弱，系统现处于演化过程中的趋稳发展阶段。2009—2013 年泛武汉城市圈、环长株潭城市群、环鄱阳湖城市群物流共生系统的“协同效率”“成长效率”“协同成长效率”均相近，说明泛武汉城市圈、环长株潭城市群、环鄱阳湖城市群的物流共生系统的投入产出效率相当，协同性一致，具备互惠共生的良好基础。3 个城市群之间共生效率存在略微差别，其中环长株潭城市群物流系统的共生效率是三者中的最高水平，环鄱阳湖城市群次之，泛武汉城市圈处于最低水平。3 个城市群在后期均应在提高系统管理水平的同时，注意调整系统的投入产出规模。2009—2013 年长江中游城市群物流共生系统的全要素生产率指数 tfpch 均值为 0.957，年均下降了 4.3%。系统全要素生产率指数的降低是由于技术进步因素的非有效导致的，而技术效率指数所反映的系统自身的管理水平略有提高。技术效率指数提高的根源是系统规模效率的提升。城市群区域之间基础设施的重复建设，以及产业结构部分趋同，是导致长江中游城市群物流共生系统的全要素生产率下降的可能原因。2009—2013 年期间，泛武汉城市圈、环长株潭城市群、环鄱阳湖城市群的全要素生产率指数及其分解指数的变化趋势及变化幅度都趋于一致，说明 3 个城市群物流系统的共生能量生成水平趋于相同，3 个城市群之

间易于建立对称性互惠共生模式。由系统影响因素的 Tobit 回归分析结果可知，长江中游城市群物流共生系统演化过程中，交通基础设施、市场需求是影响城市群物流共生系统共生能量生成水平的最重要因素，技术进步、信息化水平是影响的次重要因素，产业结构、政府支持、A 级物流企业数量是影响的重要因素。根据长江中游城市群物流共生系统共生效率及共生能量生成水平的评价结果，针对影响的关键因素，提出了相应的对策建议，包括增强城市群物流共生系统共生单元主体能力、优化城市群物流共生系统共生界面、优化城市群物流共生系统共生环境及其具体措施。

7.2 主要创新点

（1）提出了城市群物流共生系统概念并构建其共生结构模型

城市群物流共生系统是在具有共同经济地理属性的城市群地域空间内，各类物流相关主体以共生发展为目标，通过物质流、能量流、资金流、信息流和知识流等媒介耦合而成的具备自组织和被组织功能、具有一定层级和组织的多主体复杂适应性生态系统。城市群物流共生系统的共生单元有物流供给主体子系统及其相关主体、物流需求主体子系统及其相关主体以及物流支持主体子系统及其相关主体等。共生环境包括政策环境、市场环境、自然资源环境、科技环境、人文环境等。基于城市群物流共生系统的共生单元、共生环境以及物质流、能量流、资金流、信息流和知识流等要素之间的相互作用关系，构建了城市群物流共生系统的共生结构模型。城市群物流共生系统的共生结构模型即是对系统共生单元通过共生界面与共生环境之间进行物质、信息、知识、能量等的传导、交流及分配的呈现说明。

（2）构建了城市群物流共生系统共生演化影响因素 EIA 概念模型及城市群物流共生系统共生单元主体间的共生模型

城市群物流共生系统共生演化影响因素 EIA 概念模型，包括微观共生单元主体能力、中观共生界面、宏观共生环境三方面影响因素。其中，共生单元主体能力因素主要有物流供给主体要素投入、物流供需主体互动水平；共生界面因素主要有知识信息共享平台、产业结构；共生环境因素主要有政策制度、市场需求、技术进步。运用 Logistic 生长曲线模型分析城市群物流共生系统的演化过程，其过程可分为耦合、成长、趋稳、突变4个阶段，结合混沌理论，应用 Matlab 软件对系统的共生演化过程进行仿真，分析系统的演化路径。同时借鉴 Lotka - Volterra 生态模型构建了城市群物流共生系统演化过程中共生单元主体间的共生模型，共生单元演化的共生模型主要有偏利共生、互惠共生、竞争共生3种类型，其中对称性性互惠共生是系统共生演化的目标所在。

（3）综合运用改进的数据包络分析 DEA 方法、Malmquist 全要素生产率指数法、Tobit 空间计量分析法评价城市群物流共生系统的共生效果

本书中城市群物流共生系统的共生效果主要包括系统共生效率与系统共生能量生成水平两方面。本书提出城市群物流共生系统共生效率是城市群物流共生系统的价值产出与系统环境资源消耗的比值。系统的共生效率内涵包括系统共生单元之间的协同效率、共生单元的成长效率以及共生单元协同成长效率三方面。本书对已有关于子系统之间协同效率以及协同成长效率评价计算的数据包络分析 DEA 方法进行改进，从而对城市群物流共生系统的共生效率进行评价计算。以城市群物流共生系统的物流产出效率代表系统的共生能量生成水平，运用 Malmquist 全要素生产率指数方法进行计算，对系统的共生能量生成水平进行评价分析，同时运用 Tobit 空间计量法分析相关影响因素，从而为后期的相关对策建议的提出提供参考依据。

7.3　研究展望

对于城市群物流共生系统这样的复杂适应系统，本书作为一种探索性研究，尚有一些不足之处，笔者认为还需要在以下方面展开研究。

（1）城市群物流共生系统中共生单元共生关系定量研究

本书以共生理论为研究视角，对城市群物流系统演化进行研究，具体分析过程中，偏向于理论模型的研究分析。因此，后期研究方向可以尝试从定量计算的角度研究城市群物流共生系统中共生单元共生模型相

关参数的计算方法，如偏利共生系数、互惠共生系数、竞争共生系数等，从而明确判定系统共生单元的共生状态及共生模式。

（2）城市群物流特征深入研究

城市群物流共生系统作为一个特定区域的物流系统，其系统特征具备城市群相关特征。本书研究中，城市群物流共生系统的城市群特征还不够突出。因此，后期研究方向可深入研究凸显城市群物流特征，将城市群物流特征与城市物流特征进行研究比较，以体现城市群物流的集聚扩散效应、规模经济效应，以及协同共生效应。

（3）城市群物流共生系统评价指标及评价方法完善研究

城市群物流共生系统是一个拥有多层级，多种类共生单元的复杂适应系统，因此，对系统共生演化进行评价分析时，指标体系应更加完善，还应包括反映系统共生实际贡献的绝对指数，如收入、成本节约等绝对指标。同时指标的选取应科学严谨，本书选择评价指标体系时，依据系统演化的主要影响因素进行定性分析选择，因此，后期研究方向应完善评价指标的选取，构建相关数学模型选择相关指标。同时，由于研究多个子系统共生演化效果的评价方法几乎没有，所以后期可以探索更有效的多系统共生评价方法。

（4）城市群物流共生系统共生效果影响因素作用成因深入研究

本书运用 Tobit 回归模型分析城市群物流共生系统共生效果影响因素的作用程度及作用成因时，对于影响因素作用成因的分析仅限于定性分析推测，没有深入研究，进行相关验证。因此，后期的研究应尝试选择合理的理论方法，将定性分析与定量分析相结合，以期发现共生效果影响因素作用的确切成因。

附录 著作第6章相关数据

表1 2009年长江中游城市群物流3个子系统共生效率评价结果

DMU		Z_e (A/B, C)	X_e (A/B, C)	C_e (A/B, C)	Z_e (B/A, C)	X_e (B/A, C)	C_e (B/A, C)	Z_e (C/A, B)	X_e (C/A, B)	C_e (C/A, B)
泛武汉城市圈	武汉	1.000	1.000	1.000	1.000	1.000	1.000	1.000	1.000	1.000
	黄石	1.000	1.000	1.000	1.000	1.000	1.000	1.000	1.000	1.000
	鄂州	1.000	1.000	1.000	1.000	1.000	1.000	1.000	1.000	1.000
	黄冈	0.965	1.000	0.965	0.861	0.897	0.960	0.740	0.828	0.893
	孝感	0.966	1.000	0.966	1.000	1.000	1.000	0.831	1.000	0.831
	咸宁	0.793	1.000	0.793	1.000	1.000	1.000	0.571	0.656	0.870
	仙桃	1.000	1.000	1.000	1.000	1.000	1.000	1.000	1.000	1.000
	潜江	1.000	1.000	1.000	1.000	1.000	1.000	1.000	1.000	1.000
	天门	1.000	1.000	1.000	1.000	1.000	1.000	1.000	1.000	1.000
	襄阳	1.000	1.000	1.000	1.000	1.000	1.000	0.975	1.000	0.975
	宜昌	1.000	1.000	1.000	1.000	1.000	1.000	1.000	1.000	1.000
	荆州	1.000	1.000	1.000	1.000	1.000	1.000	0.899	1.000	0.899
	荆门	1.000	1.000	1.000	1.000	1.000	1.000	1.000	1.000	1.000
环长株潭城市群	长沙	1.000	1.000	1.000	1.000	1.000	1.000	1.000	1.000	1.000
	株洲	1.000	1.000	1.000	1.000	1.000	1.000	1.000	1.000	1.000
	湘潭	1.000	1.000	1.000	1.000	1.000	1.000	1.000	1.000	1.000
	岳阳	1.000	1.000	1.000	1.000	1.000	1.000	1.000	1.000	1.000
	益阳	1.000	1.000	1.000	1.000	1.000	1.000	1.000	1.000	1.000
	常德	1.000	1.000	1.000	1.000	1.000	1.000	1.000	1.000	1.000
	衡阳	1.000	1.000	1.000	1.000	1.000	1.000	1.000	1.000	1.000
	娄底	0.914	1.000	0.914	1.000	1.000	1.000	1.000	1.000	1.000
环鄱阳湖城市群	南昌	1.000	1.000	1.000	1.000	1.000	1.000	1.000	1.000	1.000
	九江	1.000	1.000	1.000	1.000	1.000	1.000	1.000	1.000	1.000
	景德镇	1.000	1.000	1.000	1.000	1.000	1.000	0.815	1.000	0.815
	鹰潭	1.000	1.000	1.000	1.000	1.000	1.000	1.000	1.000	1.000
	新余	1.000	1.000	1.000	1.000	1.000	1.000	1.000	1.000	1.000
	宜春	1.000	1.000	1.000	1.000	1.000	1.000	1.000	1.000	1.000
	萍乡	1.000	1.000	1.000	0.986	0.988	0.998	1.000	1.000	1.000
	上饶	0.984	1.000	0.984	1.000	1.000	1.000	0.741	0.844	0.878
	抚州	1.000	1.000	1.000	1.000	1.000	1.000	1.000	1.000	1.000
	吉安	1.000	1.000	1.000	1.000	1.000	1.000	1.000	1.000	1.000

表 2　2010 年长江中游城市群物流 3 个子系统共生效率评价结果

	DMU	Z_e (A/B, C)	X_e (A/B, C)	C_e (A/B, C)	Z_e (B/A, C)	X_e (B/A, C)	C_e (B/A, C)	Z_e (C/A, B)	X_e (C/A, B)	C_e (C/A, B)
泛武汉城市圈	武汉	1.000	1.000	1.000	1.000	1.000	1.000	1.000	1.000	1.000
	黄石	1.000	1.000	1.000	0.917	0.937	0.979	0.889	0.989	0.898
	鄂州	1.000	1.000	1.000	1.000	1.000	1.000	1.000	1.000	1.000
	黄冈	0.967	1.000	0.967	1.000	1.000	1.000	0.753	0.911	0.826
	孝感	1.000	1.000	1.000	1.000	1.000	1.000	0.866	1.000	0.866
	咸宁	1.000	1.000	1.000	1.000	1.000	1.000	0.602	0.706	0.852
	仙桃	1.000	1.000	1.000	1.000	1.000	1.000	1.000	1.000	1.000
	潜江	1.000	1.000	1.000	1.000	1.000	1.000	1.000	1.000	1.000
	天门	0.991	1.000	0.991	1.000	1.000	1.000	1.000	1.000	1.000
	襄阳	1.000	1.000	1.000	1.000	1.000	1.000	0.931	1.000	0.931
	宜昌	0.657	1.000	0.657	1.000	1.000	1.000	1.000	1.000	1.000
	荆州	1.000	1.000	1.000	1.000	1.000	1.000	1.000	1.000	1.000
	荆门	1.000	1.000	1.000	1.000	1.000	1.000	1.000	1.000	1.000
环长株潭城市群	长沙	1.000	1.000	1.000	1.000	1.000	1.000	1.000	1.000	1.000
	株洲	1.000	1.000	1.000	1.000	1.000	1.000	1.000	1.000	1.000
	湘潭	1.000	1.000	1.000	1.000	1.000	1.000	1.000	1.000	1.000
	岳阳	0.925	1.000	0.925	1.000	1.000	1.000	1.000	1.000	1.000
	益阳	1.000	1.000	1.000	1.000	1.000	1.000	1.000	1.000	1.000
	常德	1.000	1.000	1.000	1.000	1.000	1.000	1.000	1.000	1.000
	衡阳	1.000	1.000	1.000	1.000	1.000	1.000	0.856	1.000	0.856
	娄底	0.980	1.000	0.980	1.000	1.000	1.000	1.000	1.000	1.000
环鄱阳湖城市群	南昌	1.000	1.000	1.000	1.000	1.000	1.000	0.971	0.992	0.978
	九江	1.000	1.000	1.000	1.000	1.000	1.000	1.000	1.000	1.000
	景德镇	1.000	1.000	1.000	1.000	1.000	1.000	0.925	1.000	0.925
	鹰潭	1.000	1.000	1.000	1.000	1.000	1.000	1.000	1.000	1.000
	新余	1.000	1.000	1.000	0.942	1.000	0.942	1.000	1.000	1.000
	宜春	0.785	0.798	0.985	1.000	1.000	1.000	1.000	1.000	1.000
	萍乡	1.000	1.000	1.000	0.905	0.919	0.984	1.000	1.000	1.000
	上饶	1.000	1.000	1.000	1.000	1.000	1.000	0.932	1.000	0.932
	抚州	0.932	1.000	0.932	1.000	1.000	1.000	1.000	1.000	1.000
	吉安	1.000	1.000	1.000	1.000	1.000	1.000	1.000	1.000	1.000

表3 2011年长江中游城市群物流3个子系统共生效率评价结果

	DMU	Z_e (A/B, C)	X_e (A/B, C)	C_e (A/B, C)	Z_e (B/A, C)	X_e (B/A, C)	C_e (B/A, C)	Z_e (C/A, B)	X_e (C/A, B)	C_e (C/A, B)
泛武汉城市圈	武汉	1.000	1.000	1.000	1.000	1.000	1.000	1.000	1.000	1.000
	黄石	1.000	1.000	1.000	0.911	0.932	0.977	0.909	1.000	0.909
	鄂州	1.000	1.000	1.000	1.000	1.000	1.000	1.000	1.000	1.000
	黄冈	1.000	1.000	1.000	0.981	1.000	0.981	0.778	1.000	0.778
	孝感	1.000	1.000	1.000	1.000	1.000	1.000	0.844	1.000	0.844
	咸宁	0.883	1.000	0.883	0.851	0.940	0.906	0.567	0.636	0.891
	仙桃	1.000	1.000	1.000	1.000	1.000	1.000	1.000	1.000	1.000
	潜江	1.000	1.000	1.000	1.000	1.000	1.000	1.000	1.000	1.000
	天门	0.984	1.000	0.984	1.000	1.000	1.000	1.000	1.000	1.000
	襄阳	1.000	1.000	1.000	1.000	1.000	1.000	0.852	1.000	0.852
	宜昌	0.660	1.000	0.660	1.000	1.000	1.000	1.000	1.000	1.000
	荆州	1.000	1.000	1.000	1.000	1.000	1.000	1.000	1.000	1.000
	荆门	0.975	1.000	0.975	0.907	0.948	0.957	1.000	1.000	1.000
环长株潭城市群	长沙	1.000	1.000	1.000	1.000	1.000	1.000	1.000	1.000	1.000
	株洲	1.000	1.000	1.000	1.000	1.000	1.000	1.000	1.000	1.000
	湘潭	1.000	1.000	1.000	1.000	1.000	1.000	1.000	1.000	1.000
	岳阳	1.000	1.000	1.000	1.000	1.000	1.000	1.000	1.000	1.000
	益阳	1.000	1.000	1.000	1.000	1.000	1.000	1.000	1.000	1.000
	常德	1.000	1.000	1.000	1.000	1.000	1.000	1.000	1.000	1.000
	衡阳	1.000	1.000	1.000	1.000	1.000	1.000	1.000	1.000	1.000
	娄底	1.000	1.000	1.000	1.000	1.000	1.000	0.947	1.000	0.947
环鄱阳湖城市群	南昌	1.000	1.000	1.000	1.000	1.000	1.000	0.922	1.000	0.922
	九江	1.000	1.000	1.000	1.000	1.000	1.000	1.000	1.000	1.000
	景德镇	1.000	1.000	1.000	1.000	1.000	1.000	1.000	1.000	1.000
	鹰潭	0.919	1.000	0.919	1.000	1.000	1.000	1.000	1.000	1.000
	新余	1.000	1.000	1.000	0.962	1.000	0.962	1.000	1.000	1.000
	宜春	0.929	0.939	0.990	1.000	1.000	1.000	1.000	1.000	1.000
	萍乡	1.000	1.000	1.000	1.000	1.000	1.000	1.000	1.000	1.000
	上饶	1.000	1.000	1.000	1.000	1.000	1.000	0.854	1.000	0.854
	抚州	1.000	1.000	1.000	1.000	1.000	1.000	1.000	1.000	1.000
	吉安	1.000	1.000	1.000	1.000	1.000	1.000	1.000	1.000	1.000

表 4　2012 年长江中游城市群物流 3 个子系统共生效率评价结果

	DMU	Z_e (A/B, C)	X_e (A/B, C)	C_e (A/B, C)	Z_e (B/A, C)	X_e (B/A, C)	C_e (B/A, C)	Z_e (C/A, B)	X_e (C/A, B)	C_e (C/A, B)
泛武汉城市圈	武汉	1.000	1.000	1.000	1.000	1.000	1.000	1.000	1.000	1.000
	黄石	1.000	1.000	1.000	1.000	1.000	1.000	0.761	0.990	0.769
	鄂州	1.000	1.000	1.000	1.000	1.000	1.000	0.923	1.000	0.923
	黄冈	0.973	1.000	0.973	0.897	1.000	0.897	0.734	1.000	0.734
	孝感	1.000	1.000	1.000	0.975	1.000	0.975	0.628	1.000	0.628
	咸宁	1.000	1.000	1.000	0.822	0.913	0.901	0.571	0.689	0.828
	仙桃	1.000	1.000	1.000	1.000	1.000	1.000	1.000	1.000	1.000
	潜江	1.000	1.000	1.000	1.000	1.000	1.000	1.000	1.000	1.000
	天门	1.000	1.000	1.000	1.000	1.000	1.000	1.000	1.000	1.000
	襄阳	1.000	1.000	1.000	1.000	1.000	1.000	0.724	1.000	0.724
	宜昌	0.799	1.000	0.799	1.000	1.000	1.000	1.000	1.000	0.962
	荆州	1.000	1.000	1.000	1.000	1.000	1.000	1.000	1.000	1.000
	荆门	0.812	0.929	0.873	0.822	0.886	0.928	0.996	1.000	0.996
环长株潭城市群	长沙	1.000	1.000	1.000	1.000	1.000	1.000	1.000	1.000	1.000
	株洲	1.000	1.000	1.000	1.000	1.000	1.000	0.852	1.000	0.852
	湘潭	1.000	1.000	1.000	1.000	1.000	1.000	0.785	0.915	0.858
	岳阳	0.923	1.000	0.923	1.000	1.000	1.000	1.000	1.000	1.000
	益阳	1.000	1.000	1.000	1.000	1.000	1.000	1.000	1.000	1.000
	常德	1.000	1.000	1.000	1.000	1.000	1.000	0.828	1.000	0.828
	衡阳	1.000	1.000	1.000	1.000	1.000	1.000	0.843	1.000	0.843
	娄底	0.822	0.838	0.981	1.000	1.000	1.000	1.000	1.000	1.000
环鄱阳湖城市群	南昌	1.000	1.000	1.000	1.000	1.000	1.000	0.918	1.000	0.918
	九江	1.000	1.000	1.000	1.000	1.000	1.000	1.000	1.000	1.000
	景德镇	1.000	1.000	1.000	1.000	1.000	1.000	1.000	1.000	1.000
	鹰潭	1.000	1.000	1.000	1.000	1.000	1.000	1.000	1.000	1.000
	新余	1.000	1.000	1.000	1.000	1.000	1.000	1.000	1.000	1.000
	宜春	0.761	0.762	0.998	1.000	1.000	1.000	1.000	1.000	1.000
	萍乡	1.000	1.000	1.000	1.000	1.000	1.000	1.000	1.000	1.000
	上饶	0.683	1.000	0.683	1.000	1.000	1.000	0.720	1.000	0.720
	抚州	1.000	1.000	1.000	1.000	1.000	1.000	1.000	1.000	1.000
	吉安	1.000	1.000	1.000	1.000	1.000	1.000	1.000	1.000	1.000

参考文献

[1] Guttmann J. Megalopolis: the Urbanization of the Northeastern Seaboard [J]. Economic Geography, 1957: 189 -200.

[2] Friedman J. Regional Development Planning: a Reader [M]. Cambridge, Mass, MPress, 1964.

[3] 于洪俊, 宁越敏. 城市地理概论 [M]. 合肥: 安徽科学出版社, 1983: 314 -324.

[4] 姚士谋. 中国城市群 [M]. 合肥: 中国科学技术大学出版社, 1992: 3 -10.

[5] 顾朝林. 中国城镇体系研究 [M]. 北京: 商务印书馆, 1995: 201.

[6] 陈凡, 胡涓. 中外城市群与辽宁带状城市群的城市化 [J]. 自然辩证法研究, 1997, 13 (10): 48 -53.

[7] 吴传清, 李季. 关于中国城市群发展问题的探讨 [J]. 经济前沿, 2003 (增刊): 29 -31.

[8] 苏雪串. 城市化进程中的要素集聚、产业集群和城市群发展 [J]. 中央财经大学学报, 2004 (1): 49 -52.

[9] 林先扬, 周春山. 论城市群经济整合内涵、特征及其空间过程 [J]. 经济地理, 2006 (1): 70 -73.

[10] 朱英明. 城市群经济空间分析 [M]. 北京: 科学出版社, 2005: 36 -68.

[11] 刘静玉, 王发曾. 城市群形成发展的动力机制研究 [J]. 开发研究, 2006 (4): 66 -69.

[12] 刘天冬. 城际交通引导下的城市群空间组织研究 [D]. 长沙: 中南大学, 2007.

[13] Bolton. Ross, Industrial Structuring Economies Performance, 3rd [M]. New York; Houghton Mifflin Company, 1993: 56 -78.

[14] Asher J. Regional freight model is applied to the planning of regional networks [J]. Journal of Molecular Liquids. 1993: 123 -127.

[15] Talley W. Linkages between transportation infrastructure investment and economic production [J]. Logistics and Transportation Review, Vol. 32 Iss: 1, 1996, pp. 145 -154.

[16] Fujita M, P Krugman, A. J. Venables. The Spatial Economy: Cities, Regions and International Trade [M]. Cambridge, MA: The M. I. TPress, 1999: 312 -350.

[17] Lalita M, Manrai A, Lascu K, et al. A County - cluster Analysis of the Distribution and Promotion Infrastructure in Central and Easter Europe [J]. Internation Business Review, 2001, 10 (5): 517 -549.

[18] Melendez O, Fernanda M. The logistics and transportation Problem of Latin American integration effort: The Andean Pact, a case of study [D]. The University of Tennessee, 2002.

[19] Eseobedo. Value Chain on the Regional Logistics Planning System [M]. Pitman Publishing. London, 2001: 79 -124.

[20] Fisher O. The Planning of Regional Logistics [J]. Journal of Melbourne University, 2002: 102 -122.

[21] Shigeru Y. Kacayama Naoto, A model for the optimal number and locations of public distribution centers and its application to the Tokyo metropol itan area [J]. International Journal of Industrial Engineering: Theory Applications and Practice. 2002, 9 (4): 363 -371.

[22] Larsen, Paulsson, Wandel. Logistics in the Oresund region after the bridge [J]. European Journal of Operational Research, 2003, 144 (2): 247 -256.

[23] Taniguchi. Logistics Systems for Sustainable Cities [M]. ELSEVIER 2003: 97 -125.

[24] Florio M, Colautti S. A Logistic growth theory of public expenditures: A study of five countries over 100 years [J]. Public Choice, 2005 (122): 355 -393.

[25] Ackermann J, Muller E. Modeling, Planning and designing of logistics structures of regional competence-cell-based networks with structure types [J]. Robotics and Computer-Integrated Manufacturing, 2005: 6 -14.

[26] Gunnar. Collaborative logistics management and the role of third-party service providers [J]. International Journal of Physical Distribution & Logistics Management, Vol. 36 Iss: 2, 2006, pp. 76 -92.

[27] Ketikidis. The use of information systems for logistics and supply chain management in South East Europe: Current status and future direction [J]. Omega 2008, 36 (4): 592 -599.

[28] 胡双增．物流一体化理论与方法研 [D]．北京：北方交通大学，2000.

[29] 安茜．论建立城市综合物流中心的外部效应 [D]．北京：北方交通大学，2001.

[30] 向俊慧．区域性物流中心探要 [D]．北京：北方交通大学，2001.

[31] 周启蕾．现代物流业形成发展机理与推进策略研究 [D]．武汉：武汉理工大学，2002.

[32] 马立宏．区域物流系统及其与经济增长关系研究 [D]．北京：北方交通大学，2002.

[33] 解日红．区域物流对区域经济增长的作用 [D]．北京：北京工业大学，2003.

[34] 赵习频．基于区域经济的区域物流体系研究 [D]．武汉：武汉理工大学，2003.

[35] 徐青青．现代区域协同物流研究［D］．天津：天津大学，2003.

[36] 曾文琦．区域物流发展与区域经济发展的关系［J］．福建行政学院福建经济管理干部学院学报，2004（4）：40－43.

[37] 罗余才．现代物流发展与区域经济发展［J］．佛山科学技术学院学报（社会科学版），2004（5）：16－22.

[38] 华蕊．区域物流与区域经济的关系［J］．物流科技，2004（9）：78－79.

[39] 刘承良．中国大陆物流经济联系空间结构实证分析［J］．经济地理，2004（6）：826－829.

[40] 朱强，陈少咏．区域物流系统建模方法的研究［J］．广东交通职业技术学院学报，2004（1）：73－74.

[41] 蔡小哩，陈畴镛．区域物流需求量预测分析［J］．物流科技，2004（12）：15－18.

[42] 王晓原，张敬磊．区域物流需求分析集对聚类预测模型研究［J］．软科学，2004（5）：11－17.

[43] 孙启鹏，丁海鹰．区域物流需求量预测理论及模型构建［J］．物流技术，2004（10）：27－30.

[44] 闫秀霞，孙林岩．区域物流能力与区域经济协同发展研究［J］．经济师，2005（3）：257－259.

[45] 谭清美，王子龙．区域经济物流弹性研究［J］．统计与决策，2005（10）：56－57.

[46] 王雨晴，吴远开．区域物流基础设施资源整合的因素分析与方法研究［J］．物流技术，2005（3）：7－10.

[47] 崔晓迪．区域物流供需耦合系统的协同发展研究［D］．北京：北京交通大学，2009.

[48] 杨晗熠．区域物流系统及轴—辐网络研究［D］．天津：天津大学，2010.

[49] 周凌云．区域物流多主体系统的演化和协同发展研究［D］．北京：北京交通大学，2011.

[50] 李建军．区域物流协同成长研究［D］．南昌：江西财经大学，2013.

[51] Crainic, et al. Models for Evaluating and Planning City Logistics Systems［J］. Transportation Science, 2009, 43 (4): 432-454.

[52] Serna, et al. Collaborative Autonomous Systems in Models of Urban Logistics［J］. Dyna-colombia, 2012, 79 (172): 171-179.

[53] Liedtke, et al. Impacts of Urban Logistics Measures on Multiple Actors and Decision Layers Case Study［J］. Transportation Research Record, 2015, 2478: 57-65.

[54] 黄福华．对长株潭城市群物流一体化发展规划的思考［J］．民族论坛，2002（04）：35-37.

[55] 章志刚．现代物流与城市群经济协调发展研究［D］．上海：复旦大学，2005.

[56] 邵举平，董绍华．山东半岛城市群物流业核心竞争力营造的理论探索［J］．物流技术，2005（6）：18-20.

[57] 葛喜俊．城市群物流需求空间分布特征研究［D］．北京：北京交通大学，2009.

[58] 李可．基于灰色理论和协同理论的中原城市群物流业发展策略研究［D］．郑州：郑州大学，2010.

[59] 樊敏．城市群物流产业效率问题研究—以京津冀城市群为例［D］．天津：南开大学，2010.

[60] Holland. Complex Adaptive System［M］. Boston: Winter, 1992: 58-117.

[61] Shoham Y. Agent oriented programming［J］. Artificial Intelligence, 1993, 60 (1): 51-92.

[62] Wilson A. Concept of Integrated Environment of Reengineering for Complex Informating-Controlling Systems［J］. Journal of Automation and Information Sciences, 1997, 35 (4): 1-8.

[63] John L. An innovative tutorial on large complex systems [J]. Artificial Intelligence Review, 1998, 17 (2): 141 - 165.

[64] Perk P. 大自然如何工作——有关自组织临界性的科学 [M]. 李伟，蔡勋译. 武汉：华中师范大学出版社，2001：85 - 129.

[65] Highsmith. 自适应软件开发 [M]. 钱玲，等，译. 北京：清华大学出版社，2003：23 - 56.

[66] Herbert A. 人工科学：复杂性面面观 [M]. 武夷山译. 上海：上海科技教育出版社，2004：63 - 87.

[67] Waltuck, Bruce. Characteristics of complex systems [J]. The Journal for Quality and Participation, 2012, 34 (4): 13 - 22.

[68] Ladyman, et al. What is a complex system [J]. European Journal for Philosophy of Science, 2013, 3 (1): 33 - 67.

[69] Ireland, Vernon. Exploration of Complex System Types [J]. Procedia Computer Science, 2013 (20): 248 - 255.

[70] 钱学森，于景元. 一个科学新领域——开放的复杂巨系统及其方法论 [J]. 自然杂志，1990 (13)：3 - 10.

[71] 黄欣荣. 复杂性科学的方法论研究 [D]. 北京：清华大学，2005.

[72] 李士勇. 非线性科学与复杂性科学 [M]. 哈尔滨：哈尔滨工业大学出版社，2006：38 - 116.

[73] 楚岩枫. 我国物流产业系统演化机理研究 [D]. 南京：南京航空航天大学，2010.

[74] 董秀月，张梅青. 区域物流系统协调发展评价研究 [J]. 物流技术，2011，30 (7)：39 - 42.

[75] 孙鹏. 基于复杂系统理论的现代物流服务业与制造业协同发展研究 [D]. 长沙：中南大学，2012.

[76] 周业旺. 复杂系统理论下的湖北长江经济带和谐物流构建 [J]. 湖北社会科学，2012 (1)：56 - 59.

[77] 廖守亿，戴金海. 复杂适应系统及基于 Agent 的建模与仿真方法 [J]. 系统仿真学报，2004，16 (1)：113 - 117.

[78] 叶超群. 多 Agent 复杂系统分布仿真平台中的关键技术研究 [D]. 长沙: 国防科学技术大学, 2006.

[79] 刘炯艳. 基于多 Agent 的协同物流管理研究 [D]. 重庆: 重庆大学, 2005.

[80] Tibbs. Industrial Ecology: An Environmental Agenda for Industry [J]. Whole Earth Review, 1992 (12): 25 -28.

[81] Hawken. The Ecology of Commerce [M]. New York: Harper Business, 1993: 69 -136.

[82] Cote, Hall. Industrial Parks as Ecosystems [J]. Journal of Cleaner Production, 1995 (3): 1 -2.

[83] Cote, Hall. The Industrial Ecology Reader [R]. Halifax, Nova Scotia: Dalhousie University, School for Resource and Environmenta1 Studies, 1995.

[84] Sagar, Froseh. A Perspective on Industrial Ecology and Its Application to a Mental-Industry Ecosystem [J]. Journal of Cleaner Production, 2004 (12): 985 -995.

[85] 张艳. 生态工业园工业共生系统的构建与稳定性研究 [D]. 武汉: 华中科技大学, 2006.

[86] 甘永辉. 生态工业园区工业共生研究——江西循环经济及生态工业园区发展研究 [D]. 南昌: 南昌大学, 2007.

[87] 王国弘. 生态工业园中生态产业链的稳定性研究 [D]. 天津: 天津大学, 2009.

[88] 雷明. 生态工业园区综合评价研究 [D]. 武汉: 华中科技大学, 2010.

[89] Hannan, Freeman. The Population Ecology of Organizations. The American Journal of Sociology [J]. 1977 (82): 929 -964.

[90] Baskin K. Corporate DNA: learning from life [M]. Boston, Massachusetts: Butterworth-Heinemann. 1998: 106 -159.

[91] 宋瑞. 生态旅游: 多目标多主体的共生 [D]. 北京: 中国社会科学院研究生院, 2003.

[92] 张旭．基于共生理论的城市可持续发展研究［D］．哈尔滨：东北农业大学，2004.
[93] 曹玉贵．企业集群共生模型及其稳定性分析［J］．华北水利水电学院学报（社科版），2005，21（1）：33－35.
[94] 陶永宏．基于共生理论的船舶产业集群形成机理与发展演变研究［D］．南京：南京理工大学，2005.
[95] 李晶．供应链商业生态系统的演化机理研究［D］．天津：天津大学，2006.
[96] 李梅英．基于生物学的企业生态系统共生模式研究［J］．江海学刊，2006（6）：90－95.
[97] 宋雨萌．工业共生系统的网络复杂性研究——以巩义市为案例［D］．北京：清华大学，2006.
[98] 凌丹．基于共生理论的供应链联盟研究［D］．长春：吉林大学，2006.
[99] 谷鸣．企业生态系统及其评价体系研究［D］．青岛：中国海洋大学，2007.
[100] 丁永波，周柏翔，凌丹．供应链联盟共生模式及稳定性分析［J］．统计与决策，2007（6）：155－157.
[101] 卜华白，高阳．“共生”联盟系统的演化方向判别模型－基于耗散结构理论的一种分析［J］．学术交流，2008（3）：79－83.
[102] 南岚．基于共生理论的港口物流产业集群特征分析［J］．物流科技，2009（12）：100－101.
[103] 唐卫宁．基于共生理论的物流产业集群发展机理及政策支持研究［J］．企业经济，2009（5）：152－155.
[104] 逯承鹏．产业共生系统演化与共生效应研究［D］．兰州：兰州大学，2013.
[105] 黄恒振．基于共生理论的组织演化研究［D］．成都：西南石油大学，2009.

[106] 庞博慧，郭振．生产性服务业和制造业共生演化模型研究［J］．经济管理，2010（9）：28－35.

[107] 南岚．港口物流共生系统模型构建［J］．商业时代，2010（1）：30－31.

[108] 赵锋，邹筱．中小物流企业共生系统运行模式研究［J］．商业研究，2010（7）：182－184.

[109] 刘浩．产业间共生网络的演化机理研究［D］．大连：大连理工大学，2010.

[110] 崔喆．基于共生理论的供应链联盟共生系统风险研究［D］．长春：吉林大学，2010.

[111] 王璠．基于共生理论的中小城市空间结构发展策略研究［D］．哈尔滨：哈尔滨工业大学，2010.

[112] 刘勇．物流生态系统的协同进化研究［D］．武汉：武汉理工大学，2010.

[113] 卞曰瑭，何建敏，庄亚明．基于 Lotka-Volterra 模型的生产性服务业发展机理研究［J］．软科学，2011，25（1）：32－36.

[114] 李玉琼、朱桂龙．企业生态系统竞争共生战略模型［J］．系统工程，2011，29（6）：71－77.

[115] 郝玉龙，高丽娜．基于共生理论的制造业和物流业的互动发展研究［J］．物流技术，2011，30（5）：27－30.

[116] 李良贤．基于竞合关系的中小企业成长过程中的共生行为研究［D］．南昌：江西财经大学，2011.

[117] 张梅青，周叶，周长龙．基于共生理论的物流产业与区域经济协调发展研究［J］．北京交通大学学报（社会科学版），2012，11（1）：27－34.

[118] 苗泽华．工业企业生态系统及其共生机制研究［J］．生态经济，2013（7）：94－97.

[119] 陈四辉．“泛珠三角”区域经济合作研究－基于共生理论的视角［J］．云南民族大学学报（哲学社会科学版），2012，29（2）：115－123.

[120] 李勇. 复杂网络视角下的生态产业共生网络成长机制研究[D]. 天津：天津理工大学，2012.

[121] 焦薇，刘凯. 物流园区合作共生系统利润分配研究[J]. 交通运输系统工程与信息，2013，13（4）：36-42.

[122] 吴迪. 共生理论视角下物流产业集群发展机制和支持政策分析[J]. 物流技术，2013，32（3）：41-43.

[123] 焦薇，刘凯. 基于共生理论的物流园区合作研究[J]. 生产力研究，2013（4）：102-106.

[124] 张智光. 林业生态安全的共生耦合测度模型与判据[J]. 中国人口·资源与环境，2014，24（8）：90-99.

[125] Haken H. Information and Self-organization [M]. New York: Springer-Verlag, 1998: 58-106.

[126] Robert, Rycroft. Self-organization network: implications for globalation [J]. Technovation, 2004, 24 (7): 187-197.

[127] Zhang W J. Selforganizology: A Science That Deals with Self-Organization [J]. Network: Biology, 2013, 3 (1): 46-54.

[128] Bruce H. Weber. Entropy, Information and Evolution, New Perspective on Physical and Biological Evolution [M]. MIT Press. 1988: 33-79.

[129] Ahmdajina V. Symbiosis: an Introduction to Biological Association [M]. England: University Press of New England, 1986: 46-123.

[130] Boons F A, Spekkixik W, Mouzakitis Y. The dynamics of industrial symbiosis: A proposal for a conceptual framework based upon a comprehensive literature view [J]. Journal of Cleaner Production, 2011, 19 (9-10): 905-911.

[131] 曹玉姣，蒋惠园. 长江中游城市群物流共生演化机制研究[J]. 改革，2015（10）：82-88.

[132] 曹玉姣，蒋惠园，汪浪．基于 L－V 模型的城市群物流与经济共生系统共生模式研究 [J]．经济体制改革，2015 (5)：52－58.

[133] Goodwin，Richard. Chaotic Economic Dynamics [M]. Oxford University Press，1990：69－127.

[134] Stutzer M J. Chaotic Dynamics and Bifurcation in a Macro Model [J]. Journal of Economic Dynamics and Control，1980 (2)：353－376.

[135] Faria T. Stability and Extinction for Lotka－Volterra Systems with Infinite Delay [J]. Journal of Dynamics& Differential Equations，2010，22 (2)：299－324.

[136] Banker，Chames，Cooper. Some Models for Estimating Technical and Scale Inefficiencies in Data Envelopment Analysis [J]. Management Science，1984，30 (9)：1078－1092.

[137] Joe. Data Envelopment Analysis with Preference Structure [J]. The Journal of the Operational Research Society，1996 (47)：136－150.

[138] Jos，Blank，Valdmanis. A Modified Three－Stage Data Envelopment Analysis：The Netherlands [J]. The European Journal of Health Economics，2005 (6)：65－71.

[139] Fare R，Grosskopf S，Norris Zhang Z. Productivity Growth，Technical Progress and Efficiency Changes in Industrialized Countries [J]. American Economic Review，1994，84 (1)：66－83.

[140] Simar L，Wilson P. W. Estimating and Bootstrapping Malmquist Index [J]. European Journal of Operational Research，1999，115 (3)：459－471.